Reinhold Steig

Goethe und die Brüder Grimm

Steig, Reinhold

Goethe und die Brüder Grimm

ISBN: 978-3-86741-344-2

Auflage: 1
Erscheinungsjahr: 2010
Erscheinungsort: Bremen, Deutschland

© Europäischer Hochschulverlag GmbH & Co KG, Fahrenheitstr. 1, 28359 Bremen (www.eh-verlag.de). Alle Rechte beim Verlag und bei den jeweiligen Lizenzgebern.

Bei diesem Titel handelt es sich um den Nachdruck eines historischen, lange vergriffenen Buches aus dem Verlag Wilhelm Herth, Berlin (1892). Da elektronische Druckvorlagen für diese Titel nicht existieren, musste auf alte Vorlagen zurückgegriffen werden. Hieraus zwangsläufig resultierende Qualitätsverluste bitten wir zu entschuldigen.

Reinhold Steig

Goethe und die Brüder Grimm

Goethe
und die Brüder Grimm.

Von

Reinhold Steig.

Berlin.
Verlag von Wilhelm Hertz.
(Besser'sche Buchhandlung.)
1892.

Fräulein Auguste Grimm

der Tochter Wilhelm Grimm's

zugeeignet.

Zu der Zeit, wo die Brüder Grimm in das Leben unsres Volkes eingriffen, war Goethe's Herrschaft überall durchgedrungen und anerkannt. Das gesammte literarische und künstlerische Streben in Deutschland schien seinem Gebot zu unterstehen. Er war der Stern, zu dem alle empor schauten, ob vielleicht ein Strahl seines Glanzes auf ihre eigne Thätigkeit falle. Das Dasein der Einzelnen schien sich zu erhöhen, denen es gelang, sich Goethe's Person zu nähern. Den Brüdern Grimm ist dieser Vorzug zu Theil geworden. Fast zwanzig Jahre hindurch standen sie mit Goethe in Verkehr, seine Werke verehrten sie als das Höchste, was in deutscher Sprache geschrieben sei. In den großen Strom der nationalen Wirksamkeit Goethe's floß auch ihre eigne Lebensarbeit ein. Jacob und Wilhelm hatten sich zur Aufgabe bestimmt, die deutsche Vergangenheit aus dem Dunkel der Jahrhunderte in das Licht der Gegenwart zu heben. Was sie beide für die Literatur zu leisten mächtig waren, dasselbe strebte ihr jüngster Bruder Ludwig, der Maler-Radierer, wie durch natürliche Vererbung auf dem Gebiete der Kunst an. Die Spur ihres Wirkens ist in Goethe's Bahnen eingedrückt. Er blieb für alle Zeiten ihre höchste Erinnerung.

Erstes Capitel.

Goethe und die deutsche Vorzeit.

Goethe's Verkehr mit den Brüdern Grimm wurzelte in demselben Boden, wie sein eignes Verhältniß zur Volkspoesie und deutschen Vergangenheit.

Goethe war, nach dem Cultus des classischen Idealismus, am Beginn unsres Jahrhunderts wieder zu schärferer Betonung dessen gelangt, was er und Herder in ihrer Jugend gewollt hatten. Ossian, Shakespeare, Edda übten damals ihren Einfluß auf die deutsche Literatur und schufen eine neue Art nationalen Empfindens. Klopstock und seine Anhänger, die Barden und Skaldensänger, schossen im ersten Eifer über das Ziel hinaus. Die unvermittelte Einführung des neu sich bietenden Stoffes in die Poesie mußte einer nachhaltigen Wirkung auf die Zeitgenossen verfehlen. Diesen Irrthum räumte der historisch ordnende und poetisch nachempfindende Geist Herder's aus dem Wege. Er trug dazu bei, daß die Bardenwindsbraut endlich vorüberrauschte, und stellte die Forderung, daß die versunkene Welt des Alterthums für sich allein mit der Kraft des Künstlers wieder aufgebaut werde. Schon als Herder seine Reise gen Westen antrat, lebte in ihm die Ueberzeugung, daß dasjenige, was ehedem Edda und Ossian ihrer Zeit gewesen waren, für seine Gegenwart die Sammlung alter Volkslieder, Sagen, Gebräuche leisten müßte. Und als er aus Frankreich zurückkehrend seinen Fuß auf den alten deutschen Boden Straßburgs setzte, pflanzte er diese Lehre dem jungen Goethe in die Seele. Auch das Kunstverständniß für das „gothische Große" erschloß oder stärkte er ihm. Mit Vorliebe entlieh Herder in seinen damaligen Schriften, wenn er erhabene Schönheit preisen wollte, den Reichthum seiner Bilder vom gothischen Gewölbe: der Straßburger Münster schwebte ihm zumeist dabei vor. Ihm war Rembrand ein großer Meister, und Goethe zog die holzgeschnitzteste Gestalt des männlichen Albrecht Dürer der aufgeschminkten, stillosen Unselbständigkeit der modernen Maler vor. Hier in Straßburg also keimten und reiften die Gedanken, mit denen sich Herder und Goethe 1773 in den fliegenden Blättern von Deutscher Art und Kunst über den engen Kreis der Ihrigen hinaus an das deutsche Publicum wandten, das als ideale Einheit frei von politischer Zerrissenheit gedacht wurde. Herder hatte seiner predigtartigen Ergießung über die „Deutsche Art" Ossian und die Lieder alter Völker sowie Shakespeare gleichsam als Text zu Grunde gelegt; Goethe weckte die „Deutsche Kunst", indem er den Münsterbau von Straßburg pries und den Meister Erwin, der ihn schuf. Das Büchelchen enthielt ein Programm, auf das sich Herder und Goethe vor der Oeffentlichkeit verpflichteten.

Die That folgte. Die 1773 nach einem ersten Anlauf vertagte, nach fünf Jahren aber vollbrachte Sammlung und Herausgabe der „Volkslieder" löste ein gegebenes Wort ein. Nur Herders reiche Persönlichkeit konnte ein solches Werk zu Stande bringen. Von dem breiten Plane der deutschen Volkspoesie schritt er in den Bezirk der stammverwandten Völker über; er durchschweifte, seiner Idee von dem ursprünglichen Einklang aller Naturpoesie folgend, das Revier der fremden, selbst der wilden Völker. Herder wollte sich weder räumlich noch zeitlich eingeengt fühlen. Goethe, der an diesem Werke betheiligt war, hatte doch ein wesentlich verschiedenes Verhältniß zur deutschen Vergangenheit. Er zog sich von Anfang an seine Grenzen. Die frühesten Epochen bis zur Zeit der Minnesänger wirkten nicht auf seine mitten im Genießen zur Production treibende Einbildungskraft. Nur das 15. und 16. Jahrhundert, auf das ihn als Kind die alten Volksromane und die Spuren altdeutschen Lebens in seiner Vaterstadt hingeleitet hatten, erregte seine Phantasie. Er dichtete im Tone des Volksliedes; er entrollte im Götz ein Bild dieses vergangenen Lebens; er stellte und löste im Faust ein das Zeitalter der Reformation durchrüttelndes Problem. Die Kenntniß des deutschen Lebens in der Vergangenheit war ihm nicht Zweck, sondern Mittel zu eigner, höherer Schöpfung.

Niemand war damals genial genug, die Wege Herder's und Goethe's einzuschlagen. Man verharrte auf dem von ihnen überwundenen Standpunct, und so mußte die längst vorbereitete Abbiegung beider zum

Classicismus sich beschleunigen. Ihre erste Begeisterung für national=deutsche Stoffe durchzog doch ein deutliches Sehnen nach Vollendung durch das Classische. So, wenn Herder, der classisch gebildete Mann, dem allerdings erhabnen, aber zu künstlichen, dunkeln und ungeheuren gothischen Gewölbe den freien griechischen Tempel gegenüber stellte, und Guido, Corregio und Raphael über Rembrand erhob; oder wenn Goethe durch den Zusatz „holzgeschnitzt" zu erkennen gab, daß Dürer's Formen doch die freie Schönheit fehle, die sich ihm selber in Italien später offenbarte. Goethe ließ sich von dem Gefühl bestimmen, daß das geistige Leben nicht einseitig auf die Bildungsstufe früherer Jahrhunderte zurückgeschoben werden dürfe. Nur die Antike vermählt mit dem Deutschthum konnte eine höhere Cultur hervorbringen. Der Antike aber mußte das Feld fast von neuem erobert werden. Daher die Leidenschaftlichkeit, mit der es geschah. Man darf sich nicht durch vereinzelte, die Gesammtstimmung nicht verbürgende Aeußerungen in Briefen beirren lassen: Goethe's Uebergang zum Classicismus war keine Absage an das Deutschthum überhaupt, sondern vornehmlich an den herrschenden Betrieb desselben. Goethe blieb deutsch, wie einer. Sein Faust begleitete ihn nach Italien, in Rom entstand die Hexenküche. Er dichtete 1793 den Reineke Fuchs, wenn auch in classischem Gewande. Er verherrlichte 1797 das deutsche Bürgerleben in Hermann und Dorothea. Als aber dann unter dem sich mehrenden Drucke der Zeitverhältnisse jüngere Talente mit classischer Bildung und poetischer

Begabung ausgerüstet seine Jugendtendenzen aufnahmen und fortführten, war für ihn die Zeit gekommen, aus lange nach außen bewahrter Zurückhaltung herauszutreten. Er griff fördernd in die neue Richtung ein, doch immer mit der Vorsicht eines Mannes, der sein schwer erworbenes Gut auf keinen Fall verlieren will. Er hielt erst inne, als er manches mit ansehen mußte, das er nicht gut zu heißen vermochte.

Die weitere Entwicklung der Dinge aber vollzog sich unter thätiger Antheilnahme der Kreise, aus denen auch die Brüder Grimm hervorgingen.

Zweites Capitel.

Jacob und Wilhelm Grimm's Eintritt in die Romantik.

Gegen das Ende des vorigen Jahrhunderts bildeten die Brüder Schlegel in Jena, denen sich Ludwig Tieck von Giebichenstein aus zugesellte, die Mitte, um welche sich die aufstrebenden jüngeren Talente sammelten. Hier erschien, nach kurzem Studium zu Halle, im Jahre 1797 Clemens Brentano als „der Arzeneigelahrtheit Beflissener," weniger von medicinischen als literarischen Interessen angezogen. Im Frühjahr 1800 berührte Karl Friedrich von Savigny auf einer Studienreise Jena und trat dem Zirkel dieser „genialischen und sich wahrhaft bildenden Menschen" bei. Auch Achim von Arnim scheint von Halle aus, wo er von Ostern 1798 ab zwei Jahre lang studirte, in Jena verkehrt und namentlich mit Brentano, August Winkelmann und Savigny Freundschaft geschlossen zu haben. Welche Verehrung Goethe, der erkorene Meister, bei allen genoß, davon legte Clemens in seinem Godwi (2, 434) Zeugniß ab: „Darf ich nennen, was uns alle verband? Ein Dichter hatte uns alle geweckt; der Geist seiner Werke war der Mittelpunct geworden, in dem wir uns selbst und einander wiederfanden, mannigfach von einander unterschieden waren wir, wie unsre Zeitgenossen, ohne Religion und Vaterland, wer die Liebe kannte, fühlte sie zerstörend — ohne diese Dichtungen wäre der lebendige Keim des bessern Daseyns in uns zerstört, wie in so vielen. Im Genusse dieser Werke wurden wir Freunde, in Erkenntniß seiner Vortrefflichkeit gebildet, mit dem Leben einig, zu allen Unternehmungen muthig, zu einzelnen Versuchen geschickt." Clemens selbst, der sich nach einer dunklen verstimmten Jugend lange nicht dem heitern Genius vertrauen konnte, verdankte dem Studium Goethe's, daß sein Schmerz Klage, sein Unglück Kraft, seine Trauer um Liebe Streben nach Kunst wurde. Entschlossen, diesem Streben sich zu widmen, nahm er nach dem Weggang von Jena seinen Aufenthalt in Marburg, wo Savigny als Rechtslehrer zu wirken begonnen hatte. Im Jahre 1803 wurde Kunigunde Brentano, gewöhnlich Gundel genannt, die Gemahlin Savigny's.

Dieser Marburger Kreis, mit seiner großen und geistig ausgezeichneten Familien-Verwandtschaft, öffnete sich nun den jungen Grimm's, als sie, Jacob 1802, Wilhelm ein Jahr später, die hessische Landes-Universität bezogen, um die Rechte zu studieren. Savigny's ernste, zielbewußte Gelehrsamkeit wirkte am tiefsten auf sie ein; seine milde Freundlichkeit und sein feines Verständniß für die deutsche Literatur zog sie unwiderstehlich an. Eine glücklich-enge, still nach innen gekehrte Lebensgewohnheit hatte den Brüdern frühzeitig Lust und Muße zur Lectüre unsrer großen Dichter gegeben. Wilhelm war gleich entschieden Goethe zugewandt, während Jacob sich mehr zu Schiller hielt und erst nach und nach von Goethe ergriffen wurde. Ein angebornes und gern geübtes Zeichentalent schärfte den Blick der Jünglinge für die Werke der bildenden Kunst. Die Casseler Gallerie hatte ihnen, als sie das Lyceum dort besuchten, offen gestanden. Kurz, es waren alle Vorbedingungen für einen auf innerer Gemeinsamkeit sich gründenden Anschluß an Savigny und die Seinigen vorhanden.

In der edlen Geselligkeit, wie sie in Savigny's Hause gepflegt wurde, nahm das heitre Wohlgefallen an dem Neuesten in Kunst und Literatur die erste Stelle ein. Solche Beschäftigung galt damals, mehr wie heute, als geistige Erfrischung nach den Mühen des Berufes. Savigny hatte an sich selbst die Macht der Poesie erfahren: aus einem zerstreuenden Leben war er durch Wilhelm Meister auf sich selbst und die Einsamkeit zurückgeführt und so für die Wissenschaft gewonnen worden. Er liebte es auch späterhin, ein Stück aus Wilhelm Meister oder ein Lied von Goethe vorzutragen; die anmuthige Weise, mit der er es that, vergaßen die dankbaren Grimm's ihr Lebelang nicht. In dieser empfänglich stimmenden Umgebung lasen sie Tieck's mit zündender Vorrede ausgestattete Minnelieder (1803). Clemens' Vorliebe für alte deutsche Lieder regte auch sie an, auf ihren Ausflügen in die schöne Gegend Volkslieder, Sagen und Märchen zu sammeln. In Marburg wurden Jacob und Wilhelm Grimm für die Romantik gewonnen; von da ab datiert ihre Hinwendung zur älteren deutschen Literatur.

Ein längerer Aufenthalt Jacob's in Paris führte dem frischen Eifer der Brüder neue Nahrung zu. Savigny verließ nämlich im Sommer 1804 die Universität, und trat eine literarische Reise bis nach Frankreich an. Auf seinen Antrag traf im Februar des folgenden Jahres Jacob Grimm in Paris ein, um ihm bei seinen Arbeiten zu helfen. Unterwegs in Metz hatte er die Kathedrale mit ihren hohen Fenstern von gemaltem Glas gesehen, er glaubte, daß der Herrlichkeit ihres Baues nicht einmal der — ihm noch unbekannte — Straßburger Dom gleichkomme. Die ihm reichlich verbleibende freie Zeit benutzte Jacob dazu, sich an den in der französischen Hauptstadt aufgehäuften Schätzen der Kunst und Literatur fortzubilden. An einer dem Pariser Codex entnommenen Stelle prüfte er und sein Bruder Tieck's Bearbeitung der Minnelieder, und Wilhelm meinte, daß dieser „nicht viel verändert habe, was auch hübsch sei". Er rieth, daß Jacob sich in Pariser Handschriften nach alten deutschen Poesien umschauen solle, die merkwürdig und noch unbekannt wären — offenbar zu gleicher Art der Bearbeitung und Herausgabe. Im Schlegel-Tieck'schen Sinne war es auch, daß Jacob in den großen Kunstsammlungen auf Dürer, Eyck, Lucas von Leyden, Rubens, Ruysdael und andre Meister der altdeutschen Malerei besonders achtete. Aber angeregt durch die Propyläen gehörte doch seine innigste Neigung der antiken und italienischen Kunst des Mittelalters, vor deren Schönheit er „im Herzen niederkniete." Rafaels Bilder rissen ihn zu „trunkener" Bewunderung hin. Neben Rafael beschaute er fast nur noch Leonardo da Vinci und Titian, gerade wie er vierzig Jahre später, im Bericht über seine italienische Reise, die drei Namen wieder zusammen nannte. Und mitten in der fremden Welt, da ging ihm immer klarer das Verständniß für Goethe's Größe auf, wie er seinem Bruder vertraute: „Der Göthe ist ein Mann, wofür wir Deutsche Gott genug nicht danken können, er kommt mir gerade wie Rafael vor, ohne daß ich deshalb Schlegel und Tieck mit Dürer, Eyk, Bellini ꝛc. vergleichen will."

Die Brüder warfen sich von nun an mit Bewußtsein auf das Studium Goethe's. Seine Schriften wurden, soweit es möglich war, vollständig für ihre liebe Bibliothek angeschafft. Wilhelm suchte sich aus gedruckten Quellen mit der literarischen Welt der siebziger Jahre, in welcher Goethe wurzelte, vertraut zu machen. Jacob dagegen durfte in Paris unmittelbar aus jener Zeit herüberreichende Zeugnisse einsehen. Savigny besaß nämlich Briefe von Goethe, Wieland, dem Herzog und der Herzogin von Weimar und anderen, sämmtlich aus den letzten siebziger und ersten achtziger Jahren, von denen er im Verein mit Jacob Abschrift nahm. Neue Schriften von Goethe, auf welche die Brüder durch gute Nachrichten meist vorher aufmerksam waren, wurden mit Begierde erwartet. „Heute hab ich etwas ganz Köstliches gelesen (schrieb Wilhelm den 17. Juni 1805 an Jacob): Diderots Vetter Rameau, von Göthe übersetzt;" Anlage und Entwickelung sei unübertrefflich; er wisse es nicht genug zu loben; das beste Urtheil habe Goethe selbst darüber gesagt in einem Anhang, der äußerst interessant sei und herrliche Gedanken ausspreche, treffende für das jetzige Zeitalter: „ich glaube, daß niemand ein solches Werk von der Gediegenheit, Festigkeit und der eben daraus entspringenden Leichtigkeit, Klarheit schreiben könnte, als eben Göthe und es mußte ihm deshalb nothwendig zusagen. Wenn man so etwas liest, kann man sich eigentlich erst einen Begriff machen von dem, was Stil heißt, und das Buch ist recht eigentlich dazu gemacht es, je mehr man es liest, je mehr zu bewundern." Im selben Briefe gab Wilhelm auch seinem Bruder die erste Nachricht über „Winkelmann und sein Jahrhundert." Jacob aber antwortete: „Was mich am meisten in Deinem Brief gefreut, das sind die Göthischen Sachen. Diese drei: Cellini, Winkelmann und Rameau scheinen mir insofern eine Tendenz zu haben, als sie alle fremden (aber auch vortrefflichen) Stoff in sich führen, worüber aber Göthische Form verbreitet ist, mit köstlichen Anhängen und eignen Gedanken über diese verschiedenen Künstler."

Um so schmerzlicher wurden die Brüder durch trübe Nachrichten aus Weimar berührt. Der Tod „des lieben Schillers" (wie Jacob sagte) ließ auch das Schlimmste für Goethe's Leben befürchten, das durch immer neu sich einstellende Krankheit ernstlich bedroht schien. Aber seine Kraft blieb siegreich. Die Zeit stand nahe bevor, wo er dem engeren Freundeskreise der Brüder Grimm und diesen selbst seine wohlwollende Theilnahme zuwenden sollte.

Drittes Capitel.

Wunderhorn und Trösteinsamkeit.

Gegen das Ende des Jahres 1805 war die ganze Familie Grimm in Cassel vereinigt, wo Jacob eine bescheidene Stelle im hessischen Staatsdienst erhielt. Aber bald erfolgte der Zusammenbruch der bestehenden Verhältnisse, und das neue Regime erhob sich. Cassel, nunmehr die Hauptstadt des Königreichs Westphalen, gewann mit einem Schlage weitreichende Bedeutung. Durch Johannes von Müller's Empfehlung wurde Jacob zum Bibliothekar des Königs und Staatsrathsauditeur ernannt. Dies mit einem reichlichen Einkommen bedachte Amt gab ihm und den Seinigen auch vor der Welt eine Stellung und gewährte Muße genug für eifrig betriebene Fortarbeit.

Um diese Zeit wagten sich die Brüder, zum Theil ohne sich zu nennen, mit schriftstellerischen Versuchen an die Oeffentlichkeit. Einen festen und bestimmten Inhalt aber nahm ihre Thätigkeit erst seit dem Zeitpunct an, wo sie sich an die Seite Ludwig Achim's von Arnim stellten.

Arnim's Name klang den Brüdern Grimm von Marburg her vertraut. Dort genoß er die allerreinste

Verehrung. Ein eigner Glanz umschwebte seine menschlich-edle Persönlichkeit. Wenn Briefe von ihm eintrafen an Clemens oder Savigny, mit zartem Gruß an Gundel und Bettina, war Freude in dem Hause. So verschieden die Geschwister sein mochten an Gemüth und Freundschaftsäußerung, in ihrer Liebe zu Arnim waren sie einig.

Achim von Arnim und sein älterer Bruder Karl hatten zu Ostern 1800 die Universität Halle mit Göttingen vertauscht. Hier besuchte ihn Clemens im Mai des folgenden Jahres. Auf dem Trages, dem Stammgute Savigny's, verlebten die Freunde goldne Sommertage. Als ein folgenreiches Glück für sein Leben aber fiel Arnim die persönliche Bekanntschaft mit Goethe zu, als dieser die zweite Juniwoche, hochgefeiert, in Göttingen weilte. Am 5. Juni 1801 kehrte er dort, nach seiner eigenen Erzählung, in der Krone ein. Eben als die Dämmerung anbrach, bemerkte er einige Bewegung auf der Straße. Studierende kamen und gingen, verloren sich in Seitengäßchen und traten in bewegten Massen wieder vor. Endlich erscholl auf einmal ein freudiges Lebehoch! aber auch im Augenblick war Alles verschwunden. Dergleichen Beifallsbezeugungen waren zwar verpönt; um so mehr freute es Goethe, daß man gewagt hatte, ihn aus dem Stegreife zu grüßen, und er sprach eine Gesellschaft dieser jungen Leute mit Antheil und Vergnügen. Unter den Goethe huldigenden Studenten befand sich auch Achim von Arnim, der kurz darauf seinem Freunde August Winkelmann mittheilen konnte: „Göthe war hier, ich hab ihn gesprochen, ihm ein dreifaches öffentliches

Lebehoch ausgerufen allen Verboten zum Trotz, das sey das einzige Vernünftige von Deinem Freunde Achim Arnim." Und Goethe's durch sein Tagebuch vom 8. Juni verbürgter Besuch „bei den Gebrüdern von Arnim" läßt darauf schließen, daß Achim bei der Kundgebung eine führende Rolle gespielt hat.

Nach weiten Reisen durch das westliche Ausland wählte Arnim Heidelberg, wohin sich Clemens Brentano in glücklicher Ehe mit seiner Sophie gewandt hatte, 1805 zum Aufenthalt. Die Lebens= und Schaffenslust der beiden Freunde galt den alten deutschen Liedern für „des Knaben Wunderhorn." Schon zur Leipziger Michaelis=Messe (aber mit dem Titeljahr 1806) erschien der erste Band, Goethe zugeeignet. Von Goethe wurde das Wunderhorn dem deutschen Publicum als ein Buch empfohlen, das in jedem Hause, wo frische Menschen wohnen, zu finden sein sollte.

Es ist wahrscheinlich, daß Jacob und Wilhelm Grimm bereits zum ersten Bande aus ihrem damals schon vorhandenen, und doch nie selbst benutzten Vor= rathe an Volksliedern beigesteuert haben; auch äußere Spuren in den Jugendbriefen deuten darauf hin. Sicher aber, wenn auch nicht in allen Einzelheiten heute mehr nachzuweisen, bleibt ihr Antheil an dem zweiten und dritten Bande des Wunderhorns.

Im Herbst des Jahres 1807 begab sich nämlich Arnim zum zweiten Male nach Heidelberg. Unterwegs traf er und Clemens, von Giebichenstein aus kommend, mit Savigny und seiner Familie, Bettina und Mellina (der späteren Frau von Guaita) in Weimar zusammen: „Dort sind wir täglich bei Göthe und er bei uns gewesen, und haben uns gegenseitig lieb gehabt." Die ganze Karawane fuhr darauf in drei Kutschen nach Cassel, wo man bei dem einflußreichen Bankier Jordis, mit dem Luise Brentano vermählt war, abstieg. Arnim und Clemens blieben dann noch mehrere Wochen dort, um das Manuscript zum zweiten und dritten Bande des Wunderhorns zu „arrangieren", und im neuen Jahre begann der Druck, von Arnim in Heidelberg persönlich überwacht.

Diese Casseler Wochen Arnim's wurden in stetem Umgang mit den Brüdern Grimm verlebt. Aelter als sie, welterfahren, mit literarischem Ruhme geschmückt, hatte er Anfangs wohl ein natürliches Uebergewicht über sie. Es schwand jedoch in dem Maße, als er die innere Tüchtigkeit und das Wissen der Brüder kennen lernte. „Hier giebt es einen sehr gelehrten deutschen Sprach- und Literaturkenner, Hr. Kriegssecretär Grimm, er hat die vollständigste Sammlung über alle alte Poesie", schrieb er damals an Ludwig Tieck. Arnim's frohsinnige, mild belebende Persönlichkeit erschloß in kurzem das gerne zurückhaltende Wesen der jungen Grimm's zu offener Vertraulichkeit. Von nun an waren sie Freunde; eine der schönsten Blüthen dieser Freundschaft, ihr aus dem Herzen geschriebener Briefwechsel, steht noch heute in vollem Dufte.

Der damalige Stand der von ihnen gepflegten Literatur wurde durchgesprochen. Im allgemeinen ent=

hüllte sich Einhelligkeit der Ansichten, auch über den Betrieb und Fortgang ihrer eigenen Arbeiten. Zum Wunderhorn gaben die Brüder jetzt nicht nur Beiträge her, sondern auch — was viel werthvoller war — ihren guten Rath. Sie wuchsen so in eine Vertrautheit mit dem Buche hinein, die ihnen den Inhalt allezeit gegenwärtig hielt. Wilhelm freilich stand der subjectiv-poetischen Art der Herausgeber schon damals innerlich näher, als Jacob, welcher mehr auf ein historisch-objectives Verfahren drängte. Während Arnim und Brentano, und mit ihnen Wilhelm, ein Buch liefern wollten, das für alle lesbar wäre, und deswegen sich die Freiheit ließen, zu erneuern und umzuschaffen, hielt Jacob mit stetig zunehmender Festigkeit die Verpflanzung der alten Volkslieder in die moderne Zeit, ein poetisches Aufblühen derselben nicht für thunlich. Am schroffsten formulierte er einst diese Anschauung, indem er aussprach, daß Meisterwerke der Kunst durch jede Copie entweiht würden und durch ein allgemeines Verbot davor zu behüten wären. Er glaubte, daß die Zeit, in der die Volkslieder entstanden, und damit auch die Aufnahmefähigkeit Seitens des Publicums unwiederbringlich vorüber sei. „Frag gescheidte Leute (setzte er einst seinem Bruder auseinander), die ich gar nicht anders haben möchte, ob ihnen nicht zehn Lieder von Göthe lieber sind, als die zehn besten aus dem Wunderhorn, und warum haben sie nicht recht? — — Die Minnelieder sind zum Theil ganz herrlich und vollkommen, aber Göthe und Schiller mögen sie nicht." Dieser Standpunct, der bei den

Märchen, den Sagen, der serbischen Poesie immer wieder
sich geltend machte, näherte Jacob Grimm thatsächlich
den Gegnern des Wunderhorns, an deren eifrigstem,
Johann Heinrich Voß, er das Sichre und Gelehrte
seines Wissens zu schätzen wußte. Zwar, als Boßens
verletzende Angriffe auf das Wunderhorn erfolgten, ver=
theidigte sich Arnim von Cassel aus, den 8. December 1808,
in einer nicht ohne die Brüder verfertigten Zuschrift an
die Jenaische Literatur=Zeitung. Doch die Forderung
der Gegner nach einer geschichtlichen Beglaubigung der
aufgenommenen Volkslieder ließ sich nicht so leicht ab=
weisen, und der schnellfertige Clemens war am ehesten
geneigt, sie zu erfüllen. Er plante einen Anhang zum
Wunderhorn, der „eine gedrängte Geschichte der Volks=
lieder, mit möglichster Zeitbestimmung, wie auch eine
Kritik der ächten und zweifelhaften Stücke ihrer Samm=
lung" auf ein paar Bogen enthalten sollte. Auf diesen
Plan verpflichtete er sich 1809 in einer Anzeige im
Intelligenz=Blatt derselben Zeitung, indem er zu=
gleich die „Beyhülfe einiger Freunde, welche während
unserer Sammlung dahin arbeiteten", in Aussicht stellte.
Grimm's, die gemeint waren, mußten in diesem Fache
wohl gut Bescheid; Wilhelm schied z. B. in der Vorrede
zu seinen Altdänischen Heldenliedern eine beträchtliche
Anzahl solcher Stücke des Wunderhorns aus, die „die
eigentliche Natur und Grundgestalt des deutschen Volks=
liedes" vor das 17. Jahrhundert zu rücken schien. Doch
sahen beide die Unausführbarkeit des Versprochenen ein,
und burch ihre Gründe überzeugt war, auch Arnim ba=

gegen. „Wie unbedeutend wenig man aber (schrieb er an Clemens) im Ganzen zur Geschichte der Volkslieder noch wissen kann, davon ist mir Grimm's Sammlung der beste Beweis, der wahrlich mit großer Ausdauer und Geschicklichkeit dazu sammelte." Clemens gab nach. Er hatte nichts anderes beabsichtigt, als die in Görres' Recension des Wunderhorns sprudelnden Gedanken dem Publicum in historischer und lesbarer Form darzubieten. Aber trotzdem kamen Arnim und Clemens noch einmal auf die Sache zurück, als — wohl auf Betreiben des letzteren — 1810 von Berlin aus der vierte Band des Wunderhorns angekündigt wurde; „den Literatoren zu gefallen wollen wir (hieß es da) literarische Anmerkungen zur Geschichte des Volksliedes und unserer Sammlung hinzufügen, wobey wir uns die Hülfe unserer Freunde Grimm in Cassel versprechen, deren gründliche Kenntniß bisher so erquicklich zur Anregung lebendiger Ansicht der älteren deutschen Literatur gewirkt hat." Auch dies= mal ohne Folgen: denn zu einem vierten Bande ist es bei Lebzeiten Arnim's und Brentano's nicht gekommen.

Auch an dem künstlerischen Schmuck des Wunder= horns sind Grimm's betheiligt. Das Titelblatt des ersten Bandes zeigt, von unbekannter Hand, einen auf bloßem Rosse vorwärts sprengenden Knaben, das Wunderhorn hoch in der Rechten schwingend. Das Bild zum zweiten Bande aber hat Wilhelm Grimm gezeichnet, wie aus einem Briefe Brentano's an die Brüder vom 3. Mai 1808 hervorgeht. Es stellt nach Zincgref die alte Ansicht von Stadt und Schloß Heidelberg dar, auf welche die gleichsam Coulisse bildende Rundung des Oldenburger Trinkhorns einen in die Ferne rückenden Durchblick gestattet; von einer Weinbergsmauer steigen zu beiden Seiten Wein- und Epheuranken empor, von singenden Vögeln belebt, und bilden darüber ein schwankendes Laubgewinde. Das Trinkhorn ist, wie die Vergleichung lehrt, nach einer Abbildung in Hamelmann's Oldenburgischem Chronicon (Anno 1599, S. 20) gezeichnet, aus welcher Quelle in Grimm's Deutschen Sagen die Herkunft dieses, öfters so benannten, „Wunderhorns" erzählt wird; auch ein Beweis dafür, wie weit die Anfänge der Grimm'schen Sagen zurückreichen. Weil somit bei dem Trinkhorn die Beziehung auf den Knaben hinfällig ward, konnte der zweite Theil auch nur den Namen „Wunderhorn" erhalten. Clemens war übrigens mit der Ausführung des Kupferstechers höchlichst unzufrieden, der Wilhelm's mühsame Zeichnung verhunzt und besonders steif und plump das umgebende Laub gestochen habe: „Louis hätte es gewiß besser gemacht."

Die Gelegenheit hierzu verschaffte dem damals siebzehnjährigen Ludwig Emil Grimm der noch ausstehende dritte Band des Wunderhorns. Ludwig war ganz in der Lehre der beiden älteren Brüder aufgewachsen. Er theilte ihre Neigungen und Lebensgewohnheiten. Die Fortschritte, welche sie auch ohne Lehrer im Zeichnen gemacht hatten, steckten nach Jacob's Worte den jüngeren Bruder an, so daß er hoffen durfte, dereinst als Maler und Radierer bestehen zu können. Namentlich fühlte er sich Wilhelm geistesverwandt. Gleich ihm liebte er es, seine Sachen bis in alle Einzelheiten hinein mit liebevoller Sorgfalt durchzubilden. Seine künstlerischen Leistungen erscheinen als die Aeußerung eines Talentes, das demjenigen der älteren Brüder im Wesentlichen gleichgeartet war.

Ludwig hat die Bilder zum dritten Bande geliefert, mit die ersten öffentlichen Proben seiner selbsterworbenen Fertigkeit. Der Haupttitel ist einer Vorlage Israel's von Meckenem als Gegenbild nachgestochen: Spielmann und Harfnerin, in der Mitte auf einem Stabe ein Papagei, welcher einen Ring mit den Zehen des linken Fußes emporhält; der Papagei ist aber Zuthat Grimm's. Die dem Bande angehängten Kinderlieder sollten ursprünglich mit einem Bildchen geziert werden, das die beiden Riepenhausen für Sophie Bernhardi's, erst viel später erschienene, Bearbeitung von Flore und Blanscheflur bestimmt hatten: ein Knabe mit einem Mädchen zwischen Blumen stehend. Ludwig's Composition entlehnte die Motive dem Kinderliedchen

      Wacht auf, ihr schönen Vögelein,
      ihr Nachtigallen kleine,
      die ihr auf grünem Zweigelein,
      noch eh die Sonn recht scheine,
      anstimmt die tönend Schnäbelein,
      gedreht von Helfenbeine 2c.

Mitten in Waldeinsamkeit ein „Heiligenbildelein", das Christkind in der Krippen; Vögel singen ringsum in den Zweigen und füttern ihre Jungen; Eichhörnchen hocken auf den Aesten; zwei Knaben blasen ihre Pfeifen; Hirsch, Reh und Häslein horchen aus dem Haine; es fällt ein klares Brünnelein; die Blumen schaun hinein

Wunderhorn und Trösteinsamkeit.

und die Vögel netzen ihre Kehle: „Gelobt sey Gott, Gott Sabaoth alleine."

Ein echt romantisches Bild, das in allem die früheste Manier Ludwig's aufweist; und den auf der Gegenseite einher schreitenden Knaben, wie er dem Kinderbischof die Bretzel voranträgt, erkennt man an der Haltung des Kopfes und dem Ausdruck des Gesichtes sofort als den Zwillingsbruder dessen, der auf dem eigentlichen Kinder=titelbildchen die beiden Pfeifeleien bläst. Dieses Bildchen ist noch 1817 von Clemens für seine Ausgabe von Spee's Trutznachtigall verwerthet worden, doch unter Umbildung der zarten Motive in das religiös=Eifrige. Das Heiligenbild in der Mitte blieb; die beiden nackten Knaben aber mußten sich in ängstlich verhüllte Engel verwandeln.

Eine journalistische Ergänzung zum Wunderhorn bildete Arnim's Zeitung für Einsiedler. Arnim war mit Beginn des Jahres 1808 in Heidelberg angelangt. Mit dem treubereiten Zimmer, dem Verleger des Wunder=horns, wurde von früher her gute Freundschaft gehalten. Joseph Görres und andere schlossen sich an. Man ver=fügte über eine Masse angesammelter Schätze, die jeden Augenblick von Ideen belebt werden konnten. Gegner=schaften waren zu bekämpfen. Der Wunsch nach einem die Dinge schnell ins Publicum werfenden Organ machte sich immer stärker geltend. Einer Anzahl rüstiger Mit=arbeiter war man sicher. Und so übernahm Zimmer den Verlag und Arnim die Redaction der Zeitung für Ein=siedler, die später den eigens von diesem ersonnenen

Namen Trösteinsamkeit dafür eintauschte. Die erste Nummer erschien am 1. April 1808.

Goethe, mündlich unterrichtet, dachte günstig von dem Unternehmen. Als ihm nun die erste Nummer zukam, mit einem Schreiben Arnim's vom 1. April, worin zugleich die Bitte um thätige Unterstützung ausgesprochen wurde, mußte er die Wahrnehmung machen, daß die neue Zeitung auf eine nur für ihn allein verständliche Weise seiner Person zugeschrieben sei.

Als Arnim nämlich 1805 in Weimar Goethe besuchte, hatte sich das Gespräch vielfach auch auf die politischen Verhältnisse unseres Vaterlandes und auf die bedrohten Geschicke Preußens gewandt. Goethe und der junge märkische Edelmann stimmten, im Geiste der Hardenberg'schen Denkschrift über die Reorganisation Preußens, darin überein, daß die Rettung Deutschlands nicht von äußerer Kraftanstrengung, sondern von innerer, geistiger Wiedergeburt zu erhoffen sei. In diesem Sinne hat Goethe mehr, als irgend ein anderer deutscher Mann, für unser Vaterland gethan. In diesem Sinne hat auch Arnim für Preußens Größe gewirkt. Goethe freilich hielt 1813 die Zeit der Erhebung für zu früh gegriffen; mit jubelndem Patriotismus begrüßte sie Arnim. Wenn dieser, bereits als Hauptmann des Landsturms eingekleidet, dennoch nicht ins Feuer kam, so ergiebt sich heute aus einer im Entwurf vorhandenen dringenden Vorstellung an seines Königs Majestät, welchen äußeren, in der Unfertigkeit des Organisationssystems begründeten Umständen er damals zu seinem Schmerze hat weichen müssen. Er war zu monarchisch und patriotisch gesinnt, um das, worunter er litt, an die Oeffentlichkeit zu tragen. Er schwieg. Ueble Nachrede ist ihm freilich nicht erspart geblieben.

In Erinnerung an jene Gespräche sandte Goethe am 9. März 1806 dem jungen Arnim ein Stammbuchblättchen mit dem Hexameter

Consiliis hominum pax non reparatur in orbe - -

und Arnim stimmte in diesen Spruch aus vollem Herzen ein; das traf auch seine Ueberzeugung, daß „nicht nach dem Willen der Menschen der Friede auf Erden hergestellt werde". Es war eine feine Art huldigender Dankbarkeit, daß Arnim diesen Spruch, ohne Goethe's Namen zu nennen, an den Schluß seiner ersten Einsiedler-Nummer setzte und daneben, wie zur positiven Ergänzung, das Bibelwort stellte

Und Gott sprach: Es werde Licht! Und es ward Licht.

Das Licht, das 1813 so hell erglänzte, trübte sich bald. Goethe hatte doch nicht so ganz Unrecht gehabt: man verstand wohl das Haus niederzureißen, nicht aber, es neu wieder aufzubauen. Arnim, die Grimm's, Görres und alle Freunde trugen die Verworrenheit der Zustände mit Schmerz. Wieder bewahrheitete sich das Wort, daß nicht nach dem Willen der Menschen der Friede auf Erden hergestellt werde. Durch die Kronenwächter aber, in denen sich Arnim mit den Zuständen seiner Gegenwart (1817) abfinden wollte, zieht diese Stimmung wie ein Leitmotiv hindurch: „Aber erst wenn feindliche Stämme sich innerlich versöhnen und verbinden, wird der Friede kommen auf Erden"; und es klingt wie eine über alles Kleine erhebende Prophezeiung: „Die Krone Deutschlands wird nur durch geistige Bildung erst wieder errungen. — — Ein Theil des Menschengeschlechts arbeitet immer im Geist, bis seine Zeit gekommen."

An dieser Einsiedlerzeitung arbeiteten auch die Brüder Grimm mit, zu denen sich Clemens Brentano damals um so näher hielt, als die Mühsal seiner zweiten, in Cassel zu überstehenden, Ehe auf ihm lastete. Eine lustige Schnurre über das Wesen der Poesie, die aber nicht mehr zum Abdruck kam, richteten Clemens und Jacob gemeinschaftlich her. Wilhelm machte in Trösteinsamkeit seine ersten Uebersetzungen altdänischer Lieder bekannt. Jacob eröffnete mit eindringlichen Bemerkungen über den Werth der Nibelungen seine „Gedanken: wie sich die Sagen zur Poesie und Geschichte verhalten", und theilte mehrere Stücke aus seiner und Wilhelm's Sammlung mit. Denn außer der mit seinem Namen gezeichneten Golem-Geschichte, gehen auch die Sagen vom Glockenguß zu Breslau und zu Attenborn, ferner die „G—A" unterfertigte Erzählung „Frontalbo und die beiden Orbellen, organisches Fragment eines Romans vom Ende des 17. Jahrhunderts" auf ihn zurück. Für jene beiden Stücke erbringen die entsprechenden Sagen in Grimm's späterem Buche von 1816 den Beweis, für Frontalbo folgt die Gewißheit aus Grimm's Correspondenz mit Arnim vom 10. April und 6. Mai 1808. Diese wunderbare Geschichte, mit der sich Grimm's Sage vom Gespenst als Eheweib nahe berührt, entnahm Jacob fast wörtlich aus „Veriphantors betrogenem Frontalbo, Das ist Eine Liebes- und klägliche TraurGeschicht, welche sich mit dem Frontalbo und der schönen Orbella begeben. Gedruckt im itzigen Jahr". In die Mitte sind statt der drei Originalstrophen sechs neue eingelegt, und daß Arnim diese gedichtet hat, verbürgt die Unterzeichnung „G(rimm) — A(rnim)". Die zu Görres' Aufsatz über den gehörnten Siegfried und die Nibelungen versprochenen Untersuchungen „zweyer Gelehrten", d. i. Grimm's, über das Historische in den Nibelungen fanden, wie manches andre, nicht mehr Unterkunft in dem Blatte, weil es bereits nach einem halben Jahre einging.

Von Ludwig Grimm rühren nun die meisten Kupfer her, die das Blatt zieren. Arnim hätte sich gern der empfehlenden Theilnahme eines Künstlers wie Philipp Otto Runge versichert, dessen Märchen von den Machondel Bohm in Trösteinsamkeit erschien. Doch Runge, überbürdet und seiner Krankheit schon verfallen, lehnte ab, obwohl ihm Arnim am 9. Mai aus Heidelberg schreiben konnte: hier seien zwei junge Leute, die mit Fleiß nachbilden und radieren würden, was er dem Blatte etwa zuzuwenden sich entschließe. Einer dieser jungen Leute war Ludwig Grimm. Schon die dritte Nummer, vom 9. April, hatte seinen Nachstich des Sichem'schen „Faust und Mephistopheles" gebracht. Am 3. Mai forderte ihn Clemens auf nach Heidelberg hinüberzugehen, er solle Bett, Zimmer, Tisch frei haben: „Dafür müßte er uns freilich wacker für den Einsiedler arbeiten"; zugleich bat er: „Sobald Louis fertig mit der Elisabeth, schicken Sie die-

selbe." Ludwig folgte der Einladung. Die heilige Elisa=
beth, radiert nach einem alten Holzschnitt von der heiligen
Elisabeth als etner geistlichen Spinnerin, auf den die
älteren Brüder auch im Zusammenhange mit ihrer Sagen=
sammlung gekommen waren, wurde der Einsiedlerzeitung
vom 31. Mai beigegeben. Das nächste Kupfer (15. Juni),
„Der erste Bärnhäuter" zu Brentano's Geschichte, gehört
gleichfalls Ludwig zu, der einen Abzug dieses nach Jost
Ammann's Spielkarten gearbeiteten Blattes in ein für
seinen Neffen Hermau als Kind zusammengestelltes Bilder=
buch geklebt hat. Mit Wahrscheinlichkeit läßt sich ver=
muthen, daß auch die beiden späteren Kupfer von seiner
Hand gestochen sind, ebenso wie das Bild des „geehrten
Publikums", nach Lavater's Physiognomischen Fragmenten
3, 170, das Arnim's Abschiedsworten an die Leser seiner
Zeitung beigegeben war.

Goethe konnte in Vielem mit der Haltung der Zei=
tung einverstanden sein. So unvergleichlich hoch wie er
wurde niemand sonst von den Einsiedlern gestellt. Schiller
genoß eines ehrenvollen Angedenkens. Die Schlegel's
standen fast einflußlos zur Seite. Die Schillerverehrung
lag in Arnim's Entwickelung. In Hollins Liebeleben
(1802) z. B. übt Maria Stuart ein starkes Gewicht auf
die Lösung des Ganzen; die Verse „Eilende Wolken,
Segler der Lüfte" stehen wörtlich da. Sie klingen durch
Freya's Lied in Ariel's Offenbarungen (1804, S. 23):

  Winde, ihr lieben, ihr schlauen Gesellen,
   Führet ihn bald mir und freundlich hernieder —
Der zweite Chor der Krieger schließt (S. 31) in der
Weise des Reiterliedes:

> Drum froh in die Nacht des Todes gesch'n,
> Denn heller glüht dann das Leben —

Piccolomini=Stimmung herrscht, wenn Herrmann zu Freya singt (S. 42):

> Ich sah nur Tod, den Krieg auf aller Spur,
> In Dir fühl' ich den Reiz der Allnatur —

und der „Dichtertod" (S. 188) gemahnt an die im Schlegel'schen Kreise so blind verspottete Glocke:

> Glockenklang
> Zum Gesang
> Dumpf und bang — —

Arnim hatte stets ein ähnlich=nahes Verhältniß zu Schiller, wie Jacob Grimm.

Die Zeitung empfahl sich also durchaus in Weimar und wurde auch bei Hofe und von allen maß=gebenden Persönlichkeiten gelesen. Goethe griff häufig zur Lecture der ihm regelmäßig übersandten Hefte und trug öfters daraus in den Abendgesellschaften der Frau Johanna Schopenhauer vor. Er dankte durch Bettinen, ja er sagte dem Herausgeber mündlich: Es sei ihm und andern nie ein so lebendiges Blatt erschienen. Manches mochte ihm jedoch weniger behagen, wie der nicht erquickliche Streit mit Voß und dem Morgenblatte. Die Behandlung des Nibelungenliedes, dem sich Goethe damals selbst zuwandt hatte, stieß ihn geradezu ab und gab ihm zu Knebel den unwilligen Ausspruch in den Mund: „Die modernen Liebhaber desselben, die Herren Görres und Consorten, ziehen noch dichtere Nebel über die Nibelungen." Goethe vermied, die „wunderliche" Zeitung durch eigene Beiträge zu unterstützen.

Viertes Capitel.

Wilhelm's Besuch in Weimar 1809.

Durch Wunderhorn und Trösteinsamkeit war Grimm's Zugehörigkeit zu den Einsiedlern von Heidelberg besiegelt und in weiteren Kreisen bekannt geworden. Ihre tüch=
tigen Aufsätze in wissenschaftlichen Fachzeitschriften hätten ihnen nimmer denselben Erfolg verschaffen können. Vor der Oeffentlichkeit hatten sie nun eine feste literarische Position gewonnen mit allen daraus fließenden Vortheilen. Freilich waren auch Nachtheile mit in den Kauf zu nehmen. Das Wort gegen die „Herren Görres und Consorten" galt einigermaßen auch ihnen. Die Beach=
tung jedoch, die Goethe diesem ihren literarischen Auftreten schenkte, wurde dadurch vortheilhaft ergänzt, daß er sonst nur Gutes über sie erfuhr. Als Savigny 1807 mit den Seinigen bei ihm war, da sprach man bei Tische, nach Riemer's Notiz vom 9. November, auch von „zwei jungen Leuten (den Grimm) in Kassel, die schöne Kenntnisse und Sammlung, die altdeutsche Litteratur betr." besäßen. Arnim theilte Goethe in seinem Briefe vom 1. April 1808 mit, daß der Nachstich des erwähnten Sichem'schen Blattes „von einem jungen Grimm in Cassel" gearbeitet

sei. So oft er nach Weimar kam, berichtete er über seine Casseler Freunde. Und Bettina hat ihnen schon damals in eifriger Freundschaft genützt.

Wilhelm Grimm war also für Goethe kein Fremder mehr, als er gegen Ende des Jahres 1809 zum Besuch in Weimar erschien.

Von der aus Cassel her befreundeten Familie des Capellmeisters Reichardt eingeladen, begab sich Wilhelm im Frühjahr 1809 nach Halle, um bei dem berühmten Reil für seine krankende Brust Heilung zu suchen. In Weimar, wo er am 29. März eintraf, besuchte er die Jagemann, die „eine recht angenehme, feine Comödiantin ist." Bei ihr lernte er Zacharias von Werner kennen, dessen Wesen aber für ihn etwas Widerliches hatte: „Von seiner Reise nach Italien, von Genua und dem großen Meer hat er nichts als ein Paar Sonette, worin der Mond als Hostie vorkommt. Als er Göthe diese vorgelesen, hat dieser gesagt, er solle ihm fortan mit dergleichen vom Hals bleiben, sonst sei es aus mit ihnen beiden." Wie echt der Grund in dieser Briefmit=theilung Wilhelm's ist, beweist ein Tischgespräch Goethe's, das Holtei fast zwanzig Jahre später angehört hat. „Ich habe, sagte Goethe 1828, mich Werners von Herzen an=genommen und ihn redlich zu fördern gesucht, auf alle Weise! Aber wie er nachher aus Italien zurückkam, da las er uns gleich am ersten Abend ein Sonett vor, worin er den aufgehenden Mond mit einer Hostie ver=glich. Da hatt' ich genug und ließ ihn laufen." Wilhelm konnte dies Mal Goethe nicht sehen, da er ausgefahren war. Der Park gefiel ihm auch ohne den Schmuck des Laubes außerordentlich.

In Halle nahm Wilhelm Wohnung bei Heinrich Steffens, Hanne Reichardt's Gemahl, auf dem Giebichenstein. Die Theilnahme an den Ereignissen dieses Sommers war allgemein. Auf dem Schlachtgefilde von Aspern ging noch einmal die Hoffnung der Freiheit auf, um dann zu sinken. Das Braunschweigische schwarze Corps zog durch Halle, an der Spitze der Herzog Friedrich Wilhelm mit ernsten, von weißen Augenbrauen beschatteten Zügen. Schill rückte mit einer Escadron preußischer Husaren ein. Ein unglücklicher Friede folgte, und die französische Gewalt umstrickte fester als je das Vaterland. Geistige Arbeit allein konnte aus diesem Zustande der allgemeinen Dumpfheit erheben.

Geistige Arbeit aber war das Element des Kreises, in dem Wilhelm Grimm nun in Halle lebte. Von Steffens, dem Dänen, empfing er mancherlei Anregung für seine besonderen Studien. Unter dessen Augen brachte er seine Uebersetzung der altdänischen Lieder zum Abschluß. Oehlenschläger's Gedichte las er hier auf Dänisch. Durch Steffens knüpfte er Verkehr mit nordischen Gelehrten an. Während dieser Zeit erschien in den Heidelbergischen Jahrbüchern Wilhelm's Recension des von Friedrich Heinrich von der Hagen 1807 herausgegebenen Nibelungen-Liedes: eine ästhetisierende Ueberschau über die wichtigsten Literaturwerke des Mittelalters und der gelungene Nachweis, daß Hagen's „Modernisierung der Nibelungen schlechter sei als das Original, und doch nicht modern". Kurz hingeworfene Andeutungen waren breiter ausgeführt in dem gleichzeitig in Daub und Creuzer's Studien veröffentlichten Aufsatz über die Entstehung der altdeutschen Poesie und ihr Verhältniß zu der nordischen. Steffens, der selbst eine achtbare Kenntniß der älteren wie der neueren deutschen Literatur besaß, nahm an allem Antheil. Was Wilhelm ihm von dem frühen Leben der Sagen und ihren Wanderungen mittheilen konnte, stimmte in seine philosophischen Ansichten ein.

Goethe-Verehrung wohnte auch in der Reichardtschen Familie. Reichardt war bei manchen Eigenheiten und einem starken Selbstgefühl ein Mann von leicht bewegtem, edlen Herzen. Unter seinen musicalischen Erzeugnissen standen die Compositionen zu Goethe's Liedern obenan. Die Glieder der Familie, namentlich Luise, pflegten sie mit Innigkeit vorzutragen, und Wilhelm lernte sie dadurch in ihrem ganzen Werthe schätzen: „Einem einfachen Geschmack (urtheilte er nachmals), der die natürlichen Früchte lieber, als den siebenmal abgezogenen Geist genießt, und in überfüllten Blumen eher einen krankhaften Trieb, als eine Schönheit erkennt, sagen sie vielleicht wieder zu." Die verschiedensten Nachrichten über Goethe drängten sich hier zusammen. Von dem Grimm's persönlich bekannten Casseler Architekten Engelhard hatten sie erfahren, daß „Göthe jetzt an dem zweiten Theil des Fausts arbeite und gesagt habe, es werde noch viel Spaß darin seyn." Durch den Maler Runge, Steffens' Freund, war man über das Vorwärtsrücken der Farbenlehre unterrichtet. Die in das Cottaische Taschenbuch für Damen gegebenen Fortsetzungsproben vom Wilhelm Meister, vorher erwartet, wurden als „überraschend erdacht und lieblich ausgeführt" befunden. Die Recension von Strixner's christlich-mythologischen Handzeichnungen Albrecht Dürer's erfreute die Brüder. Als Ereigniß ersten Ranges aber hielt alle das Erscheinen der Wahlverwandtschaften in Spannung.

Wilhelm schrieb sein erstes Urtheil über sie an Jacob von Berlin aus, wohin er im September mit Clemens Brentano, der von München kam, zum Besuche Achim's von Arnim gereist war. Die Freunde lasen gemeinschaftlich den Roman. Die die eigentliche Verwickelung einleitenden und vorbereitenden Capitel schienen Wilhelm nach dem ersten Eindruck über alle Begriffe langweilig, das übrige aber „herrlich, rührend und von einer seltenen Gewalt der Darstellung." Jacob konnte dem Tadel seines Bruders gar nicht beifallen: „Es ist mir begreiflich, daß man in dergleichen Geschichten aus moderner Zeit recht leis in das eigentliche Leben, durch alle Convenienzen hindurch, durch alles förmliche Wesen einbrechen muß. Im Wilhelm Meister ist es nicht anders gemacht. Ohne diesen Eingang wäre die Charlotte sicher nicht interessant. Die Luciane hätte meinetwegen ganz wegbleiben mögen und auch der Mittler, der nichts Rechtes zu thun hat. Beim Architekten hat vielleicht Göthe wenigstens an die Gestalt des Engelhard gedacht. Auffallend ist, wie Göthe den Zufall und ein heimliches Schicksal gegen seine sonstige Art mannigfaltig hat walten lassen." Jacob's Urtheil ließ Wilhelm die ganze Tiefe der Dichtung empfinden: „Auch darin (antwortete dieser) bewährt sich Göthe's großer Geist, daß seine Werke so verschiedenartige Urtheile erzeugen und unendliche Ansichten zulassen. Steffens, Reichardt haben wieder ganz abweichende, seltsame Meinungen; aber noch jeder meint, es habe es doch nur Göthe schreiben können, und jeder hat etwas gefunden, das ihm besonders werth gewesen, so daß schon jeder einzelne Charakter seinen Freund und Feind gehabt hat und alles schon gut und schlecht gewesen. Ich z. B. finde nun die Luciane (Jagemann) wieder sehr reizend und ganz nothwendig, indem durch sie der Charakter der Ottilie erst recht deutlich und entgegengestellt wird. Dagegen ist mir der verfluchte Gehülfe ganz unausstehlich. — Ich begreife auch, daß das ganze Verhältniß sehr langsam und sorgfältig mußte entwickelt werden, nur nicht langweilig, wie es mir durchaus ist. Ich erkläre mir es aus der Art der Entstehung des Buchs, weil es durchaus dictirt ist, wo der Faden wohl nicht streng angehalten worden, sondern ganz gemächlich abgehaspelt worden und zuweilen auf die Lehne des Schlafsessels herabgefallen ist. Dann aber soll auch Göthe mehreres von Riemer haben ausarbeiten lassen und ihm nur den Entwurf gegeben haben, wie Rafael malte — wenn es wahr ist." Das Urtheil eines Einzelnen über ein wahrhaft geistreiches Werk schien Wilhelm überhaupt unberechtigt und unzulässig.

Der nur auf kurze Zeit berechnete Besuch Wilhelm's in Berlin dehnte sich durch Arnim's Güte und Freundschaft auf Monate aus. Der junge Grimm machte mit den Hauptträgern des geistigen Lebens hier Bekanntschaft, arbeitete auf der Bibliothek und besuchte die Kunstsammlungen und Sehenswürdigkeiten der Hauptstadt. Den Vorstellungen im Theater wohnte er öfters bei, doch war die Aufführung des Götz von Berlichingen die einzige, an der er große Freude hatte. Erst gegen Ende November ward zur Heimreise gerüstet.

Es schien wünschenswerth, daß Wilhelm auf dem Rückwege eine persönliche Annäherung an Goethe versuche. Arnim und Brentano riethen dazu. Sie hofften, daß Goethe etwas für Wilhelm's altdänische Heldenlieder thun werde. Für diese sowie für Henriette Schubert's schottische Balladen hatte Arnim, als er das Jahr vorher in Weimar war, Goethe einzunehmen gewußt. Henriette, in ärmlichen Verhältnissen fast menschenscheu in Jena lebend, war die Schwester von Clemens' erster Gemahlin. Einige ihrer Balladen hatte die Einsiedlerzeitung gebracht. Es war augenscheinlich die im Juniheft gedruckte „Grausame Schwester", mit deren Vortrag Goethe einst die Damen bei Johanna Schopenhauer in Verzweiflung setzte, indem er verlangte, sie sollten den nach jedem einzelnen Verse wiederkehrenden Refrain (Binnorie, o Binnorie) im Chor dazwischen sprechen. Arnim scheint doch Goethe's allgemein geäußerter Theilnahme zu viel Gewicht beigelegt zu haben; wenigstens gelang ihm nicht, eine bestimmte Zusage herauszulocken. So schrieb er an Goethe am 18. April 1809 aus Berlin:

„Außer dieser Bitte um literarische Nachsicht (für den beigelegten Wintergarten), wage ich noch eine Anfrage, zu der mich Ihre gütige Gesinnung für die Uebersetzungen aus dem altdänischen und altschottischen von W. Grimm und M. Schubart, die in dem Einsiedler enthalten, veranlaßt. Jener hat seine Uebersetzungen nun ganz beendigt, die hiesige Realschulbuchhandlung will den Verlag übernehmen, wenn die Vorrede eines Ausgezeichneten dabey, einige Worte von Ihnen; die Veranlassung zu dieser Bedingung der Verlagsübernahme war der Beyfall, den Sie gegen mich über diese Bemühungen äusserten und den ich zur besten Empfehlung wiederholte. Grimm könnte und müste pflichtmäßig, im Falle diese Anmuthung Ihnen nicht lästig wäre, die Handschrift übersenden, ebenso M. Schubart, und es Ihrem Urtheile überlassen, ob es nach gutem Gewissen zu empfehlen sey. Wenn Ihnen unmittelbare Verhandlung mit den Uebersetzern lästig wäre, besonders, wenn Sie es nach der Durchsicht der Mühe nicht werth hielten, so würde ich die Handschrift mir unter dem Vorgeben zusenden lassen, den Verleger erst damit näher bekannt zu machen."

Diese Verhandlungen waren Clemens nicht unbekannt, und mit einer gewissen Leidenschaftlichkeit hatte er schon in Halle darauf gedrungen, die dänischen Lieder müßten als vierter Band des Wunderhorns erscheinen. Denn dieses Buch sollte keineswegs, wie es Gervinus zuerst nach dem thatsächlichen Bestand ausgesprochen hat, ein vaterländisches Gegenstück zu

der kosmopolitischen Sammlung der Herder'schen Volks=
stimmen bilden. Grimm sowie später Arnim willigten
in Clemens' Vorschlag ein, und die Freunde erließen von
Berlin aus eine „tolle Ankündigung" in den Heidelbergi=
schen Jahrbüchern. Plötzlich aber war Brentano wieder
heftig dagegen: vermuthlich, weil bei dem Ausbleiben
jeder Antwort von Goethe der Erfolg zweifelhaft schien
und Clemens selbst vielleicht schon damals die Heraus=
gabe des dann 1810 mit Arnim angezeigten vierten
Bandes ins Auge gefaßt hatte. Arnim hielt jedoch an
seinem gegebenen Worte fest, und um sein freundschaft=
liches Gefühl nicht zu verletzen, ließ Wilhelm die An=
kündigung vor der Hand unverändert. Die Dinge konnten
ja auch durch Wilhelm's Eintreffen in Weimar eine
günstige Wendung nehmen.

Ein zweiter Gesichtspunct war für den Besuch in
Weimar mitbestimmend. Jacob arbeitete damals, in einer
Art positiver Polemik gegen Docen, an seiner Schrift
über den altdeutschen Meistergesang. Wilhelm erfuhr
nun durch Hagen, daß in Weimar zwei alte Codices
mit Minneliedern wären. Diese sowie die in Jena befind=
liche große Handschrift konnten für Jacob's Zwecke wichtig
sein, und überhaupt vielleicht neuen Stoff zu Publica=
tionen bieten.

Jacob, um Rath gefragt, stimmte zu. Ein Aufent=
halt in Weimar schien ihm vortheilhaft. Nur sollte Wil=
helm versuchen, die Handschriften zu borgen und
mit nach Cassel zu bringen, damit seine Zeit für
andre Dinge frei bliebe. „Den Göthe (fuhr Jacob fort

mit Worten, deren wogender Form man den Widerstreit seiner Gefühle nachempfindet), den Göthe wirst Du nun sehen. Ich wüßte soviel darüber, ob ich ihn sehen möchte oder nicht, daß ich, wenn ich in Weimar wäre, im Zweifel wider meinen Willen, aber doch hingehen würde." Wilhelm kam den 11. December, Nachmittags um 3 Uhr, in Weimar an und stieg im Elephanten ab. Weil er höchstens nur zwei Tage zu bleiben gedachte, ließ er sich sofort nach Goethe's Hause führen, dessen Lage ihm wohlgefiel. Goethe, aus ernster Krankheit noch nicht völlig hergestellt, war an diesem Tage nicht zu sprechen. So überreichte Wilhelm wenigstens den Brief, welchen ihm Achim von Arnim mitgegeben hatte:

Berlin den 19. Nov. 1809.

Mein Freund Grimm, der mir und allen hiesigen Bibliotheken seinen Besuch und Umgang auf ein Paar Monate geschenkt hatte, bittet mich zum Abschiede um die Gefälligkeit, ihm einen Brief der Empfehlung und Bekanntmachung an Sie, den wir beyde in gleicher Gesinnung hochverehren, mit zu geben. Wer kann zum Abschiede etwas abschlagen; kaum genüge ich mir selbst um mich Ihnen zu empfehlen, mein Freund muß selbst dabey das Beste thun, sein treues unschuldiges Bemühen, die vergessensten nordischen Gegenden uns Deutschen bekannt zu machen, habe ich Ihnen schon in einem früheren Briefe angezeigt; ich verspreche Ihnen nach bestem Wissen und Gewissen ein Paar angenehme Stunden, wenn Sie Sich seine Uebersetzungen der Volkslieder, die er meist alle bey sich hat, und eine Sammlung von Sagen, von denen er nur den kleinsten Theil mit sich führt, vorlegen lassen (er kann nicht gut vorlesen wegen Schwäche seiner Brust, seine Handschrift ist aber sehr leserlich). Nach meiner Ueberzeugung giebt es unter allen, die sich jetzt in Deutschland um dessen ältere Literatur bekümmern, keinen, wie Grimm und seinen Bruder, an Wahrheits= liebe, Gründlichkeit, Umfassung und Fleiß, wovon seine Recension der Hagenschen Nibelungen in den Heidelberger Jahrbüchern, so wie sein Aufsatz über die Nibelungen in den Studien von Creuzer und Daub das beste Zeug= niß geben; Sie würden ihn erfreuen, wenn Sie ihm eine bequeme Gelegenheit verschafften, das Merkwürdige der Weimarer und Jenaer Bibliothek zu benutzen, er ist sehr eifrig und gewandt alte Bücher in seinen Be= ziehungen schnell zu durchlaufen. Von den Ereignissen dieses Sommers, in so fern sie diese Gegenden berührt, von Schill und Oels und wie sich diese Unternehmungen, die sich an kühner Verzweifelung dem Alterthum fast allein vergleichen lassen, in Halle durchziehend ausgenommen, und auf einzelne gewirkt, würde er Ihnen manches Merkwürdige sagen können, wenn er die Schüchternheit erster Bekanntschaft überwinden kann; auch über die Art der Aufführung Ihres neuen Götz auf der hiesigen Bühne, über die ausgezeichnete Wirkung mancher Scenen un= geachtet der Abkürzung zu einem Abende, und der ab= sichtlich schlechten Besetzung mancher Rollen kann er als Mitaugenzeuge mehr sagen als ein flüchtiger Bericht. Für die Wahlverwandtschaften sage ich im Namen vieler

Freunde und Bekannten einen schmerzlichen Dank, sie machen manche Veränderung glücklicher Verhältnisse klar, die so mancher empfunden.

Brentano empfiehlt sich Ihnen hochachtungsvoll, er brachte mir sehr erwünschte Nachricht von der Fortdauer Ihrer gütigen Gesinnung gegen mich, der ich mich so wie allen den Ihren mit meiner Ergebenheit zu empfehlen suche.

Achim von Arnim.

Von Goethe's Hause begab sich Grimm zu Frau Johanna Schopenhauer, gleichfalls mit einem Briefe von Arnim. Bald kam dahin Goethe's Bedienter nach mit der Meldung: Herr Doctor Riemer werde ihn am Abend in die Comödie abholen, am andern Tage möge er erst auf die Bibliothek gehen, und dann um 12 Uhr zu dem Herrn Geheimen Rath kommen. Im Theater wurden Kotzebue's Deutsche Kleinstädter gegeben. Wilhelm und Riemer sahen der Aufführung aus Goethe's Loge zu; es wurde „recht gut" gespielt. Das Haus in seinen „ungemein zierlichen" Verhältnissen und die Ausschmückung des Innenraums behagte dem jungen Grimm. Auf Goethe's Sessel sitzend durfte er sich zum ersten Male als Gast des großen Mannes fühlen.

Am andern Tage wurde er auf der Bibliothek „artig genug" empfangen. Und dann ging's zu Goethe: „Der Hausehren in Göthes Hause ist mit freistehenden Statuen und andern in Nischen schön verziert. Ueber eine breite Treppe, die vornehm und bequem aussieht, wurd' ich erst vor ein Zimmer geführt, wo am Eingang zu den Füßen Salve mit schwarzen Buchstaben und an der Seite ein Candelaber steht, und das voll Bilder hing, dann in ein Cabinet, das ebenfalls mit Handzeichnungen, altdeutschen Holzschnitten ausgeziert war, und alles eigen eingerichtet, z. B. die Thüren mit matter brauner Farbe angestrichen und die Griffe aus goldenen Löwenköpfen bestehend, sehr geordnet und reinlich." Hier mußte Wilhelm einige Zeit warten. Darauf trat Goethe selbst herein, ganz schwarz angezogen mit den beiden Orden und ein wenig gepudert. Dem jungen Manne schlug das Herz gewaltig: „Ich hatte nun sein Bild oft gesehen und wußte es auswendig, und dennoch, wie wurde ich überrascht über die Hoheit, Vollendung, Einfachheit und Güte dieses Angesichts." Goethe lud ihn mit großer Freundlichkeit zum Sitzen ein und begann zu sprechen von dem Nibelungenlied; von der nordischen Poesie; von einem Isländer Arndt, der eben in Weimar geweilt und ein vollständiges Manuscript der Edda Saemundina gehabt, aber höchst bizarr und ungenießbar und starr gewesen; von Oehlenschläger; von den alten Romanen; von seiner Lectüre des Simplicissimus. Er ließ sich auch die dänischen Uebersetzungen geben. Wilhelm blieb bei ihm fast eine Stunde: „Er sprach so freundlich und gut, daß ich dann immer nicht daran dachte, welch ein großer Mann es sei, als ich aber weg war oder wenn er still war, da fiel es mir immer ein, und wie gütig er sein müsse und wenig stolz, daß er mit einem so geringen Menschen, dem er doch eigentlich nichts zu sagen habe, reden möge."

Das Gespräch bewegte sich also für Wilhelm auf einem Gebiete, wo er heimisch war. Goethe's souveräne Kunst, mit Menschen verschiedenster Stellung und Begabung wie auf gleichem Fuße zu verkehren, bewies auch hier ihre Macht. Der junge Mann überwand seine Schüchternheit und gab sich mit offener Natürlichkeit hin. Die Nibelungen bildeten damals auch für Goethe die Mitte seines Interesses. Er kannte das Dasein des Gedichtes längst aus Bodmer's Ausgabe vom Jahre 1757. Christian Heinrich Myller's 1782 veranstalteter Druck blieb jedoch unaufgeschnitten bei ihm liegen, und nur die zufällig aufgeschlagene Stelle, wo die Meerfrauen dem kühnen Hagen weissagen, ergriff seine Phantasie, als Stoff zu einer nicht vollendeten Ballade. Erst die Romantiker räumten ihm den Zugang zu dem Liede frei. Die Ausgabe Friedrich Heinrich's von der Hagen empfing er 1807. Er ließ bei Johannes von Müller über die Entstehungszeit des Gedichtes anfragen. Während er Görres' Gedanken ablehnte, las er Grimm's Aufsätze in den Heidelberger Jahrbüchern und in Daub und Creuzer's Studien genau und benutzte sie auch. In dem nachgelassenen Schema über „Das Nibelungenlied, übersetzt von K. Simrock. 2 Theile. Berlin, 1827" finden sich merkwürdige Berührungspuncte mit Wilhelm Grimm, und darum gewinnt Woldemar von Biedermann's Meinung an Wahrscheinlichkeit, daß dieses Stück der Hauptsache nach in eine viel frühere Zeit gehöre; freilich noch nicht in das Jahr 1807, wo Goethe noch nicht mit sich einig war, wohin er die Nibelungen der Form und dem Inhalte nach einran=

gieren sollte. Einzelne Puncte des Schemas nämlich scheinen geradezu aus Grimm entlehnt, z. B. „Uralter Stoff liegt zum Grunde" — „Riesenmäßig" — „Aus dem höchsten Norden"; bei beiden, Grimm wie Goethe, die wenn auch verschieden nüancierte Vergleichung einer Nibelungen-Uebersetzung mit einem Gemälde, das trotz frisch aufgetragener Farben den alten Grund durchblicken läßt. Unabhängig von Goethe vertrat auch Wilhelm Grimm die Ansicht, daß die Nibelungen am besten in Prosa zu übersetzen seien, da ein beträchtlicher Theil unsrer älteren Gedichte auf diese Weise erst recht den Weg ins Volk gefunden habe, eine Auffassung, die späterhin für die Brüder Grimm practische Folgen hatte. Was Goethe damals über die Nibelungen geäußert hat oder geäußert haben mag, bewies jedenfalls, daß er den meisten seiner zünftigen Zeitgenossen voran tief in den Geist des Epos eingedrungen war. Seine Vorträge und Uebersetzungen an den Mittwochen müssen in der That geeignet gewesen sein, die Aufmerksamkeit einer edeln Gesellschaft festzuhalten.

Das nordische Leben in seinen verschiedenen Aeußerungen war Goethe seit Herder's Frühzeit besonders wieder durch Friedrich Majer aus Schleiz und den „wunderlichen Fußreisenden Runen-Antiquar Arndt" nahe gebracht worden, die beide seine Gastfreundschaft genießen durften. Er hatte auch 1802 zu Jena in ruhigen Abenden die Urquelle der nordischen Mythologie durchstudiert und glaubte darüber ziemlich im Klaren zu sein. Majer las die nordischen Sagen von

Brunhild und Sigurd vor: wohl die 1819 gedruckten, welche Jacob Grimm's Besprechung als mittelmäßige Arbeit bezeichnete. Der andre hielt Vorträge über Runenschriften und nordische Alterthümer. Wiewohl Wilhelm Grimm damals schon ernstlich in die nordische Literatur eingedrungen war, so scheint doch der „Isländer Arndt" eine ganz neue Größe für ihn gewesen zu sein. Gemeint ist Martin Friedrich Arndt aus Altona, von dessen Ungenießbarkeit Riemer ergötzliche Dinge berichtet. Der Zusatz „Isländer" bedeutete in Goethe's Munde, daß sich der Mann berufsmäßig mit isländischer d. i. mit altnordischer Literatur beschäftige. Wilhelm aber scheint „Isländer" wörtlich verstanden zu haben, und die Neuigkeit machte nun in der von Goethe herrührenden Form bei Grimm's Bekannten die Runde, ja kehrte zu Goethe selbst zurück. An Nyerup 1810: „in Weimar ist voriges Jahr ein Isländer Arndt gewesen, der ein Manuscript der älteren Edda mit sich herumführt, mit dem aber durchaus nichts anzufangen gewesen". An Rask 1811: „Sodann besitzt Herr Arndt, ein Isländer, gegenwärtig zu Paris, ein Manuscript der Edda, welches er mit sich herumträgt"; Rask jedoch kannte den Mann besser und begann seine Antwort mit den richtigstellenden Worten: „Arendt, en omrejsende Holstener." Der „Isländer" blieb demnach weg, als Wilhelm bald darauf Goethe anzeigte, daß er jetzt eine Abschrift der Edda besitze, derselben, „wovon Hr. Arndt ein Manuscript mit sich herumführt." Die Brüder lernten Arndt in der Folge noch genauer kennen. Er erschien in Paris, Cassel,

Wien — „lumpig und schändlich brutal wie allerwärts." Jacob, dem er sich in Wien zu nähern suchte, hielt ihn „für halbverrückt und zwar aus Hochmuth" und entschied: „Mit Arendt wollen wir nichts gemein haben."

Goethe sprach ferner von Oehlenschläger, Steffens' Landsmann und gutem Freunde, der kurz vorher in Weimar gewesen war. Wilhelm war mit seinen Gedichten vertraut. Aladdin's Wunderlampe hatte Jean Paul's Recension (1809) den Brüdern nahe gerückt. Das Trauerspiel Axel og Valborg kannte Wilhelm aus der Handschrift. Er übersetzte auch im folgenden Jahre für das vaterländische Museum aus Christi Wiedererscheinen in der Natur und zeigte den Palnatoke im Pantheon an. Ueber Oehlenschläger's Bedeutung müssen Goethe und Grimm einer Meinung gewesen sein. Wilhelm's Empfindung war, daß in seinen Gedichten herrliche Dinge „mitten in einer Menge ganz schlechtem ordinärem Zeug" stünden. Und für Goethe war, bei aller Anerkennung des Dichters, die trotz seines reizbaren Wesens keine Einbuße erlitt, z. B. der Aladdin doch ein „problematisches Werk", an dem er nicht alles gutheißen konnte.

Von alten Romanen hatte Goethe damals, auch meist an den Mittwochen, die von Hagen und Büsching veröffentlichten gelesen: Tristan und Fierabras aus dem „Buch der Liebe" (1809), das die Grimm's auch schon kannten, und in den Heidelbergischen Jahrbüchern zu recensieren gedachten, ein Plan, dessen Ausführung durch besondere Umstände bis in das Jahr 1812 und für einen andern Ort verschoben wurde; ferner König

Rother und Weigamur aus den „Deutschen Gedichten des Mittelalters" (1808), bei denen Jacob den „ungemeinen Fleiß und rühmliche Einsicht" der beiden Herausgeber anerkannte. Namentlich die den einzelnen Stücken vorangeschickten literarischen Einleitungen mögen Goethe willkommen gewesen sein. Auch auf den Ortnit, Theuerdank und Weißkunig erstreckte sich seine Lectüre, ja sogar die deutschen Sprachalterthümer des Ulfilas und Otfried wurden hervorgehoben. Viel tieferen Eindruck aber als alle diese Literaturdenkmäler machte auf Goethe der Simplicissimus, von dem gerade eine neue, von Grimm's „herzlich schlecht" befundene Bearbeitung herausgekommen war. Die Lectüre dieses Romans ist sowohl in Goethe's wie Riemer's Tagebüchern des öfteren angemerkt. Goethe schien der Simplicissimus tüchtiger und lieblicher als Le Sage's Gilblas von Santillana, den er 1807 in Karlsbad gelesen hatte. Zu Grimm äußerte er sich sehr schön über den Simplicissimus, unter andern aber meinte er, es sei zwar viel Poesie darin aber kein Geschmack. Wilhelm wußte mit diesem Ausspruch nichts anzufangen, da ihm beides am Ende einerlei schien; über Anordnung und Austheilung, wenn das gemeint sei, könne man freilich andere Ansichten und Regeln haben, Regeln seien immer nur conventionell.

Die angeregte, inhaltreiche Unterhaltung nahm Goethe für den talentvollen jungen Mann ein; mit freundlichem Wohlwollen behandelte er ihn auch fernerhin. Wiederum pflegte Wilhelm's spätere Erinnerung ihre Form von dieser ersten Begegnung zu entlehnen. Riemer hat eine sicherlich Goethe's Eindruck wiederspiegelnde Charakteristik Wilhelm's in seinen Tagebüchern aufbewahrt: „ein artiger junger Mann, der aus Arnim, Brentano und Engelhardt gemischt ist, auch in der Physiognomie." Es ist hier mit richtigem Gefühl herausgefunden und ausgesprochen, daß Wilhelm's poetisch=romantische Denkart sich mit derjenigen Arnim's und Brentano's innig berührte, und ähnlich wie der Architekt der Wahlverwandtschaften war er „ein Jüngling im vollen Sinne des Worts, wohlgebaut, schlank, eher ein Wenig zu groß, bescheiden, ohne ängst= lich, zutraulich, ohne zudringend zu sein". Wie geho= ben sich Wilhelm Grimm durch Goethe's freundliche Aufnahme fühlte, sprechen die unter dem frischen Ein= druck dieses Ereignisses niedergeschriebenen Briefe an Jacob, Arnim, Steffens aus. Hanne Steffens ant= wortete ihrem jungen Freunde nach Weimar zurück: „Es ist mir auch so sehr lieb, daß Sie den herlichen Goethe recht ordentlich sehen und hören. ich mußte es wohl das Er Sie so freundlich aufnehmen würde, und eine rechte Freude an Sie und Ihren Arbeiten haben müße."

Zum folgenden Tage, dem 13. December, wurde Wilhelm Grimm bei Goethe zum Mittagessen geladen: „Seine Frau, die sehr gemein aussieht, ein recht hübsches Mädchen, dessen Namen ich wieder vergessen, die er aber, däucht mir, als seine Nichte vorstellte, und Riemer waren da. Es war ungemein splendid, Gänsleberpasteten, Hasen und dergleichen Gerichte. Er war noch freundlicher, sprach recht viel und invitirte mich immer zum Trinken, indem er an die Bouteille zeigte und leis brummte, was er überhaupt viel thut; es war sehr guter rother Wein und er trank fleißig, besser noch die Frau. Er sagte unter andern, daß er das Bild der Bettine von Louis erhalten, und lobte es dabei sehr, es sei eine sehr zarte Nadel darin, recht ähnlich und überhaupt schön componirt und gehalten und habe ihm viel Freude gemacht. Ich sagte, daß Bettine selbst nach Berlin geschrieben, daß es nicht ganz ähnlich. Er antwortete: „Ja, es ist ein liebes Kind, wer kann sie wohl malen, wenn noch Lucas Kranach lebte, der war auf so etwas eingerichtet." Der Tisch dauerte fast drei Stunden, von ein bis halb vier Uhr; Wilhelm las einige Stücke aus seinen dänischen Liedern vor. Dann stand Goethe auf und machte ein Compliment, worauf Wilhelm mit Riemer wegging. Am Abend holte ihn Riemer wieder in die Comödie ab, wo zwei „artige" kleine Stücke aufgeführt wurden und ein Casseler Landsmann, Namens Thurner, ein Concert gab.

Weder in Goethe's noch in Riemer's Tagebuch wird eine junge Dame, gar Nichte, als bei Tische anwesend genannt. Jedenfalls war es Christianens Gesellschafterin Caroline Ulrich, die spätere Gattin Riemer's. Goethe mag sie wohl als Nichte in dem weiteren, unbestimmbaren Sinne vorgestellt haben, in dem er auch einmal in einem Briefe an Johanna Fahlmer von Lotte Jacobi als der „lieben Nichte" redete.

Ludwig Grimm's Bettina-Portrait lieferte also Stoff zur Unterhaltung bei Tische. Ludwig hatte sich, als seine Arbeit an dem Wunderhorn und Trösteinsamkeit beendigt war, am Ausgang des Jahres 1808 auf die freundliche Vermittelung des Savigny'schen Kreises nach München begeben, um in der Lehre des Kupferstechers Heß sein Talent auszubilden. In der Savigny'schen Familie zu Landshut durfte er sich wie zu Hause betrachten; mit Bettinen, die abwechselnd in Landshut und München sich aufhielt, schloß er Freundschaft für das Leben. Auf gemeinsamen Spaziergängen mit ihr zeichnete er Buben- und Mädchen-Gesichter in ein ihm von Arnim geschenktes Zeichenbuch, in ihrer Gesellschaft lernte er allmählich seine übergroße Schüchternheit überwinden. Sie war es auch, die Goethe immer wieder von ihrem Freunde erzählte. In dieser Zeit nämlich wagte er sich an ein Portrait Bettinens, wie sie in sitzender Stellung den ihr, der „Ungenannten", gewidmeten Wintergarten ihres Verlobten Achim von Arnim traulich im Arme hält. Sie sandte ein radiertes Blatt an Goethe, mit dem Bemerken: es sei der erste Abdruck, noch verwischt und unzart, auch sei das Ganze etwas düster und nach dem Urtheil anderer zu alt; indessen „scheint mir's nicht ganz ohne Verdienst, er hat es ohne Zeichnung gleich nach der Natur auf's Kupfer gearbeitet; wenn Dir's gefällt, so schick ich ein reineres besseres, mit mehr Sorgfalt gepackt, das kannst Du an Dein Bett an die Wand stecken." Goethe antwortete darauf am 3. November 1809:

„Dein hinzugefügtes Bild ward gleich von jedermann erkannt und gebührend begrüßt. Es ist sehr natürlich und kunstreich dabei, ernst und lieblich. Sage dem Künstler etwas freundliches darüber und zugleich: er möge ja fortfahren sich im Radiren nach der Natur zu üben, das Unmittelbare fühlt sich gleich. Daß er seine Kunstmaximen dabei immer im Auge habe, versteht sich von selbst. Ein solches Talent müßte sogar lucrativ werden, es sei nun daß der Künstler in einer großen Stadt wohnte; oder darauf reiste. In Paris hatte man schon etwas ähnliches. Veranlasse ihn doch noch jemand vorzunehmen, den ich kenne, und schreibe seinen Nahmen, vielleicht gelingt ihm nicht alles wie das interessante Bettinchen, fürwahr sie sitzt so traulich und herzlich da, daß man dem etwas korpulenten Wintergarten, der übrigens im Bilde recht gut komponirt, seine Stelle beneiden muß. Das zerknillte Blättchen habe ich sogleich aufgezogen, mit einem braunen Rahmen umstrichen und so steht es vor mir indem ich dies schreibe. Sende ja bald bessere Abdrücke."

Bettina erfüllte Goethe's Wünsche, sie meldete den Namen Ludwig Grimm's und schickte bessere Abdrücke; einen von diesen war Goethe so gütig Wilhelm zu schenken. Auch das einflußreiche Urtheil Heinrich Meyer's, der das Portrait eines Abends, den 5. November, bei seinem Kunstfreunde sah, scheint nicht gegen Ludwig ausgefallen zu sein. Der Stich ist heute noch im Goethehause vorhanden, zugleich aber auch eine Zeichnung, eine Vorstudie zu jenem, die Bettinens Gestalt jugendlicher und lieblicher erscheinen läßt, als der nicht ganz leicht behandelte Kupferstich.

Wilhelm kannte übrigens Goethe's Urtheil schon, da ihm Bettina noch nach Berlin eine Abschrift zuge=

stellt hatte. Ihn freute die schöne und theilnehmende Anerkennung von Herzen. Freilich war er für das Mangelhafte in dem Bilde nicht blind: „es ist (schrieb er den Berliner Freunden) nicht überraschend und frappant ähnlich, aber bei längerm Betrachten findet man alle Züge wieder und es gleicht dann recht sehr." Arnim widersprach jedoch dem Urtheil Goethe's; so vieles Einzelne in dem Bilde sei gänzlich verfehlt. Clemens wollte gar nichts von einer Aehnlichkeit wissen: „Louis Bettinensbild (heißt es in einem Briefe an die Brüder) sieht aus wie eine hochschwangere arme Sünderin die im Block sitzt"; und noch maßloser äußerte er sich gegen Görres. Nur das Gefühl Brentano's für den Abstand der früher gesehenen „sehr schönen" Zeichnung von der nun vorliegenden Radierung vermag ihn zu entschuldigen. Selbst Savigny fand das Urtheil Clemens' und Arnim's hart und ungerecht.

Johanna Schopenhauer versäumte gleichfalls nicht, Wilhelm Grimm zu sich einzuladen. An den Empfangsabenden dieser ausgezeichneten Frau versammelte sich seit dem Jahre 1806, wo sie sich in Weimar niederließ, die beste Gesellschaft in ihrem Hause; sogar die fürstlichen Personen beehrten sie zuweilen mit ihrer Gegenwart. Goethe selbst war ein häufiger Gast Johanna's und versetzte die Anwesenden oft durch die dominierende Macht seiner Persönlichkeit in Spannung. Durch ihn wurde Bettina eingeführt. Achim von Arnim stand hier in gutem Angedenken. Sein Freund Grimm war gleichfalls willkommen.

Wilhelm's Erwartung war aufs höchste erregt: ganz Weimar, hatte man ihm gesagt, würde er hier sehen und kennen lernen. Aber wie gütig er auch in dem vornehmen und glänzenden Zirkel aufgenommen wurde, es wollte ihm Anfangs wenig behagen. Die Damen redeten ihm zu viel vom Tragischen, wovon er nichts verstand. Johannes Falk las gar eine medicinische Abhandlung über Pestilenz und wässerigte Fieber vor, aus dem Hippocrates übersetzt; während Grimm sich höchlichst langweilte, ließen die Damen es sich angelegen sein, andächtig zuzuhören. Mit der Zeit jedoch fand er es dort „ganz gut und ungenirt". Die beiden Prinzen, welche auch erschienen, redeten ihn an und fragten ihn aus; Prinz Bernhard, der zweite, schien ihm lebendiger und tüchtiger. Hier sah er einen Theil der Personen, die Goethe's Urbilder für die Wahlverwandtschaften sein sollten — und „die's eben so viel auch nicht sind". Jetzt schrieb er an Arnim: „Die Luciane ist nicht die Jagemann, sondern ein Fräulein Reizenstein, welche in Weimar ist und alle Herzen erobern soll. Ich habe sie mehrmals gesehen, aber gar nichts ausgezeichnetes an ihr gefunden. Die Ottilie ist ein Fräulein, von der Göthe gesagt hat, es stäke nicht ein, sondern tausend Engel in ihr, die aber nicht da war, ebenso nicht der Offizier der Eduard ist, darum ich auch ihre Namen vergessen habe". Dieses Fräulein von Reizenstein ist offenbar jenes „zart gebaute, reizende Fräulein", das auch nach Stephan Schütze's Erinnerung in den Wahlverwandtschaften wiedergefunden wurde. Ohne daß da=

mit irgend etwas für oder gegen die Sache bewiesen
würde, so folgt doch daraus, daß Wilhelm Grimm und
die ihm nahe standen bei der Gestalt der Luciane nicht
an Bettina dachten.

Von allen Gästen Johanna's hatte Wilhelm den
„guten kleinen, gescheidten Kerl" Stephan Schütze am
liebsten. Dieser ließ seine literarischen Erzeugnisse gern
durch andre, Fernow, Riedel oder Riemer zum Vortrag
bringen. Einen solchen Dienst erwies ihm auch Wil=
helm Grimm, indem er den Anwesenden „sein neues
artiges Wiegenlied" vorlas. In Schütze's 1810 her=
ausgegebenen Gedichten findet sich ein Wiegenlied nicht,
was sich aber daraus erklärt, daß laut beigesetzter Jahres=
zahlen kein einziges der hier vereinigten Gedichte nach
dem Jahre 1808 entstanden ist. Erst die Gedichte
ernsten und scherzhaften Inhalts, welche 1830 heraus=
kamen, konnten das Wiegenlied enthalten, und da lautet
es S. 24:

> Schlaf in guter Ruh',
> Thu dein Aeuglein zu,
> Höre, wie der Regen fällt,
> Hör, wie Nachbars Hündchen bellt ꝛc.

Wilhelm Taubert hat es für seine Kinderlieder in Musik
gesetzt, und heute noch singt manche Mutter mit diesem
Liedchen ihren Liebling in den Schlaf. Seit 1809 blieb
Wilhelm Grimm im besten Einvernehmen mit Johanna
Schopenhauer. Als er nach Jahren Weimar wiedersah,
ging er an ihrem Hause nicht vorüber. Sie ließ ihm
durch gemeinsame Freunde, z. B. Suabedissen, ihre

Grüße sagen, und Arnim schrieb 1820: „Die Schopenhauer verehrt Dich ungemein".

Auch sonst bot sich Gelegenheit, Weimarer Persönlichkeiten, berühmte und weniger berühmte, zu sehen oder kennen zu lernen. Im französischen Puppentheater, das aus Petersburg eingetroffen war, prägte sich Wilhelm die Züge Wieland's ins Gedächtniß. Eines Morgens bei Goethe wurde er Frau von Schiller vorgestellt. „Der Vulpius ist ein Esel", lautete kurz und bündig sein Urtheil über Christianens Bruder, der sich ein wenig mit den vielen Romanen, die er besäße aber nicht zeigen könnte, aufspielte. Mit Riemer verkehrte Wilhelm oft. Der erste Eindruck war wesentlich mitbewirkt durch das frohe Gefühl über die ihm von Goethe und seiner nächsten Umgebung gewordene Aufnahme, das Einseitige in Riemer's Wesen ließ sich leichter übersehen: „Er ist ein recht verständiger sedater Mensch, der bloß für Göthe arbeitet". Doch verringerte sich diese Werthschätzung mehr und mehr: „Der Riemer (schrieb Grimm nachher an Arnim) hat etwas höchst widriges für mich, ich meine nicht, daß er ein wenig Göthe spielt und nachmacht, denn das geht wohl natürlich zu, sondern wegen einer seltsamen Art von Freundlichkeit und Schmeichelei, er packt einem beständig die Hände und drückt sie und dergleichen, wozu er etwas fatales in seinem Gesicht hat". Dieses Gefühl wurde späterhin durch Riemer's mißgünstiges Verhalten gegen Arnim's und Grimm's verstärkt.

Die literarischen Arbeiten seines Gastes förderte Goethe nach Kräften, indem er es einleitete, daß die beiden Handschriften nach Cassel verliehen würden. Dies mußte als eine um so größere Gunst erscheinen, als man sonst so streng verfuhr, daß man Handschriften nicht einmal in Weimar selbst auf die Wohnung mitzunehmen erlaubte. Wilhelm gewann dadurch Zeit, die selteneren Bücher der Bibliothek für seine und Jacob's Zwecke, freilich ohne bedeutende Ergebnisse, durchzulaufen. Sogar auf die geplante Reise nach Jena erstreckte sich Goethe's gütige Fürsorge, indem er ihn im voraus an seine dortigen Freunde empfahl. In seinem Auftrage schrieb Riemer am 12. December an Frommann:

„Auch befindet sich hier ein junger Mann, Herr Grimm (Wilhelm), Freund von Arnim und Liebhaber und Kenner der älteren nordischen Literatur. Sie haben von ihm eine Recension der Hagenschen Ausgabe der Niebelungen in den Heidelberger Annalen ohne Zweifel schon gelesen. Es ist ein artiger junger Mann, und da er nach Jena zu gehen gedenkt, um die dortigen Bibliotheken zu durchsuchen, so ist es Ihnen vielleicht nicht unangenehm, wenn wir ihn an Sie recommandiren, vorausgesetzt, daß es Sie in Ihrer jetzigen unruhigen Lage nicht incommodirt, ihn zu haben."

Und am folgenden Tage an Knebel:

„Gegen Ende der Woche hoffen wir Ihnen einen jungen Mann zu recommandiren, der nach Jena geht, um die dortigen Bibliotheken für sein Studium der älteren Poesieen zu benutzen. Er heißt Grimm, ist ein

Freund von Hr. v. Arnim und Brentano, und übrigens ein feiner, artiger junger Mann. Seine Sammlung altdänischer Balladen und Lieder (Sie haben seinen Namen gewiß schon in der Einsiedler Zeitung gelesen) wird Ihnen einiges Vergnügen gewähren: sie enthält sehr treffliche Sachen. Einige sind uns schon durch Herder bekannt geworden."

Erst am 18. December reiste Wilhelm nach Jena, er wurde von Professor Oken, an den er Empfehlungen hatte, sogleich auf die Bibliothek geführt. Die schöngeschriebene Pergamenthandschrift von ungeheurem Format, auf deren Benutzung es ihm ankam, lag an einer Kette festgeschlossen und wurde nur für eine Viertelstunde abgeschnallt und Wilhelm vorgelegt. Dann zeigte ihm der Bibliothekar Dr. Walch die aufgestellten Bücher. An eine ruhige Durchsicht der Handschrift außerhalb der Bibliotheksräume war überhaupt nicht zu denken. Ueber diese literarische Illiberalität verdrossen reiste Wilhelm schon am zweiten Tage wieder ab. Er hat weder Frommann noch Knebel einen Besuch gemacht: in des letzteren noch ungedrucktem Tagebuche steht sein Name nicht vermerkt, und die Familie Frommann lernten Grimm's erst im Jahre 1820 gelegentlich eines Besuches in Cassel persönlich kennen. Wilhelm's Umgang blieb auf Oken beschränkt, der ihm als scharfer, gescheidter Charakter höchst merkwürdig erschien.

Wilhelm war nun wieder in Weimar. Das Weihnachtsfest stand vor der Thür, das er doch am liebsten daheim mit seinen Geschwistern oder bei der mütterlich sorgenden Tante Henriette Zimmer in Gotha verlebt hätte. Noch war die Erledigung der beiden Hauptsachen keinen Schritt vorwärts gerückt. Er ging zu Goethe und berichtete ihm die Mißerfolge seiner Jenaer Reise. Betreffs der Weimarer Manuscripte erhielt er nun eine bestimmte Antwort, die „wie vieles in Göthe's Wesen" auf ein „formelles förmliches" Verfahren eingerichtet war. Jacob sollte in seinem amtlichen Charakter und als Bibliothekar an ihn schreiben und förmlich um die Mittheilung der Handschriften bitten, auch der anderen Herren erwähnen, welche mit zu disponieren hätten. Dann wollte Goethe „davon reden", die Handschriften würden mit der Post nach Cassel abgehen. Wenn Wilhelm sich über diese so peinlich beobachtete Förmlichkeit verwunderte, so verkannte er doch einigermaßen Goethe's freundliche Bereitwilligkeit und unterschätzte die Schwierigkeiten, welche bei der Lage der Dinge zu überwinden waren.

Die Hoffnung auf eine Förderung der Uebersetzungen aus dem Dänischen und Schottischen zerrann dagegen gänzlich. Goethe, der sich nach dem Tagebuch auch Henriette Schubert's Balladen hatte geben lassen, nahm selbst oder durch Grimm's und Riemer's Vortrag Einblick in diese Poesien. „Sie sind wunderbar und wir haben dergleichen nicht gemacht, wir müssen davor erstaunen", äußerte er, als er die Manuscripte zurückgab. Das war aber auch alles. Kein Wort von practischer Unterstützung oder gar empfehlender Vorrede. Wilhelm gewann es nicht über sich, ihn an

seine frühere Zusage zu erinnern. So schmerzlich
die Enttäuschung sein mochte: Goethe konnte damals
nicht mehr anders handeln. Bereits hatte er es für
gut befunden, sich den etwas tumultuarisch betriebenen
altdeutschen Bestrebungen ferner zu stellen. Er mochte
nicht den Glauben aufkommen lassen, als sei er ein
literarischer Parteichef geworden, wozu ihn namentlich
gerne die Schlegel's gestempelt hätten. In Sachen des
Wunderhorns besorgte er wohl, sich zu tief eingelassen
zu haben, besonders als er sehen mußte, daß sein Name
in den darüber ausbrechenden Streit hineingezogen wurde.
Im Gegensatz zu der Art, wie er und Herder die Dinge
einst behandelt hatten, griff mehr und mehr eine katholi=
sierende Richtung Platz: „deutsch" und „katholisch"
fingen an beinahe dasselbe zu bedeuten. Aus all diesen
Gründen betheiligte sich Goethe weder an der Einsiedler=
zeitung, noch ließ er sich öffentlich, worum ihn Clemens
in einem besonderen Briefe gebeten hatte, über die
Fortsetzung des Wunderhorns vernehmen. Es war also
folgerichtig, wenn er sich Wilhelm's dänischen und Hen=
riettens schottischen Balladen versagte. Er wurde auch
niemals von diesen Stoffen, der Edda und den Nibe=
lungen in dem Maße erfüllt wie etwa vom Homer.
Sie besaßen für Goethe nicht jene plastische Verwendbar=
keit, die in seinen Augen das Griechenepos auf die aller=
höchste Stufe stellte. Die von den Brüdern Grimm in
früheren Jahren gehegte Hoffnung, daß die altdeutsche
Poesie in dem Geiste eines großen Dichters wiedergeboren
werden möchte — diese auf Goethe schauende Hoffnung

ging nicht in Erfüllung. Er hat zwar einzelne Gestalten der deutschen Heldensage in dem Maskenzuge „der romantischen Poesie" zum 30. Januar 1810 auftreten lassen; er hat später den alterthümlich tapferen Sinn der Nibelungen in Cornelius' Zeichnungen wiedergefunden. Aber wer, wie er, die Neigung der sämmtlichen Jugend zum Mittelalter doch nur für einen Uebergang zu höheren Kunstregionen hielt, konnte aus diesen Stoffen keine Anregung empfangen, ein eigentliches Kunstwerk zu schaffen.

Goethe befand sich also dem jungen Grimm gegenüber in schwieriger Lage von Anfang an. Doch Wilhelm's Tactgefühl erleichterte sie sehr. Er wurde nochmals zum Essen geladen und freundlich entlassen, als er sich am ersten Weihnachtstage verabschiedete. Diese freundliche Gesinnung hat Goethe auch bewahrt. Als er nach Jahren diese Zeit für seine Annalen referierend überschaute, vergaß er nicht die Anwesenheit Wilhelm's zu erwähnen. Aber wenn er sagte: „es war damals nichts natürlicher, als daß man Deutsche Sprachalterthümer hervorhob und immer mehr schätzen lernte, wozu Grimm's Aufenthalt unter uns mitwirkte", und wie im Gegensatze dazu anfügte, daß ein gründlich grammatischer Ernst durch des Knaben Wunderhorn lieblich aufgefrischt wurde — so empfinden wir den Einfluß einer viel späteren Schätzung, die durch die nachfolgende Entwickelung und Wirksamkeit der Brüder bedingt war. Wilhelm Grimm war im Jahre 1809 der Romantiker und geistesverwandte Genosse Achim's von Arnim.

Fünftes Capitel.

Die Weimarer Handschriften.

Nach mehr als dreivierteljähriger Abwesenheit traf Wilhelm an Jacob's Geburtstage, den 4. Januar 1810, wieder in Cassel ein, im frohen Gefühle vorschreitender Gesundung. Eine große Masse lustiger Geschichten und Späße hatte er mitgebracht, die er mit unwiderstehlicher Wirkung vorzutragen verstand. Niemand von denen, die er kennen gelernt hatte, ging leer aus. Für seine harmlosen Scherze hatte er an seinen Brüdern und nächsten Freunden jeder Zeit ein dankbares Publicum. Dann legte er ihnen wohl seine vielen, noch heute vorhandenen Bildchen vor, die unterwegs, zum Theil caricaturmäßig, entstanden waren. Da sah man die Reichardt'sche Familie feierlichst zur Musikprobe versammelt. Die gelehrte Berliner Welt war vertreten durch Chamisso, Pistor, Alberti, Hitzig, von der Hagen, Büsching und den wie einen Puthahn einherstolzierenden Bartholdy. Aus Weimar Adele Schopenhauer, Johanna's Tochter, und recht sorgfältig ausgeführt „Dr. Riemer bei Goethe 1809"; Riemer's plumpes Gesicht hat hier einen unedlen, ergeben schmunzelnden

Ausdruck. Ein andres Blatt, mit der Unterschrift „Jena 1809", läßt durch eine Oeffnung der Höhenzüge in das angebaute Thal hineinschauen. In hohem Lehnstuhl grade und steif, den Blick der Augen scharf vorwärts gerichtet, sitzt „Göthe im Concert 1809". Von Goethe erzählte Wilhelm überhaupt am liebsten. Wenn zu guter Stunde auf ihn die Rede kam, dann erhob sich Wilhelm von seinem Sitze, reckte sich wie Goethe empor und wandelte, die Arme auf den Rücken gelegt, das Zimmer gemessenen Schrittes auf und ab. Haltung und Bewegung nicht nur, auch seine zumal in vertrauter Rede mundartlich gefärbte Sprache ahmte er dann zum Ergötzen der Zuhörenden nach. Er verfügte über eine Fülle kleiner Geschichtchen von ihm. Z. B. als sich einmal jemand beklagte, daß ihm in Norddeutschland der Anflug seiner südlichen Mundart zum Vorwurf gemacht worden sei, erwiderte Goethe scherzend: „man soll sich sein Recht nicht nehmen lassen, der Bär brummt nach der Höhle, in der er geboren ist". Ein andres, oft von Wilhelm wiederholtes Goethe-Wort war: „Weihnachten, Weihnachten, du warst der Kinder Freude, die noch im Traume lachten". Der Besuch in Weimar vom Jahre 1809 hat immer bei Wilhelm Grimm im Vordergrunde seiner Erinnerung gestanden. —

Goethe's Wunsche gemäß wegen der beiden Handschriften ein Gesuch nach Weimar zu richten, ließ sich Jacob nicht gern bereit finden. Dergleichen formelle Dinge waren ihm stets zuwider. Doch um das von

Wilhelm vorgegebene Interesse an den Handschriften nicht bloß zu stellen, und um nicht undankbar gegen Goethe zu erscheinen, entschloß er sich zu dem Schritte. Das Schreiben lief um die Mitte des Januar bei Goethe ein und wurde von diesem unter dem 18. des Monats mit folgender Zuschrift an den Geheimen Rath von Voigt befürwortet:

„E. E. ersehen aus beiliegenden Schreiben, daß der Staatsraths-Auditor und Bibliothekar Herr Grimm in Cassel für sich und seinen Bruder um Mittheilungen zweier auf der hiesigen Bibliothek befindlichen Manuscripte altdeutscher Lieder gebeten hat, welche ich mir habe geben lassen und hier zu näherer Einsicht beilege. Was mich betrifft, so würd' ich diesen beiden Personen die Communication wohl gönnen, da ich den jüngern Bruder bei seiner Durchreise hier kennen gelernt und ihn als einen ganz hübschen, in diesem Fache ganz fleißigen Mann gefunden. Nicht weniger muß ich bemerken, daß mir von Göttingen aus alle und jede Bücher auf mein Verlangen, bis auf die neusten Zeiten, mitgetheilt worden, wogegen ich dorthin auch etwas Freundliches zu erzeigen wünschte."

Voigt's Antwort lautete:

„Eine Gegengefälligkeit wäre wohl nicht zu versagen. Die Göttinger Bibliothek kann uns viel größere erzeigen."

Die Handschriften wurden schon am folgenden Tage an „Des Herrn Staatsrathsauditor und Bibliothekarius Grimm Wohlgeboren nach Cassel" aufgegeben. Dazu ein von Riemer's Hand geschriebener Begleitbrief Goethe's:

Wohlgeborner,

Insonders hochgeehrtester Herr,

Das Vergnügen, das ich durch die Bekanntschaft des Herrn Bruders hier genossen, wird nicht wenig dadurch vermehrt, daß ich zugleich zu der Ehre Ihrer Zuschrift gelange. Sehr gern übersende ich die Manuscripte, welche ich auf meinen Namen von Herzoglicher Bibliothek entlehnt. Ich füge die Abschrift des Scheins bey, den ich deshalb ausgestellt.

Es soll mir sehr angenehm seyn, wenn Sie in diesen beyden Bänden einige bedeutende Stücke finden, und indem Sie solche entziffern und mittheilen, das Verdienst, das Sie sich schon um diesen Zweig der deutschen Literatur gemacht, zu unsrer allerseitigen Dankbarkeit vermehren.

Der ich die Ehre habe mich zu unterzeichnen

Ew. Wohlgeboren

Weimar
den 19 Januar
1810.

gehorsamsten Diener

JW. Goethe.

Die Abschrift des Bibliotheksscheines steht auf der Rückseite des Briefes:

Copia

Ein Band Gedichte von Minne- und Meister-Sängern, in 4to (150 Bl. 300 Seiten stark)

sub D, a : 4 : zo^c

— Einer in 8to (200 Bl. 400 Seiten stark)

sub D, a : 4 : zo^d

Weimar
den 19 Jänner
1810.

Beyde sind auf Papier geschrieben, in beschriebene PergamentBände eingebunden.

Vorstehende beyde Bände von Herzoglicher Bibliothek erhalten zu haben bescheinige

Goethe.

Eine dankende Empfangsbescheinigung Seitens der Brüder lief unverzüglich nach Weimar zurück.

Die Brüder nahmen die Manuscripte ernstlich durch. Nach Wilhelm's Aussage enthielt das eine zunächst einige auch in der Maneßischen Sammlung vorkommende Minnelieder aus guter Zeit, und dann eine Menge höchst unverständlicher, ganz verwirrter Dichtungen von Frauenlob; das andre aber bidactische Gedichte vom Teichner. Es fiel auch wirklich einiger Gewinn für Grimm's Arbeiten ab. Hauptsächlich für Jacob's Schrift „über den altdeutschen Meistergesang" 1811, deren Manuscript dem Verleger schon im September 1810 übergeben worden war. Jacob bewies, daß der spätere Meistergesang nichts anderes sei, als ein erstarrter, in seinem Stoff verengerter Minnegesang: „der Meister kehret sich ganz seinem Gemüth zu" — und dazu wird angemerkt (S. 32): „Die merkwürdigste und deutlichste mir bekannte Stelle, worin die sämmtlichen sieben freien Töchter auf den Meistergesang angewendet werden, ist in einem Gesang in dem langen Regenbogen, bald zu Ende des Weimarischen Codex. Ich würde ihn gern mittheilen, wenn es der Raum erlaubte". Ein Gedicht von Frauenlob wird nach der Weimarer Handschrift inhaltlich angeführt (S. 81). Die Erklärung des Wortes „Leich" nimmt, von der Maneßischen Sammlung in

Stich gelassen, einzig und allein den Weimarer Codex zur Stütze (S. 64). Den künstlichen Aufbau der Minne- und Meisterlieder findet Jacob (S. 143) merkwürdig genug wieder in „vielen Gedichten von Göthe, die ihres Baues halben auch in den Meisterschulen gelten könnten". Goethe hat Jacob's Buch schwerlich jemals in der Hand gehabt, obgleich Arnim seine Freunde aufforderte (22. October 1811): „Das Buch über den Meistergesang schickt doch an Göthe, ich habe ihm viel davon gesprochen und er kannte es nicht". Jacob scheint Arnim's Rath nicht befolgt zu haben, das Buch findet sich nicht in Goethe's Bibliothek. Zu größeren selbständigen Publicationen aber boten die Weimarer Handschriften keinen geeigneten Stoff; Grimm's verfügten über werthvollere Materialien. Nur ein einziges Gedicht: „der Traum", dessen gewandte Darstellung und frische, lebendige Farbe in dem einen Manuscript aufgefallen war, wurde von Wilhelm 1815 in den altdeutschen Wäldern (2, 135), aber nach einer inzwischen als besser befundenen Trierer Handschrift veröffentlicht. „Nachstehendes Gedicht (beginnen die einleitenden Worte) befindet sich mit vielen anderen kleinen Stücken in einer Weimarischen Papierhandschrift, deren Mittheilung wir dem Wohlwollen des Hn. GR. v. Göthe verdanken. — — Vielleicht rührt es aus des Teichner's Zeit im 14. J. h., da von diesem sich Gedichte in der Weimar. Hf. befinden."

Nach fast fünfmonatlicher Benutzung sandte Wilhelm die Handschriften nach Weimar zurück, indem er an Goethe schrieb:

Hochwohlgeborner Herr
Hochgeehrtester Herr Geheim Rath

Erlauben Ew. Excellenz, daß ich bei Zurückgabe der altdeutschen Manuscripte nochmals für die gütige Mittheilung derselben danke, wie für die Nachsicht, womit Sie mir solche fast ein halbes Jahr anvertraut haben. Ich würde sie nicht so lange behalten haben, wenn ich nicht zu derselben Zeit auch von andern Orten Mss. erhalten hätte, wobei mir eine kurze Frist gesetzt war; und wenn nicht das Copiren der alten Mss. eine so mühsame langwierige Arbeit wäre: zumal wenn die Verwirrung, wie bei einem der dortigen, wie absichtlich vorkommt.

Ich nehme mir die Freiheit Ew. Excellenz ein bairisches Volksbuch zu übersenden, von dem ich einige Exemplare erhalten, worin freilich, was das schlechte seyn soll, das beste seyn muß, das aber wie es mir scheint recht gut ist, und worin der jetzt noch lebendige Geist und Witz des Abraham a Sancta Clara vortrefflich dargestellt ist, so wie auch das Bild nicht ohne allen Werth ist.

Auch erlaube ich mir zu bemerken, daß das Bruchstück einer Romanze, welches Sie auf einem Maculaturbogen gefunden, zu drei oder vier ähnlichen gehört, welche Kosegarten in seinen „Blumen" (Berlin 1801.) aus dem schwedischen übersetzt hat.

Ich empfehle mich mit meinem Bruder der Gewogen=

heit Ew. Excellenz, und habe die Ehre mit Versicherung
der größten Hochachtung zu seyn.

      Ew. Excellenz
Caßel am 8. Juny gehorsamster Diener
  1810.   Wilhelm C. Grimm.

  Ein bairisches Volksbuch hat sich weder unter Goethe's
noch unter Grimm's Büchern bisher gefunden. Es mag
den damals für eine Ausgabe der Volksbücher sammeln=
den Brüdern von Ludwig, der noch in München lebte,
zugekommen sein. Die Hervorhebung des auch für die
„Deutschen Sagen" viel gelesenen Abraham a Sancta
Clara deutete wohl auf die von Goethe veranlaßte
Kapuziner=Predigt in Wallenstein's Lager. Das „Bruch=
stück einer Romanze" scheint Goethe schon in Weimar
dem jungen Grimm vorgelegt zu haben, ohne daß er
es damals erkannte. Erst im weiteren Verfolg seiner
dänischen Uebersetzungen kam er auf die rechte Spur.
Nämlich eine Anzahl schwedischer Volkslieder war auf
fliegenden Blättern ohne Ort und Jahr bis nach Deutsch=
land hinein verbreitet worden, und von diesen hatte
Kosegarten einige in seinen Blumen (S. 96 ff.) übersetzt.
Eins: „von der unschuldigen Hilla Lilla, und ihres
Bruders unbrüderlichem Betragen", berührte sich nun nahe
mit dem dänischen Liede von „Hellelild im Kämmerlein",
wenn auch der Ausgang anders gewendet schien. Goethe
selbst erinnerte sich nicht mehr, daß er einst „Abends
bey Mad. Schopenhauer (9. April 1807) die Romanze
von Hilla Lilla vorgelesen" hatte; sonst hätte er sogleich

— wie jetzt Wilhelm feststellte — jenes Fragment als einen Theil der Romanze erkennen müssen. Das aus vier (von 129—136 paginierten) Blättern des Kosegarten'schen Buches bestehende Fragment hat Goethe dann, in blaues Deckpapier eingeschlagen, seinem Exemplar von Wilhelm's altdänischen Heldenliedern, die auf S. 119 das entsprechende dänische Lied enthielten, angeheftet und eigenhändig darauf vermerkt:

vid.
Grimm pag 119
Wahrscheinlich aus Kosegartens Blumen Berlin. 1801.

Sechstes Capitel.

Wilhelm's altdänische Heldenlieder.

Mit der Rückgabe der Manuscripte waren vor der Hand die zwischen Goethe und den Brüdern Grimm schwebenden Dinge erledigt. Sich mit leeren Händen und ohne sichtbaren Grund an ihn zu wenden, widerstrebte ihrem Gefühle. Doch suchten sie mit den ihn umgebenden Personen Fühlung zu behalten. Es stand in Aussicht, daß die noch von Fernow begonnene, von Meyer und Schulze fortgesetzte Dresdener Ausgabe der Schriften Winkelmann's eine möglichst vollständige Sammlung seiner Correspondenzen bringen würde. Einen Beitrag sandte Wilhelm an den „Herrn Doctor Schulz Wohlgeb. Weimar":

Ich 'übersende Ew. Wohlgebornen hierbei zu der neuen Herausgabe der Winkelmannischen Briefe die Abschrift eines ungedruckten, der sich im Original auf der hiesigen Bibliothek befindet. Er ist freilich an sich nicht bedeutend, allein ich dachte er könne im Zusammenhang mit andern einiges Intereße gewinnen, wie er einiges in dem XXIV Brief der Göthischen Edition S. 144

erklärt. Sehen Sie es in jedem Fall als einen Beweis an, wie gern ich der guten Sache dienen mögte.

Mit aufrichtiger Hochachtung
Ew. Wohlgeb.

Caßel. 19 Dec. 1810. ergebenster Dr.
Wilhelm C. Grimm.

An der aus Goethe's Schrift „Winkelmann und sein Jahrhundert" angezogenen Stelle eröffnete Winkelmann (28. September 1761) beiläufig seinem Freunde Berendis, daß ein Antrag des Landgrafen zu Hessen-Cassel an ihn ergangen sei, den er aber schließlich wie alles andre ausgeschlagen habe. Mit diesen Vorgängen hing das Schreiben zusammen (vom 13. Juni 1761), das die Casseler Bibliothek verwahrte. Es ist auch in dem von Friedrich Förster mit Unterstützung Meyer's und Schulze's veranstalteten Briefsammlung (2, 56. 1824) abgedruckt worden. Mit Johannes Schulze standen die Brüder auch später noch in Verkehr, als er Gymnasialdirector zu Hanau und zuletzt in Berlin vortragender Rath im Kultusministerium war.

Die Uebersetzungen aus dem Dänischen wurden noch im Jahre 1810 in Druck gegeben und erschienen den nächsten Frühling bei Mohr und Zimmer unter dem Titel „Altdänische Heldenlieder, Balladen und Märchen übersetzt von Wilhelm Carl Grimm". Aeußerlich zwar nicht an das Wunderhorn angereiht, haben sie doch gleiches Format und Druck, wie dieses; ein von Ludwig gestochenes Kupfer, nach Strixner's genannter Dürer-

Publication, ziert das Titelblatt. Ein Wort aus Arnim's Gräfin Dolores: daß der fromme Mensch, der seinen Vätern in That und Glauben treu bleibt, in der Gesinnung seines Volkes und mit ihm fortlebt und den Tod nicht kennt, leitet sinnig die schön geschriebene Vorrede ein, die das Wesen der dänischen Volks= poesie durchdringt und ihre stammverwandte Zugehörigkeit zu den deutschen Liedern beleuchtet. Es giebt, schließt Wilhelm, eine Sage in Schweden von einem alten Mann, der in der Meerestiefe sitzt, und die Harfe spielend zu den Tänzen der Elfen in einer ewigen Musik lebt; Kindern, die an das Ufer kommen und ihn in der Ein= samkeit erblicken, erweckt er Stimme und Lust zum Ge= sang. Möchten diese Lieder auch also Lust erwecken! denen, die sie daraus gewinnen können, ist diese Ueber= setzung bestimmt: denen aber, welche die Lieder des alten Sängers gehört und wiedergesungen, Achim von Arnim und Clemens Brentano, ist sie zugeeignet!

Auch für Goethe wurde ein Exemplar bestimmt. Es sollte womöglich gleichzeitig mit Jacob in Weimar eintreffen. Dieser mußte nämlich im Juni 1811 eine Reise nach Gotha unternehmen, um die gute Tante Zimmer zu besuchen. Zugleich wollte er ein paar Schritte weiter nach Weimar, Leipzig und Dresden thun, ob sich da vielleicht einiges für die altdeutsche Poesie ergäbe. „Auf Weimar freue ich mich zugleich und scheue ich mich", schrieb er kurz vorher an Arnim. Aber als er eintraf, weilte Goethe in der Ferne zu Karlsbad, von wo er erst mit Beginn des Juli nach

Jena zurückkehrte. Wilhelm's Buch und Brief blieben vorläufig in Weimar liegen:

Caßel am 18ten Juny 1811.

Ew. Excellenz

erlauben, daß ich Ihnen die fertig gedruckten dänischen Lieder übersende, und bitte das Buch ebenso geneigt anzunehmen, als einen Theil des Manuscripts Sie angenommen, welches ich die Ehre hatte Ihnen persönlich zu überreichen. An Fleiß mancherlei Art habe ich es dabei nicht fehlen laßen: mögte sich einiges der Arbeit das Wohlgefallen Ew. Excellenz erwerben. Eine Neigung zu verändern und das Fremde dem Theil des Publicums, das er im Sinne hat näher zu rücken, mag wohl jeder Uebersetzer empfinden, und es liegt dieser Neigung gewiß ein richtiges Gefühl, das nämlich, daß vor allem eine lebendige wirkliche Berührung das Wünschenswertheste sey, zum Grund; indeß wird doch eine Scheu die Würde und den Werth des Originals nicht zu verletzen ebenso natürlich seyn, und ihn antreiben, alles andere mögliche zu versuchen, doch zu jenem Ziel zu gelangen und die Rechte der Gegenwart zu beachten. So bin ich ganz treu geblieben und habe mich doch gehütet, soviel ich konnte, nicht auf moderne Art caricaturmäßig zu übersetzen; ob es mir gelungen, weiß ich freilich nicht, ich habe von niemand ein Urtheil darüber vernehmen können: wird man es verneinen, so kann ich mich wenigstens mit einem beßern Willen entschuldigen. Ueberhaupt darf ich auf kein sehr großes Publicum

rechnen: diese Lieder haben doch so manches eigenthüm=
liche, manche werden erst einem guten geneigten Willen
zugänglich und erfreulich, und dieser ist gar nicht zu
erwarten in einer Zeit, wo man die Critik über ein
Gedicht für höher hält, als die unschuldige Freude da=
ran, so daß viele aus Bequemlichkeit das Buch zur
Seite legen werden. Indeß wird doch niemand seinen
Werth für die Geschichte der Poesie so leicht ableugnen;
daß diese Heldenlieder halb unser verlorenes Eigenthum,
und durch viele Jahrhunderte hindurch gelebt, bleibt ein
merkwürdiges Resultat; ich habe, was mir sonst von
allgemeinerm Intereße schien in der Vorrede bemerkt,
in dem Anhang wird der, welcher sich dem besonderen
Studium zu lieb durcharbeiten kann, noch manches
andere nicht unwerthe daran geknüpft finden. — Darin
daß diese Lieder durch so lange Zeiten lebendig geblieben,
so manches Gemüth bewegt, erfreut und gerührt haben,
von so manchem neu gesungen worden, liegt auch der
Grund, daß sie der modernen Critik unverwundbar
bleiben und sie können es wohl noch vertragen, wenn
sie jetzt ein einzelner schlecht nennt.

Durch einen glücklichen Zufall bin ich im Besitz
herrlicher Schätze der altnordischen Literatur, die man
mit Unrecht die isländische nennt. Der Minister am
dänischen Hof, Graf Hammerstein, der mit schönen
Kenntnißen Geist und ein reges Intereße für die
Wißenschaft verbindet, sendet mir mit einer Liberalität,
die eben so selten ist, wie jene Schätze es sind, Ab=
schriften von den Manuscripten des Magnäischen In=

stituts, die ich mir nur wünsche. Es ist viel glücklicher Zufall dabei vereinigt, denn ohne den Einfluß seiner Stelle würde es nicht so leicht möglich seyn dazu zu gelangen, weil die Dänen mistrauisch sind und eifersüchtig darauf. Dabei aber sind sie so träg und gegen die Sache selbst eigentlich ganz gleichgültig, daß fürs erste keine Hoffnung da ist, sie würden etwas darin leisten: ein recht klarer Beweis ist, daß sie eine vollständige in jeder Hinsicht fertige Bearbeitung der jüngern Edda von einem Isländer nun schon ein halbes Jahrhundert im Manuscript haben liegen laßen, während die einzige Ausgabe von Resenius eingeständlich sehr lückenhaft außerdem höchst selten ist. Man darf fragen, welches Volk eins seiner wichtigsten Monumente in diesem Grab vernachläßigt, und niemand hat sein Brot so in Sünden gegeßen, wie die beiden Isländer, welche das Institut besoldet zur Bearbeitung der alten Sagen, und welche seit dreißig Jahren eine Uebersetzung geliefert haben. Das vorzüglichste, was ich habe, ist eine Abschrift des zweiten Theils der Sämundischen Edda, deßelben, wovon Hr. Arndt ein Ms. mit sich herumführt. Es kann mich eine Vorliebe, die aus dem Studium eines Gegenstands leicht erwächst, und welche nicht zu sehr Tadel verdient, wenn sie nur wahr ist, in etwas täuschen, allein diese Lieder scheinen mir von so gewaltiger, großartiger Poesie, daß ich sie mit zu dem vorzüglichsten rechnen muß, was uns aus der Zeit des ernsten, grandiosen Styls von irgend einem Volk übrig geblieben. Sie gehören meist in den Cyklus des Nibelungen Lieds und stellen die alte Sage in der dem Norden eigenthümlichen abweichenden Recension dar. Sie scheinen mir in dieser Gestalt älter als das deutsche Lied, es muß schon einige Zeit hingegangen seyn, eh sich das einzelne so zu einem Ganzen, wie in diesem, zusammenfügen konnte. Wenn das Nibelungen Lied anmuthiger, sinnlicher und menschlicher erscheint und der Kern schon in einen reichen grünen Baum aufgegangen, so zeigt er sich hier weniger entwickelt, urkräftig aber, wie auch die Heldensage darin der Mythe und dem Bedeutenden viel näher steht. Manche wichtige Aufklärung wird sich daraus ergeben, wie es z. B. ganz deutlich wird, daß man an eine Seelenwanderung glaubte. Ich bin so frei Ew. Excellenz eine Uebersetzung des ersten Lieds, deren es etwa zwölf sind, beizulegen; es ist blos ein Versuch, eine sorgfältigere und ausgearbeitetere, da mir noch mancher Ausdruck dunkel ist, und die Hilfsmittel beschränkt genug sind, wollen wir Brüder mit dem nordischen Text und einer Einleitung, die das mythische und historische erläutert, bekannt machen, wenn sich das Publicum nur einigermaßen dafür interessirt.

Mein Bruder in München hat mir zwei Bilder, die er vor einiger Zeit beendigt, zugeschickt mit der Bitte Sie Ihnen zu übersenden. Entschuldigen Ew. Excellenz diese Freiheit gütigst und nehmen Sie die Blätter nachsichtig auf. Eine natürliche Parteilichkeit läßt sie mich wohl zu günstig betrachten, indeßen, wenn sie von einem Fremden herrührten, glaub ich doch, würden sie mir leicht und dabei kräftig gearbeitet, überhaupt wohlgerathen vorkommen. Sie sind nach Originalien der Münchner Gallerie und, wo ich nicht irre ist Luthers Kopf indeß auch in einer Steinzeichnung wieder copirt worden.

Mögten Ew. Excellenz dies alles mit wohlwollenden Augen betrachten.

Erlauben Sie mir die Versichrung der größten Hochachtung und die Bitte um eine geneigte Erinnerung

Ew. Excellenz
gehorsamster Diener
Wilhelm C. Grimm.

Der erste Theil des Briefes giebt in Kürze die Vorrede der altdänischen Heldenlieder wieder und erkennt namentlich die „Rechte der Gegenwart" als ein maßgebendes Princip für die Art der Uebersetzung an. Im zweiten Abschnitt versuchte Wilhelm Goethe's Interesse seinen und Jacob's Eddastudien zuzuwenden. Die Vorrede der altdänischen Heldenlieder hatte schon angekündigt (S. XX.), daß die Brüder eine Ausgabe der eddaischen Lieder rüsteten: „Durch die Güte des Herrn Generals, Grafen von Hammerstein, der sich selbst für die nordische Literatur intereßirt, hoffe ich nächstens in dem Besitz einer vollständigen Abschrift dieser herrlichen Rhapsodien zu seyn, und sie den Freunden dieser Poesie mittheilen zu können." Alles, was in dem Schreiben über den Stand der dänischen Edda-Arbeiten gesagt ist, floß aus den noch vorhandenen Briefen Hammerstein's.

Dieser zu Equord bei Hildesheim begüterte Freiherr (nur während der Napoleonischen Zeit: Graf) vertrat nach einem wechselvollen Leben das Königreich Westphalen am Hofe von Kopenhagen. Als Freund der volksthümlichen Literatur knüpfte er in Cassel mit Grimm's Beziehungen an, die bis zu seinem Tode (1841) dauerten. Er war es, der den Brüdern zur Erlangung der altnordischen Texte seine einflußreiche Unterstützung gewährte. Er drängte zunächst beim dänischen König auf beschleunigte Bearbeitung der Handschriften-Sammlungen, welche der berühmte Isländer Arnas Magnaeus hinterlassen hatte, und deren Veröffentlichung längst die stiftungsmäßige Pflicht des Magnäischen Instituts und der beiden als Stipendiaten angestellten Isländer gewesen wäre. Nicht blos Grimm's, auch dänische Gelehrte wie Nyerup und Münter begrüßten Hammerstein's Schritte mit Freuden. Officiell ward diesem nun, gleichsam als ein Abweisen seines Drängens und als Beweis vorhandenen Interesses, die kleine Schrift „über die Aechtheit der Asalehre und den Werth der Snorroischen Edda" von Peter Erasmus Müller zugestellt, die sich wesentlich auf dem Grunde jener „fertigen Bearbeitung der jüngern Edda von einem Isländer" aufbaute; diese schon seit 1765 unbenutzt liegende Textesconstitution war von Johannes Olavius hergerichtet worden. Durch „heimliche Negotiationen" aber wußte sich Hammerstein Abschriften von verschiedenen Manuscripten zu verschaffen: „Sie können mit der Edda machen, was Sie wollen, nur mögen sich hüten den Dänen Grillen in den Kopf

zu setzen, die ihre Aufmerksamkeit und ihren Neid
erregen." Auf eine energische Förderung ihrer Schätze
von Seiten der Dänen sei doch nicht zu rechnen: „Der
Grundzug des dänischen Charakters . . . . ist Faulheit
und aus ihm — wie alle Krankheiten aus dem Magen."
Daß Wilhelm von diesen und ähnlichen Mittheilungen
in öffentlichen Blättern einen zwar schonenden, aber
unzweideutigen Gebrauch machte, trug ihm von dem
Dänen Rahbek in dem Journal Sandsigeren einen ge=
reizten Ausfall ein. Hammerstein's Abschriften waren nun
noch zeitig genug eingetroffen, um den Brüdern eine
Nachschrift zu den altdänischen Heldenliedern zu er=
möglichen, in der sie sich gegenüber etwaigen Concurrenz=
bestrebungen von der Hagen's schon jetzt zur Herausgabe
der Edda verpflichteten. Der erste dieser Gesänge, das
„Lied Sigurdurs mit Brynhildurs Weissagung", lag
dem Briefe an Goethe bei; es kehrt in Grimm's Aus=
gabe vom Jahre 1816 in verbesserter Fassung wieder.

Die beiden noch im Goethehause vorhandenen Bilder
Ludwig's sind Nachstiche von Kranach's Luther und
Melanchthon, dieselben, welche Achim von Arnim 1817
seiner Ausgabe von Mathesius' Predigten über Luther
vorsetzte und in Gubitz' Gesellschafter (1817, 19. Septbr.)
weiteren Kreisen bekannt machte.

In Jena, laut Tagebuch vom 9. Juli, wurde Wil=
helm's Sendung Goethe zugestellt. Er nahm während
der nächsten Tage die Uebersetzungen mehrfach zur Hand
und las in ihnen. Sowie er nach Weimar zurück=
gekehrt war, sagte er Wilhelm seinen Dank in einem

Briefe, der bis auf die Namensunterschrift von Riemer's Hand geschrieben ist:

Für die mir zugesendete Uebersetzung der Dänischen Lieder bin ich Ihnen sehr dankbar. Ich schätze seit langer Zeit dergleichen Ueberreste der nordischen Poesie sehr hoch und habe mich an manchem einzelnen Stück derselben schon früher ergetzt. Hier aber haben Sie uns nunmehr sehr viel bisher Unbekanntes gegeben, und durch eine glückliche Behandlungsweise aus vielem Einzelnen einen ganzen Körper gebildet. Solche Dinge thun viel bessere Wirkung, wenn man sie beysammen findet: denn eins stimmt uns zu dem Antheil den wir an dem andern zu nehmen haben, und diese fernen Stimmen werden uns vernehmlicher, wenn sie in Masse klingen. Sehr angenehm ist es auch, zu sehen, wie gewisse Gegenstände sich bey mehrern Völkern eine Neigung erworben, und von einem jeden nach seiner Art roher oder ausgebildeter behandelt worden.

Zu der Abschrift des zweyten Theils der Edda-Sämundar, wovon ich das Arendtsche Manuscript gesehen, wünsche ich Glück, und verlange sehr nach Ihrer Uebersetzung. Sie melden mir zwar, daß Sie das erste Lied beygelegt, aber leider finde ich es nicht. Wahrscheinlich ist es beym Auspacken in den Papieren des Umschlags geblieben, welches mir sehr leid thut, da ich Ihre Sendung in Jena erhalten und so leicht nicht nachkommen kann. Die zwey Bilder aber haben sich gefunden. Ich freue mich, daraus zu sehen, welche Fort=

schritte der junge Künstler macht. Grüßen Sie ihn von mir zum allerschönsten. Bleiben Sie überzeugt daß ich an Ihren Arbeiten einen lebhaften Antheil nehme, und daß ich unter diejenigen gehöre, die sich immer des Gewinns, den Sie sich und uns auf diesem Felde verschaffen, aufrichtig erfreuen.

Ich wünsche recht wohl zu leben und bitte mich Ihrem Herrn Bruder aufs beste zu empfehlen.

Weimar
den 18 August
1811.
Goethe.

Wilhelm fühlte sich durch den Ton dieses Schreibens enttäuscht, er glaubte, Riemer's Mißgünstigkeit daraus zu vernehmen. Er hätte zu gern aus Goethe's Munde ein den Dingen auf den Grund gehendes Urtheil gehört. Denn wie freundliche Aufmunterung und Anerkennung ihm von mancher Seite im persönlichen Meinungsaustausch zu Theil geworden war: Jacob nahm wie beim Wunderhorn eine abweichende Stellung ein und machte kein Hehl aus seiner Gesinnung. Der einzige, der Wilhelm's Leistung mit tief dringendem Verständniß besprach, war Nyerup. Achim von Arnim, wiewohl er sich gegen Zimmer äußerte: „Wilhelm Grimm's altdänische Heldenlieder sind überraschend schön, Alles freut sich hier daran, Niebuhr und andere Gelehrten erkennen sowohl die Trefflichkeit der Uebersetzung wie der Anmerkungen, dessen ungeachtet bin ich gewiß, daß die hämischen Schandbuben es ausschimpfen" — führte doch seine Absicht, mit Niebuhr gemeinschaftlich eine Re=

cenſion zu verfaſſen, nicht aus. Dagegen ließ der Anonymus, der das Buch ausſchimpfte, nicht auf ſich warten. Seinem Unmuth machte Wilhelm endlich Görres gegenüber Luft: „Arnim wollte vor Jahren einmal eine Recenſion der altdäniſchen Heldenlieder ſchreiben, ich glaube aber, er hat es vergeſſen und ich mag ihn nicht beſonders daran erinnern. Mehrere haben mir geſagt, daß ſie Freude daran gehabt, alſo iſt doch das Buch nicht umſonſt auf der Welt geweſen. Göthe hat mir durch ſeinen Sekretär ſehr höflich mit einigen ihm nachgeſchlagenen, inwendig kupfernen Perioden danken laſſen, was mir nicht zulieb geweſen; ſo viel ich weiß, fürchtet er ſich bei dem Wunderhorn zu viel geſagt zu haben, ſo daß man ihn eines zu großen Antheils an dergleichen Dingen beſchuldigen könnte". Görres ſelbſt bezeigte einen wahren Enthuſiasmus für die däniſchen Lieder und brachte dasſelbe Gefühl dem ihm gleichfalls vorgelegten Eddaliede entgegen. Von Goethe langte auch dann kein eigentlich förderndes Wort an, als Arnim ihm im Auguſt 1811 das verloren gegangene Edda-Blatt auf Wilhelm's Wunſch durch ein neues erſetzte.

Siebentes Capitel.

Bis zu den Freiheitskriegen.

„Wie ganz anderen Eindruck (als viele andre) hat mir Göthe gemacht, den wir auf der Herreise (nach Berlin) zwey Tage in Töpliz gesehen haben! wie kräftig, groß, mild, überall ganz er selbst, in allem was er thut und denkt und spricht sein ganzes Gemüth gegenwärtig. Er hat mich recht von neuem mit Liebe und Ehrfurcht erfüllt. Ich weiß nichts, was so mit Lust und Freude am Leben erfüllen und so auf dem rechten Wege befestigen kann, als solch ein Anblick". So schrieb am 1. October 1810 Savigny an seine getreuen Grimm's. Gegen solche goldnen Worte aus dem Munde ihres Lehrers wogen federleicht die vielen gehässigen Nachrichten, die über Goethe umherschwirrend auch an das Ohr der Brüder drangen. Zwar hatte Wilhelm betreffs der altdänischen Heldenlieder eine trübe Erfahrung gemacht. Doch die gewöhnliche Gesinnung, welche aus persönlichem Mißlingen ein Anrecht zu ungerechter Beurtheilung herleitet, reichte nicht an sie heran. Goethe's zunehmende, auch durch Arnim's Wahrnehmung bestätigte Abwendung von den Tendenzen der jungen Ta-

6*

lente war ihnen gewiß „unerwartet und leid" — aber auch verständlich. Jacob, der sich schon damals keinen Augenblick bedachte, die Ausbildung der Sprache in „unserm Faust oder den sprachgewaltigen Wahlverwandtschaften" über alle Vergleichung hinauszuheben, antwortete seinem Freunde Arnim: „Ihn selbst kann ich mir einmal unmöglich anders als gut, lieb und darum auch recht denken, was er für sich selbst thut, ist ihm gewiß nothwendig und ob es mich gleich überraschte, so finde ich es doch nicht tadelnswerth, daß er sich von dem äuseren abwendet und zu sich selber sammelt, es ist das ein uralter Trieb, der alle alte Helden aus dem Geräusch in die Einsamkeit zieht. Sein Abweisen des Aeuseren und Neuen ist daher erklärlich, nur daß er es nicht mit Liebe und manchmal mit Spott thun soll, mir nicht verständlich noch erfreulich, besonders da er mit seiner Ruhe Misverständnisse, die wohl andere befangen können, leichter zu ebenen und zu überschauen im Stand ist. Daß er viele herrliche Sachen nicht anerkennt, oder nicht genug, und seine Herrlichkeiten darüber setzt, heißt nichts anders, als das gewöhnliche, daß kein Mensch alles zusammen begreifen und lieben kann. Schätzt er also meiner Meinung nach die altdeutsche Poesie, die deutsche Geschichte zu wenig, so betrübt mich das insofern gar nicht, als es meine andere Ueberzeugung davon nicht widerlegt; ja ich fühle, daß ich die römischen Pasten und antiken Monumente ebenfalls viel höher achten würde, wenn ich sie genauer studirte, denn in allem einzelnen ist Liebe und Segen möglich, allein nicht in allem zusammen genommen, wo er sich zerstreuen würde". Die Brüder wußten, daß Goethe in Zurückgezogenheit auf sich selbst an der Darstellung seines Lebens arbeitete; sie wußten, daß Bettina, seit dem Frühjahr 1811 Arnim's Gemahlin, für ihn die Erzählungen der Frau Rath aufgezeichnet hatte. Zu Michaelis 1811 erschien nun der erste Theil von Wahrheit und Dichtung. Ueber seinen Eindruck von diesem „natürlich wieder außerordentlichen und schönen Buche" sprach sich Jacob zu Arnim folgender Maßen aus: „Wenn es mir erst schien, als ob auf den anmuthigen, reizenden Eingang es in der Mitte hin ärmer würde, so ist das letzte Drittel wieder herrlich und ich nehme alles zurück. Es kam auch daher, weil ich mir wohl das Ganze enger und stärker gedacht hatte, so aber ist mir diese Weitläufigkeit viel lieber und ich freue mich auf die nachfolgenden 12 Theile, wenn sie nur herauskommen. Das Epische, Gründliche, Historische ist ja immer das weitaufgenommene, von Farbe himmelblaue, das in der Nähe vergeht, je ferner man aber davon rückt, desto duftiger wird. So wird dieser erste Theil aus den folgenden besehen immer an Intereße zunehmen. Der Zusammenhang mit seinen Schriften ist schon an vielen Orten deutlich und angenehm zu wißen, er und Gretchen ist Wilhelm und Mariane, auserdem auch Gretchen in den Faust und als Klärchen in Egmont eingegangen. Ich möchte nun Deine Frau erzählen hören, die so vieles von der Mutter gehört hat und sicher von andern Seiten; überhaupt für Frankfurter muß das

Buch mit seiner lebendigen Localität einen großen Reiz mehr bekommen. Die ganze Krönungsfeierlichkeit ist ausnehmend erzählt und von ihr und dem siebenjährigen Krieg ein reines historisches Bild gegeben. Er muß eine bewunderungswürdig gedächtnisreiche Seele haben; seine Individualität ist mir häufig nicht das liebste, d. h. ich hätte an seiner Stelle da und da nicht so seyn können und mögen und es ist mir einigemal lieber, was er von andern erzählt. Ueberhaupt ist mir eingefallen, wie die ersten Kinderjahre bei jedem Menschen so ähnlich angehen, im vierten und fünften Jahr so plötzlich verschieden ausgehen. Die Erinnerungen von Getragenwerden, vom Ausgehen mit Mägden, vom Spielen im Hof paßen auf fast alle, die keine besonderen Schicksale haben, was er von dem Verstand, der Ruhe 2c. dieser Kinder sagt, ist vortrefflich, aus diesen Jahren hat man auch die Kinder am liebsten. — Eine Menge Eindrücke, die er hätte beschreiben können, weil er sie doch gewiß erlebt hat, findet man nicht beschrieben, und sie haben ihn daher nicht so berührt, z. B. die Confirmation. Was mir am wenigsten gefällt, ist das Knabenmärchen (nicht wegen seines unvolksmäßigen Costums, sondern weil mir hier, sonst fast nie im ganzen Buch, Zweifel an der formellen Wahrheit aufstießen,) die Auszüge aus der Bibel, die Anecdoten von Mahlerei, letzteres aus Einseitigkeit meinerseits, die ich mit nichts anderm zu entschuldigen weiß. Manches mag aber bei ihm zu einer wunderbar frühen Entwickelung gekommen seyn; an ihm hat mir am wenigsten gefallen, so schön es auch

erzählt ist, die Abgötterei mit den Mineralien und Rauch=
kerzen und das Bemühen nach seinem unrechten Groß=
vater, (wobei auch seine Debatten mit den Jungen treuer
erzählt sein müßten) alles dieses aber ist in dem Buch
selbst sehr bedeutend, und gewiß folgenreich gewesen".
Wilhelm hatte das Gefühl, als ob er in einem Volks=
buch läse: so einfach, unschuldig, andringend und voll=
endet schien ihm die Darstellung; die Kaiserkrönung fand
er so vollkommen, daß er keinen Buchstaben daran missen
mochte; nur die Erzählung der biblischen Geschichten in
dieser Manier wünschte er fort. Manches von dem,
was Jacob bemerkt hatte, traf auch seine Meinung: „Die
Liebesgeschichte mit der Gretchen (fügte er des Bruders
Brief überlesend hinzu) ist von ganz unbeschreiblicher
Anmuth und Lieblichkeit, in Egmonts Clärchen ist sie
mir am meisten wieder vor den Augen, weil sie dort
auch Hosen und Wams anhaben mögte, freilich auch im
Faust, aber nicht in den Geschwistern. — Wie verschieden
wir beide (Jacob und ich, von einander) sind, ist mir
dabei wieder recht deutlich gewesen, indem es mir mein
Lebtag nicht eingefallen wäre zu fragen, ob ich auch
so oder so hätte thun mögen oder ob mir etwas darin
unrecht gethan scheine. Ich meine dann ich wär wie
einer, der von der Straße ein Fenster aufmacht und den
Kopf in die Stube steckt, das Wesen da drinnen zu be=
trachten, dagegen mag ich gern in der Dunkelheit von
draußen hineinsehen. Ueberhaupt ist mir das Gegen=
einanderhalten zum Urtheil in der belebten Natur immer
eine verkehrte Arbeit, die keine gute Früchte trägt.

Ich lege ein Weinblatt und ein gleichgroßes rundes zusammen: in jenem fehlt vieles, ganze Winkel sind herausgeschnitten, halt ich es frei gegen das Licht, so zeigt sich eine eigenthümliche zierliche und vollständige Bildung. Nachdem ich dieses Buch von Göthe gelesen, ist mir noch mehr unbegreiflich, was Du von ihm schreibst, welche milde Gesinnung, welche Achtung gegen das ganze Streben (er macht es sich selbst zum Vorwurf, daß er einmal das Publikum nicht geachtet) ist darin ausgedrückt. — — Es ist gewiß, daß Göthe, wie jeder, unwillkürliche Vorliebe und Abneigung für manches haben wird, zuweilen denk ich, daß der Riemer, gegen welchen ich z. B. eine solche unwillkürliche Abneigung empfinde, ihm dies abgelauert und ihn, um sich zu empfehlen, in solchen Gesinnungen bestärkt, und ihm nur das, was Göthe das Bequeme nennt, vor die Augen rückt. Ich glaube, der größte sicherste Geist mistraut seiner Ansicht, aber er wird fest darin, wenn er sie in einem andern ebenso erblickt, und meint sie sey auch lebendig in diesem entstanden".

Der nächste, 1812 nachfolgende Theil von Wahrheit und Dichtung war Wilhelm fast noch lieber als der erste. „Wie gesund und lebendig, zierlich und erregend ist Göthes Leben, wovon ich eben den zweiten Band gelesen (schrieb er an Görres), es ist ein Werk ohne Gleichen in der Literatur. Unerwartet ist mir darin gewesen die mannichfache religiöse Bestrebung (bei dem feinen philosophischen System mag er wohl jetzt, wie bei dem Märchen im ersten Band, mit dem Grabstichel nachgeholfen haben) und das im ersten Band von andern bei andern schon bemerkte Mißverhältniß, daß man nicht recht den Philosophen, der sich Systeme tiefsinnig ausdenkt, mit dem reimen kann, der nicht weiß was Erfahrung ist und wegen des seltsamen Dings sich bei andern herum erkundigt. Von drei Liebesgeschichten sind zwei, namentlich die zum Schluß so anmuthig, daß nicht dafür zu stehen ist, es thut sich mancher nach etwas ähnlichem um".

In dieser Zeit trat für Wilhelm zum ersten Male die Nothwendigkeit ein, sich öffentlich über Goethe vernehmen zu lassen. Er besprach 1812 in den Heidelbergischen Jahrbüchern, zwar anonym, aber für jeden Kundigen offenbar, „die schöne Literatur Deutschlands während des achtzehnten Jahrhunderts" von Franz Horn. Diesen kannte er von früher her aus Berlin als einen kleinen dünnen Mann, der ganz langsam und auch wohl langweilig sprach, und sich immer sehr glücklich fühlte, wenn er wieder ein Buch herausgeben konnte. Wie der Verfasser, so war auch sein neuestes Werk beschaffen, was Wilhelm unverhohlen in seiner Recension aussprach. Die allgemeinen Gesichtspuncte aber, die Grimm hier für die historische Beschäftigung mit der deutschen Literatur absteckte, überraschen heute noch durch die Weite der Aussicht, welche sie eröffnen. Er gelangte gegen den Verfasser zu dem Satze, daß über einen großen Theil der behandelten Dichter ein geschichtliches Urtheil auszusprechen verfrüht sei. Denn: „noch leben wir in ihrer Zeit und unter ihrer Herrschaft, selbst wenn sich ihr irdisches Leben schon beschlossen, wir fühlen uns von ihnen berührt, wir müssen uns nähern oder entfernen. Auch der Stern, der über jenem dunkeln freudenlosen Tag (der voraufgehenden Literatur) schnell die Decke theilte und die Herrlichkeit eines morgenlichen Himmels ausbreitete, steht noch in allem Glanz über uns und wir erfreuen uns gern seiner Leitung". Die Entwickelung Goethe's konnte zum Beweise dienen gegen die Meinung Horn's, daß der einzelne deutsche Dichter einsam für sich und ohne Zusammenhang mit den andern in der Literaturgeschichte dazustehen pflege: „Wäre diese Behauptung richtig, so müßte die erste Folge davon sein, daß solche vereinzelte Poesie auch ohne Wirkung auf die Nation geblieben. Wie kann aber alles dies Göthe allein widerlegen. Er, der, ein jugendlicher Held, wie nicht aus ihm geboren, unter ein beschränktes Volk trat, erzählt in seinem Leben, daß Klopstock und die Dichter seiner Zeit auf ihn gewirkt, und gesteht dann, wie abhängig der Mensch von der Zeit lebe, daß ein Raum von zehn Jahren ohne Zweifel eine ganz andere Entfaltung bewirkt haben würde; wiederum aber, wie hat er, der sich so eigenthümlich gebildet, doch seine Nation ergriffen und angerührt, und wie allgemein ist er verstanden und geliebt worden". In seinem Abschnitt über Goethe hatte sich Horn damit begnügt, fremde Aeußerungen anzuführen. Wenn Wilhelm auch zugab, daß sie mannichfach und zum Theil vortrefflich seien, und an ihnen sich rühmlich zeige, wie die Deutschen ihren ersten Dichter geliebt haben, so hätte doch seines

Erachtens der Plan des Buches ein eignes, allgemeines Urtheil von Horn verlangt. Ein solches aber zu geben, überstieg nach Grimm's Meinung die Fähigkeit des Einzelnen. Ueber Goethe gab es für ihn, den Romantiker, nur eine Instanz: das „Volk", das singende, dichtende: „Sonst galt das Gesetz, daß nur Gleiche über den Gleichen richten konnten, wer wollte es wagen, sich nur neben ihn zu setzen? Nur einmal sein ganzes Volk, wir meinen all das Herrliche, das in diesem liegt und noch blühend aufsteigen wird, kann über ihn sprechen". Gegen „unziemliche" Vorwürfe nahm Wilhelm Goethe's Werke in Schutz, namentlich die Wahlverwandtschaften, eine Dichtung, die keine „kalte Grausamkeit" enthalte, noch „ein langes, weites, ödes Eisfeld sei, auf das ein sternenloser Himmel herabhänge", noch „eine chemische Zerlegung der Sünde" bringe, sondern: „die in Ottiliens Leiden das Tiefste und Zarteste einer himmlischen Seele enthält, in ihrem Tode die mildeste Beruhigung gewährt, oder wer hat nicht den reinen und großen Sinn derselben, die ganz in ihrer Zeit und auch darüber steht, erkannt, da sie mit erschütternder Gewalt lehrt, wie alles Glück in der Nichtachtung der Sitte und heiliger Verhältnisse nothwendig untergehe". Am meisten schmerzten Grimm Horn's bittere Worte gegen einen überschwenglichen Halbgottesdienst und eine unfreie, knechtische Verehrung Goethe's. Wilhelm und seine Brüder durften sich bei ihrer Goethe-Verehrung frei wissen von Eigennutz oder Knechtessinn. Er wünschte, Horn hätte nicht so gesprochen. Denn „der Enthusiasmus eines Volks, seine Liebe zu

einem großen Dichter ist das Herrlichste, was wir er=
blicken können, knechtische Gesinnung entsteht durch strenge
tyrannische Herrschaft, wer aber ist milder uud aner=
kennender gegen jegliches Talent, als Göthe. Alle
Parteiung hat sich in ihm vereinigt und alle haben vor
diesem Stern mit Ehrfurcht sich geneigt. Nur bei denen
haben wir blinde Anhänger und eine ertödtende Einseitig=
keit bemerkt, die nichts außer sich achten und jedes eigene
Bestreben niederdrücken wollten. Der Enthusiasmus aber
hat niemals Unrecht".

Achtes Capitel.

Wilhelm's und Ludwig's Rheinfahrt 1815.

Die Zeit kam, wo die geistige Vorbereitung Deutsch=
lands die Probe auf ihren Werth bestehen sollte. Der
Sturm brach los. Die Jugend eilte unter die Waffen.
Die Brüder Grimm nahmen freudig an dem Kampfe
Theil. Ludwig trat als Lieutenant in das 3. Hessische
Landwehr=Regiment; ein andrer Bruder, Karl, zog als
freiwilliger Jäger in das Feld; Jacob folgte als Legations=
secretair dem Hauptquartier. Nur Wilhelm blieb zu=
rück: „Gott erhalte sie, er weiß, wie es mir Angst und
Freude macht, daß sie mit sind". Noch immer ohne
Amt (denn erst im Februar 1814 wurde er zum Biblio=
theksfecretair mit 100 Thalern Gehalt ernannt) lastete
nun auf seinen Schultern allein die Sorge für die
Existenz der Familie. Die noch gemeinsam begonnenen
Arbeiten mußten von ihm weiter geführt werden: Märchen
und Edda, vor allen aber die Herausgabe von Hart=
mann's Armen Heinrich. Aus diesem schlichten, tief=
sinnigen und herzlichen Buche sollte Jedermann, gelehrt
oder ungelehrt, lesen können, wie kindliche Treue und
Liebe, wenn sie Blut und Leben ihrem Herrn hingiebt,

dafür herrlich von Gott belohnt wird. Der Ertrag, eigentlich zur Ausrüstung der Freiwilligen bestimmt, wurde, da die Arbeit erst 1815 fertig werden konnte, in Höhe von 194 Thalern an den Hessischen Frauen-Verein zur Pflege der Verwundeten abgeführt. Wohlbehalten kehrten die drei Brüder aus dem Felde zurück; Jacob, der dienstlich noch am Wiener Congreß Theil zu nehmen hatte, traf erst Mitte Juli 1815 wieder in Cassel ein.

Wilhelm bedurfte dringend der Erholung. Ihm erging's wie den Blumen hinter dem Fenster, die wohl fortwachsen und die Sonne durch's Glas sehen, aber doch verlernen, was der frische Athem draußen ist. Ein Gesuch um vierwöchentlichen Urlaub, vom 31. August ab, erhielt das churfürstliche fiat, und schon zwei Tage später war Wilhelm in Frankfurt, um in Gesellschaft von Savigny und Ludwig seine erste Rheinfahrt anzutreten. Damals weilte Goethe in seiner Geburtsstadt.

Der politischen Erhebung unsres Volkes hatte sich Goethe fern gestellt; von solchen, die seinen deutschen Sinn verkannten, mußte er die härteste Beurtheilung über sich ergehen lassen. Die Brüder Grimm gehörten nicht zu seinen Tadlern. Jacob vertheidigte ihn noch ein Menschenalter später in der Zueignung seiner Geschichte der deutschen Sprache an Gervinus: „Einige Ihrer Urtheile über Göthe (in der Geschichte der Poesie) schienen mir ungerecht, in dessen Jugend und Blüte kein deutscher Aufschwung fiel, dessen Alter die Politik müde sein muste, und der doch so gesungen hat, daß ohne ihn wir uns nicht einmal recht als Deutsche fühlen könnten. So stark ist diese heimliche Gewalt vaterländischer Sprache und Dichtung". Als das Kriegsgewölk sich verzog und der politische Himmel sich aufklärte, wurde in Goethe der Wunsch mächtig, seine Vaterstadt wieder zu sehen. Im Sommer 1814 weilte er schon dort, und als Jacob zum Wiener Congreß durchreiste, konnte ihm Meline von Guaita nicht genug davon erzählen, wie wohl der Dichter sich gefalle, und zu den Frankfurtern gesagt habe: „Nun sie wieder frei geworden, habe er sie auch wieder besuchen wollen". Im folgenden Sommer zog es ihn wieder zum Main und Rhein. Von Wiesbaden aus langte er mit Sulpiz Boisseree vor Mitte August in Frankfurt an.

Wilhelm mußte noch einige Tage in Frankfurt bleiben, bis sich Ludwig von München kommend anschloß. Am 5. September waren die Reisegefährten im Guaita'schen Hause beisammen, als Goethe mit Sulpiz Boisseree eintrat. Natürlich für alle ein Ereigniß frohester Art. Ludwig durfte seine Zeichnungen vorlegen, unter denen sein bestes Stück aus jener Zeit: das Preusje von Schlüchtern, das gutmüthig=verschmitzte Gesicht eines alten Steinauer Handelsjuden, vor wenigen Tagen erst in Steinau entstanden war. In dem Maße, wie — nach Sulpiz' Tagebuchnotizen — Frau von Savigny, Ludwig's „Beschützerin", in dem Lobe des schönen Talents die rechte Grenze überschritten haben mag, blieb Boisserce selbst, der auch bei andern Gelegenheiten höchstens nur eine kühle und nicht völlig gerecht werdende Anerkennung für die Brüder Grimm übrig hatte, hinter dieser Grenze zurück: Als ein guter Jesuitenprovinzial würde er dem jungen Manne aufgegeben haben, ein Jahr lang keiner Frau seine Zeichnungen zu zeigen. Goethe habe nachher geäußert: „Jeden Sommer wachsen Rosen, die Talente sind immer da, wenn sie nur entwickelt würden". Diese Begegnung mit Wilhelm und Ludwig hat Goethe in seinem Tagebuche vermerkt.

Kaum waren die beiden Brüder und Savigny von Frankfurt abgereist, als Jacob von seiner Regierung den Befehl erhielt, schleunigst nach Paris zu gehen, um die aus einigen Gegenden Preußens geraubten Handschriften zu ermitteln und zurückzufordern. Es war dies die Folge einer schriftlichen Vorstellung, die Jacob 1814 kurz vor dem Einzug in Paris dem Minister vom Stein übergeben hatte; dieser hätte damals schon gern geholfen, wie „er überhaupt unter allen der beste war; aber wie war durch die andern Verkehrtheiten zu bringen?" Jacob berührte am 12. September Frankfurt, kam auch mit Sulpiz bei Guaita's zusammen und konnte seinen Brüdern melden: „Auch den Göthe habe ich im Blick noch zu Frankfurt gesehen"; es war das einzige Mal, wo ihm diese Gunst zu Theil wurde. Während er selbst in Eile dem „verwünschten Orte" zustrebte, fuhr Wilhelm bei dem herrlichsten Wetter den Rhein hinunter bis Cöln, und fand bei Joseph Görres in Coblenz die liebevollste Aufnahme. Die Stadt Cöln mit der Fülle ihrer Erinnerungen, von den Römern an bis in das

Mittelalter hinein, ließ das vergangene Leben neu in seiner Seele erstehen. Der Dom schien ihm in seiner natürlichen Umgebung erst recht bedeutend und seine Nichtvollendung, die doch ein Gefühl des Ganzen errege, das vollkommenste Bild des Mittelalters. In dieser Stimmung wollte er jetzt auch die Gemälde der Brüder Boisseree in Heidelberg kennen lernen: „Von Cöln (schrieb er an eine Freundin) bin ich nach Heidelberg an den Neckar gegangen, wo die Nachtigall singt und der Einsiedel springt. Dort sind die herrlichsten altdeutschen Bilder, die je gemahlt worden; auch Göthe war dabei und hatte seine Freude daran. Dazu habe ich den ganzen Zug in Begleitung lieber Freunde gemacht; auch mein Bruder Mohler war mit, der, bevor er nach Italien geht, sein Vaterland recht sehen wollte".

Wilhelm ging vor diesen Gemälden, welchen er ausschließlich die drei Tage seines Heidelberger Aufenthalts widmete (vom 25. September ab), eine reiche, nie geahnte Welt auf. Eine solche Vereinigung von Natur und Geist, von Farbenpracht und Wahrheit hatte er nicht erwartet, obgleich ihm schon das wunderbare Dombild zu Cöln ein Vorgefühl von all der Herrlichkeit gegeben hatte. Goethe war in diesen Tagen öfters zugegen, mit der ausgesprochenen Absicht, über die altdeutschen Bilder zu schreiben. Einst saß er lange Zeit schweigend vor dem großen Bilde Johann's von Eyck, das in fortschreitender Folge Christi Verkündigung, Geburt und Darstellung im Tempel schildert, und redete auch nachher kein Wort darüber; aber Nachmittags beim

Spaziergange sagte er mit einem Male: „Da habe ich nun in meinem Leben viele Verse gemacht, darunter sind ein paar gute und viele mittelmäßige; da mahlt der Eyck ein solches Bild, das mehr werth ist, als alles was ich gemacht habe". Einmal war Goethe auch so gütig, an Wilhelm heranzutreten und ihn zu fragen, mit welcher literarischen Arbeit er und Jacob jetzt beschäftigt wären. Wilhelm antwortete ihm, daß sie gedächten nach Art der Märchen nun auch die deutschen Sagen zusammenzustellen; das mannigfache Leben derselben, ihr Hin- und Herströmen, ihre Vereinigung und Trennung sei ein besonderes Augenmerk bei ihrer Arbeit. „Ja (schloß Goethe das Gespräch), was ist die Kritik anderes, als das Beobachten, wie dasselbe in verschiedenen Zeiten immer eigenthümlich auf den Menschen gewirkt und von ihm gefaßt worden" — ein Ausspruch, der mehr nach Wilhelm's, als nach Jacob's Sinne war. Denn Wilhelm wollte die älteren Stoffe in die Gegenwart einführen, und mußte daher ihre Form verändern; Jacob aber wollte die Gegenwart zu den älteren Stoffen hinführen, und mußte daher ihre Form ungeändert lassen. Jenes Verfahren erheischt vorwiegend ein poetisch-productives Talent; dieses vorwiegend ein wissenschaftlich-receptives. Wilhelm stand Goethe innerlich näher, als sein Bruder.

Sonst ging Goethe in diesem Gespräch auf „nichts Naheliegendes" ein. Er schien damals weder von den Märchen noch vom armen Heinrich zu wissen, und Wilhelm widerstrebte es, sich aufzudrängen: „Da er sich wohl bewußt sein mag, wie leicht er an etwas Theil nimmt, so hat er eine eigene, wunderliche Scheu, man kann sagen Aengstlichkeit, daß ihm ja nichts zu nahe rückt, und er weicht gewiß aus oder setzt sich eiskalt hin, wenn man von etwas mit Lebhaftigkeit und Eifer spricht, das er noch nicht kennt". In demselben Sinne äußerte Wilhelm scherzend zu Görres: „Das ist ja recht schön, sagt Göthe, wenn er sonst nichts weiß". Dagegen ließ Goethe jetzt ein Urtheil über die Edda der Brüder verlauten. Als er auf der Wiesbadener Bibliothek viele Bände der Göttingischen gelehrten Anzeigen mit gemüthlicher Aufmerksamkeit durchlas, war ihm ohne Zweifel die verkappte Selbstanzeige Wilhelm's in einer der letzten Nummern vor die Augen gekommen, worin sogleich der Plan für das ganze (aber nicht voll= endete) Werk entwickelt wurde. Die Einrichtung des Buches gefiel Goethe, besonders wegen der am Schlusse beigegebenen Prosaübersetzung, und so äußerte er sich lobend darüber zu Professor Creuzer in Heidelberg, der das Buch für seine mythologischen Vorlesungen so= fort gekauft hatte. Dabei sprach er wieder, wie in Wahrheit und Dichtung, von einer ähnlichen Bearbeitung Homer's, die auch nach Jacob Grimm's Meinung gegen= über dem gebrochenen unepischen Ton in Vossens Ueber= setzung das Rechte und Wahre treffen würde. So konnten sich die Brüder wohl entschädigt fühlen für die anscheinend geringe Beachtung des früher eingelieferten Probestückes. Auch gegen Ludwig bezeigte sich Goethe in Heidelberg liebreich. Er kam aus eignem Antriebe zu dem jungen

Manne, der sich aus natürlichem Gefühl zurückhielt, und ließ sich gern von den Eindrücken und Erlebnissen der Rheinfahrt erzählen.

In der Frankfurter und Heidelberger Gesellschaft hielt natürlich ein jeder den Blick auf Goethe gerichtet. Alles, was er that oder nicht that, erregte uneingeschränktes Interesse. Die Unterhaltung kehrte immer wieder auf ihn zurück. So erfuhr auch Wilhelm, womit er sich damals beschäftigte: daß er sich mit persischen Sachen abgäbe und bereits ein Päckchen Gedichte in Hafiz' Geschmack gemacht hätte; daß er mit Vergnügen den chinesischen Roman Haoh Kiöh Tschwen läse und erklärte; daß er beim Geheimen Kirchenrath Paulus in Heidelberg Arabisch lernte. Die Bekanntschaft mit persischer Poesie war damals durch Hammer's Uebersetzungen weiteren Kreisen vermittelt worden. In den altdeutschen Wäldern (1, 134. 1812) bezog sich Jacob, die „Bedeutung der Blumen" behandelnd, auch auf die persische Sage, welche Nachtigall (bul) und Rose (gul) in ein mythisches Verhältniß zu einander setze. Zum armen Heinrich (V. 101) erinnerten die Brüder an das beliebte Bild des persischen Hafiz von der Kerze, die zugleich weint (d. h. sich abzehrt, tödtet) und lacht (d. h. in der Flamme sprüht und Glut erzeugt). Wilhelm war damals nicht zu sehr für die lyrischen Poesien des Persers eingenommen: dergleichen hätten wir bei uns in Menge, und eine gewisse Eintönigkeit von Gull Gull und Bull Bull, von Wein und Liebe wirke ermüdend. „Herrlich dagegen, erklärte er zugleich Arnim, ist der epische Firdusi, und was Görres mir aus seiner schlichten Prosaübersetzung vorgelesen, hat mir so wohl gefallen, als sey es biblisch". Noch ahnte Wilhelm nicht, welch duftige Blüthen die morgenländische Dichtung in Goethe's Geiste treiben würde.

Auf der Gerbermühle bei Frankfurt beging Goethe im Kreise der Familie von Willemer die Feier seines 66. Geburtstages. Das herrlichste Wetter leuchtete über diesem Feste, dem glückliche Stimmung und feinsinnig gewählte Huldigungen ihre Weihe gaben. Ganz Frankfurt sprach davon. „Als sein Geburtstag in Frankfurt war (erzählte Wilhelm seinem Bruder Jacob), hat von den Hausleuten niemand etwas erwähnt, nur bei Tisch hat sich auf dem Main eine schöne Waldhornsmusik hören lassen, und als er gefragt: was ist das? hat bloß sein Bedienter geantwortet: „ei Herr Geheimer Rath, heut' ist ja Ihr Geburtstag". Während der Zeit haben sie ihm in sein Zimmer eine Schüssel mit köstlichem Obst, wie Ananas u. s. w. schön geordnet aufgestellt, daneben echt persisches Zeug (weil er gerade mit den orientalischen Sachen beschäftigt ist), wo ich nicht irre, auch einen Dolch hingelegt, und wie er hinein getreten ist, beobachtet. Anfangs, wie er es gesehen, ist er ganz ängstlich gewesen, hat hin und her geblickt und gemeint, es sei jemand versteckt, der nun glückwünschen werde, dann ins Nebenzimmer gesehen, ob etwa da Leute sich dazu versammelt hätten, und als dann endlich alles leer und still gewesen, hat ihn diese Aufmerksamkeit bis zu Thränen gerührt".

Ueber diesen Tag ist sowohl Goethe's eigne Aufzeichnung im Tagebuch als auch ein ausführlicher Bericht des mitfeiernden Sulpiz Boisseree vorhanden. Ziehen wir beide zur Vergleichung heran, so erkennen wir, daß Grimm's Schilderung aus guter Quelle geflossen sein muß, gewahren aber auch, daß sich an dem Ganzen eine Art von mythopoetischer Verwandlung vollzogen hat. Wahrheit und Dichtung berühren sich alle Zeit in der Phantasie des Menschen.

Neuntes Capitel.

Wilhelm's Besuch in Weimar 1816.

Kein volles Jahr verstrich, so sahen sich Goethe und Wilhelm Grimm in Weimar wieder.

Achim von Arnim war im Frühling 1816 lebensgefährlich erkrankt. Sehnsuchtsvoll verlangte er nach Wilhelm's Anwesenheit, und Bettina bat dringend ihre Freunde, den Wunsch des Kranken zu erfüllen. Die Reise wurde sogleich beschlossen. Doch ehe Wilhelm in Wiepersdorf, dem Arnim'schen Familiensitze, eintreffen konnte, war Achim genesen, und so brachte Wilhelm „bei ihm, seiner Frau und seinen lieben Kindern" ein paar vergnügte Wochen zu. Der ebenen märkischen Gegend, in der das Gut gelegen ist, verliehen zierliche Birkenwälder eine wohlthuende Heimlichkeit. Vor Arnim's Fenstern hinter einem grünen Rund erhob sich ein Halbkreis hoher, breiter Fichten, und zur Seite diente ein Dutzend abgehauener Stämme als Ruhesitze. Arnim pflanzte viel und hatte Freude auch an allem Einzelnen; sein frisches Herz und seine milde Gesinnung halfen ihm über vieles hinweg. Zum Pfingstfest aber ward es nun lebendig auf dem stillen Lande: da kamen von Berlin noch Savigny mit Frau und Kindern sowie Clemens Brentano an. Solch frohes Versammeltsein war den Freunden seit langen Jahren nicht vergönnt gewesen.

Auf dem Rückwege nahm Wilhelm einen mehrtägigen Aufenthalt in Dresden, wo er Kügelgen besuchte. Die Gallerie bereitete ihm die reinste Freude; aber tiefer als in alle übrigen Gemälde versenkte sich seine Betrachtung in die „in jeder Art unübertreffliche" Mutter Gottes von Holbein. Von hier aus langte er am Mittwoch den 19. Juni früh in Weimar an, im selben Wagen mit einer reichen Judenbraut, der Verwandte und Bekannte mit Schmerzgeheul und läppischen Scherzen das Geleite gaben. Trotz dieser Belästigungen hätte er doch gerne die Reise fortgesetzt; aber er durfte es, da er stark durchnäßt war, seiner Gesundheit halber nicht wagen. Er stieg also im Elephanten ab, ziemlich mißmuthig über den gegen seinen Willen nothwendig gewordenen Aufenthalt. Schon in Kösen hatte er gehört, daß Goethe's Frau (am 6. Juni) gestorben sei. Wie Riemer und Johanna Schopenhauer ihm erzählten, war Christianens Tod schrecklich gewesen, niemand hatte die Krämpfe mit ansehen können: „Geweint hat er laut über sie, und das wäre auch unnatürlich gewesen, wenn er es nicht gethan hätte".

Goethe hatte seit dem Unglückstage sein Haus noch nicht verlassen und nur wenige Freunde bei sich gesehen. Trotzdem ließ sich Wilhelm melden, vielleicht daß ein Fremder ihm in seiner Stimmung gerade willkommen sein mochte. Goethe empfing ihn wirklich, und war so heiter, freundlich und wohlwollend wie nie zuvor. Er erkundigte sich theilnahmsvoll nach Achim von Arnim, Bettinen und den Kindern, und ließ sich Haus und Gegend, wo sie wohnten, beschreiben. Die großen Fragen der Zeit berührend, pries er als etwas Herrliches am deutschen Volke, wie alle so gerne einig wären und doch auch ihre Eigenthümlichkeit nicht im geringsten wollten fahren lassen. Leider werde viel guter Wille gehemmt: wunderbar sei, daß dabei doch alles so oben stehe; es sei wie bei den Korkmännchen, die unten Blei haben. Er sprach dann schön und warm über das neuerwachte religiöse Gefühl; weil es so recht als eine Nothwendigkeit empfunden sei, als etwas ohne das man nicht leben könne, so werde es auch nicht wieder untergehen. Wilhelm erhielt bei diesen Worten das Gefühl, daß Goethe in Kunst und Alterthum nur aus einer gewissen Opposition heraus eine kalte und humane Artigkeit gegen den heiligen Geist, den Herrn Christus und die Heiligen zur Schau getragen habe, um dem überhand nehmenden christelnden Einfluß zu steuern. Gegen die neueste Art der Bekehrer, Adam Müller und Friedrich Schlegel, äußerte er sich (ähnlich wie in den Annalen und zu Zelter) sehr bestimmt: „sie mögen treiben, was sie wollen, sie werden uns nicht nehmen, was wir einmal erworben haben; der Mensch geht nicht wieder zurück, und ein rechter Katholik will eigentlich nichts anders als ein Protestant". Mit herzlichem Lachen erzählte er darauf, daß der Prinz Anton von Sachsen jedem Reitknecht, der katholisch werde, jährlich noch über das Gewöhnliche ein Paar wildlederne Hosen schenke; das habe schon manchen verführt, dem seine Kameraden vorgestellt hätten: "was willst Du Dich um die Hosen bringen, werd katholisch, so kriegst Du sie auch!" Von der altdeutschen Literatur fing Goethe ausführlich zu reden an und die Art zu billigen, wie Grimm's sie betrieben. Ihren Prosaübersetzungen zollte er wieder seinen Beifall: sie wären mehr nach seinem Sinne, als Wilhelm vielleicht glaube. Er setzte seine Ansichten darüber des näheren auseinander und fügte, ähnlich wie später zum Divan, hinzu: es gebe auf dem Gebiete der Uebersetzungen so verschiedene Parteien, die alle ihr Publicum hätten, daß man in jeder ohne Gefahr arbeiten könne. In den Prosaübersetzungen komme das rein Menschliche ohne weitere Anmaßung am besten zu seinem Rechte. Beim Abschied drückte er Wilhelm noch den Wunsch aus, seine und Jacob's Bücher, an denen er immer Antheil genommen hätte, vollständig zu besitzen. Für den Nachmittag trug er in sein Tagebuch ein: "Biblioth. Grimm, mit Nachricht von Arnims".

Goethe's deutsche Gesinnung enthüllte sich hier in ihrer ganzen Reinheit und Stärke, ungestört von anmaßlicher Zudringlichkeit, wie er sich deren gar oft erwehren mußte. Was Goethe zutraulich gegen Wilhelm und seinen Bruder machte, war ihr "akatholischer" Betrieb der älteren deutschen Literatur. Dieser für den großen Zusammenhang der Dinge bestehende Einklang der Ansichten rief natürlich auch im einzelnen Falle übereinstimmende Beurtheilung hervor. Punct für Punct war Grimm in der Lage, Goethe's Aeußerungen beizupflichten. Wie sein Bruder, hatte er immer die Empfindung gehabt, daß sich durch Adam Müller's Schriften eine gewisse Lüge verbreite, indem er einen richtigen Punct ausfinde, von diesem aus aber das Ganze überdecke, so daß der Grundton und das einfach Wahre verschwinde. Die Brüder Schlegel mochte Wilhelm noch weniger als Jacob, der die anregende Kraft ihres Wirkens anzuerkennen eher bereit war. Religiöse Unduldsamkeit aber fand in Grimm's Herzen keine Stätte. „Das was alle Christen vereinigt, worin sie glückselig neben einander vereinigt wandeln, was sie in diesem Sinn thun und vollbringen" — das war Wilhelm das Rechte; und Jacob bekannte einmal: „Die Proselytenmacherei ist mir bis in den Tod verhaßt, sie ist der ärgste Diebstahl, den einer am andern verüben kann".

Die Brüder Grimm mußten Goethe's Verhalten gegen sie wie eine Kräftigung ihrer Position betrachten. Diese Auffassung herrschte auch in ihrem Freundeskreise vor. Und doch wäre es ein Fehler gewesen, wenn sie mehr von ihm erwartet hätten, als er gewähren konnte. An ein fachmännisches Eingehen Goethe's auf die Grimm'schen Bücher war nicht zu denken. Als Wilhelm darauf die erbetenen Werke übersandte, kam es also für ihn darauf an, in dem Begleitbriefe einzelne Gesichtspuncte abzustecken, die einen leicht und schnell orientierenden Ausblick auf das Ganze möglich machten:

Cassel am 1ten August 1816.

Als ich vor kurzem die Ehre hatte, Ew. Excellenz meine Aufwartung zu machen, gaben wohlwollende Aeußerungen mir die Erlaubniß, Ihnen das Wenige, was mein Bruder und ich bisher für die altdeutsche Literatur gearbeitet, zuzusenden; wovon ich hier Gebrauch mache. Daß diese Arbeiten äußerlich Raum genug einnehmen, sehen wir in diesem Falle eher für einen günstigen und bescheidenen Umstand an, denn es versteht sich dabei von selbst, daß das Einzelne nur dann, wenn es in den Kreis bestimmter Betrachtung fällt, sich Ihrer Berücksichtigung und näheren Theilnahme wird erfreuen dürfen.

Die frühste der gegenwärtigen Schriften ist das Hildebrandslied[1]; da unsere Bibliothek diese schätzbare Handschrift besitzt, so glaubten wir uns schon schuldig, den Gewinn, der aus der eigenen Betrachtung derselben sich ergibt, mitzutheilen, wenn uns auch nicht die Arbeiten an der Edda schon dazu geführt hätten. Es bleibt als das älteste deutsche Gedicht und bei der Aechtheit, die glücklicherweise keinem Zweifel unterliegt, immer sehr merkwürdig und gewährt, wenn auch nur einen doch einen hellen Blick in die Bildung damaliger Zeit, welcher das Großartige, das den eddischen Gesängen eigen ist,

---

[1] Die beiden ältesten deutschen Gedichte aus dem achten Jahrhundert: Das Lied von Hildebrand und Hadubrand und das Weißenbrunner Gebet zum erstenmal in ihrem Metrum dargestellt und herausgegeben durch die Brüder Grimm. Cassel bei Thurneissen, 1812.

auch natürlich gewesen zu seyn scheint. Wäre ein ähnliches Werk, auch nur von geringem Umfang aus jener Zeit übrig geblieben, es würde mehr Aufklärung nach allen Seiten daraus hervorgehen als durch die mühsamsten Arbeiten eines ganzen Menschenlebens.

In den Haus=Märchen[1] haben wir versucht, die noch jetzt dieser Art gangbaren Ueberlieferungen zu sammeln. Sie bezeichnen einmal ohne fremden Zusatz die eigenthümliche poetische Ansicht und Gesinnung des Volks, da nur ein gefühltes Bedürfniß jedesmal zu ihrer Dichtung antrieb, sodann aber auch den Zusammenhang mit dem früheren, aus welchem deutlich wird, wie eine Zeit der andern die Hand gereicht, und manches reine und tüchtige, wie ein von einem guten Geist bei der Geburt gegebenes Geschenk, immer weiter überliefert und dem begabten Geschlecht erhalten worden. Wir haben sie aus beiden Gründen so rein als möglich aufgefaßt und nichts aus eignen Mitteln hinzugefügt, was sie abgerundet oder auch nur ausgeschmückt hätte; obgleich es unser Wunsch und Bestreben war, das Buch zugleich als ein an sich poetisches erfreulich und eindringlich zu erhalten. Ich lege nur den zweiten Band bei und werde von dem ersten, deßen Exemplare vergriffen sind, die neue ohnehin viel verbeßerte Auflage nachsenden. Doch finden sich gerade in diesem Theile die merk=

---

[1] Kinder= und Hausmärchen. Gesammelt durch die Brüder Grimm. Berlin in der Realschulbuchhandlung. (Erster Band) 1812. Zweiter Band 1815.

würdigen mit der alten einheimischen Heldensage zusammenhangenden Märchen, in welchen sich sogar noch das Nordische, nämlich die Sage von der im Verborgnen lebenden königlichen Aslauga (Nr. 8.), auch unter uns erhalten hat. Den Anmerkungen, welche zumeist jenen Zusammenhang mit dem früheren andeuten, ist in dieser Gestalt vielleicht etwas zu viel Schärfe in dem Ausdruck der Behauptungen nachzusehen, allein bei ihrer nothwendigen Kürze war dies kaum zu vermeiden und eine nähere Darlegung der Ansicht, worauf sie sich stützen, wird vieles in den Zusammenhang und dadurch in sein rechtes gemäßigtes Licht stellen.

Eine verwandte Sammlung enthalten die deutschen Sagen[1], wovon eben dieser erste Band erschienen ist. Da hier selbst die Anmerkungen mußten zurückgehalten werden, so haben sie wohl mehr das Ansehen eines blosen Unterhaltungsbuches, indeßen deutet die Vorrede wenigstens an, daß wir noch einen höhern Werth hinein legen; denn wir hoffen, sobald die Sammlung beendigt ist, in einer besondern Schlußschrift zeigen zu können, an wie viele Puncte z. B. der dunkeln Zeit der Geschichte, der Sprache, die der sorgsamsten Betrachtung werth sind, diese Sagen ohne Zwang sich anknüpfen laßen. Hier haben sich noch Ueberreste der alten germanischen Mythologie erhalten, wie z. B. die Frau Holla nichts

---

[1] Deutsche Sagen. Herausgegeben von den Brüdern Grimm. Berlin, in der Nicolaischen Buchhandlung. (Erster Theil) 1816. Zweiter Theil 1818.

anders als eine wahre Natur Göttin, eine freundliche und furchtbare; eine große Mutter vom Berge ist. Auch die Sage von den Siebenschläfern findet sich als eine eigenthümlich deutsche in mancherlei Richtungen z. B. Nr. 29. 7. 21. 23. Uns ist diese Sammlung eine angelegentliche Sache, zwar versteht sich von selbst, daß wie durch ein Wörterbuch eine Sprache nicht kann dargestellt und eingefaßt werden, so auch die deutsche Volksdichtung nicht damit kann vollständig begriffen werden, aber recht verstanden und benutzt muß ein solcher Ueberblick aller Puncte, wo sie sich geäußert, sey es nun in einer reichen oder armen und kleinen Blüthe, das lebendigste Mittel zur Einsicht in ihr Wesen seyn.

Bei der Edda[1] kam es uns darauf an sowohl die wißenschaftlichen Foderungen nach unsern Kräften zu befriedigen, als auch die ausgezeichnete und gewaltige Poesie darin so nah als möglich zu rücken. Wären diese Lieder blos mythologischen Inhalts, wie die längst in Dänemark herausgegebenen, so könnte die hier zugefügte Prosa=Uebersetzung entbehrt werden, aber hier schien sie uns das natürlichste und darum beste Mittel zum Verständniß. Die Vorrede kann erst mit der zweiten Abtheilung dieses Bandes ausgegeben werden, indeß haben wir das nothwendigste daraus zur Bekanntmachung den Göttinger Anz. (1815. Nr. 110.)

---

[1] Lieder der alten Edda. Aus der Handschrift herausgegeben und erklärt durch die Brüder Grimm. Erster Band. Berlin, im Verlage der Realschulbuchhandlung. 1815. (Der zweite und dritte Theil sind nicht erschienen.)

mitgetheilt. Uns Deutschen gehören diese eddischen Lieder in so vielen Beziehungen an, daß sie kaum etwas ausländisches heißen können. Merkwürdig bleibt wiederum ihre geistige Verwandschaft mit dem Oßian, ob sie gleich mehr Leib und sinnliche Gegenwart haben.

Die Herausgabe des armen Heinrichs[1] ist zwar zunächst durch die Zeit veranlaßt worden, indeß haben wir auch hier ein ursprünglich einheimisches, in einer gewißen Vollendung erzähltes Gedicht ausgesucht. Die voranstehende Uebersetzung sollte es gleichfalls allgemein zugänglich machen: wir haben darin keine alte, unverständliche Sprache gelten laßen, aber auch nicht die Vortheile aufgeben wollen, die aus der Kenntniß derselben entspringt. Ob es uns gelungen und das Ganze ohne Anstoß mit Wohlgefallen zu lesen ist, können wir selbst nicht beurtheilen; völlig mißlungen und ganz unerträglich scheint uns die Art, in welcher Zeune das Nibelungenlied in Prosa aufgelöst oder eigentlich zerhackt hat. Bei dem Text haben wir den Versuch einer eigenthümlich critischen Bearbeitung gemacht, die Ausführlichkeit der erklärenden Noten muß der Umstand rechtfertigen, daß eine Grammatik der alten Sprache, ein einigermaßen vollständiges Wörterbuch noch gar nicht vorhanden ist. Die zugefügten Abhandlungen werden sich auch einmal runder ausarbeiten laßen, doch

---

[1] Der arme Heinrich von Hartmann von der Aue. Aus der Straßburgischen und Vatikanischen Handschrift herausgegeben und erklärt durch die Brüder Grimm. Berlin, 1815. In der Realschulbuchhandlung.

hoffen wir, manches merkwürdige darin zusammengestellt zu haben.

In den altdeutschen Wäldern[1] haben wir einzelne Vorarbeiten und aus unserer Quellensammlung kleinere Stücke, so manichfach als möglich, mitgetheilt. Wir haben diese Zeitschrift streng für Leute vom Handwerk bestimmt und suchen in diesem Umstand, den man getadelt, eher ein Lob, da es Unterhaltungsschriften, in welchen das ernsthaftere gewöhnlich verloren geht, genug gibt. Nachsicht gegen alles zu streng und einseitig gehaltene hatten wir uns gleich in der Vorrede aus natürlichen Gründen erbeten. Merkwürdig ist der Zusammenhang eines altdeutschen hier aus der Handschrift zuerst abgedruckten Gedichts mit einem neugriechischen Volkslied (B. I. 35. ff. u. B. II. 181. ff.) Im zweiten Bande ist ein altdeutsches mystisches Gedicht abgedruckt, woraus sich eins und das andere zur Erklärung der altd. Gemählde ergeben könnte, z. B. über die schwarze Mutter Gottes. S. 206. Der dritte Band ist in diesem Augenblick noch nicht vollendet.

Die altdeutsche Literatur und was damit zusammenhängt, kann sich noch nicht rühmen, daß sie in irgend einer Richtung vollständig zu überschauen sey, bis jetzt sind nur größere oder kleinere Bruchstücke daraus be-

---

[1] Altdeutsche Wälder herausgegeben durch die Brüder Grimm. Erster Band Cassel, bei Thurneissen, 1818. Zweiter Band Frankfurt, bei Bernhard Körner 1815. Dritter Band Frankfurt, bei Bernhard Körner 1816.

kannt geworden. Dies zieht ihr natürlich, wo nicht Abneigung doch eine gewiße Gleichgültigkeit derjenigen zu, welche sie nicht gerade als Handwerk treiben, wenigstens denken sie, eine größere Theilnahme für die Zeit zu sparen, wo der Gewinn für die Bildung im Ganzen sich erst leicht und sicher ergeben würde und wo man ohne Gefahr zu viel oder zu wenig zu thun, ihr den gebührenden Platz in dem Kreise anweisen kann. Bis jetzt ist es unter den Gelehrten erlaubt, gar wohl schicklich, sie ganz zu übersehen und fürs erste gar nichts davon wißen zu wollen, so daß schon eine besondere Lebendigkeit und Freiheit des Geistes dazu gehört, um zu fühlen, daß sie beachtet zu werden verdiene. Die alte Literatur[1] hatte bei ihrem Wiedererwachen den großen Vortheil von Fürsten, welche die Gelehrsamkeit mit andern Augen betrachteten, als es in der Gegenwart bei den meisten der Fall ist, begünstiget zu werden; dann aber auch den nicht geringern, daß die Ausbildung derselben mit der Ausbildung überhaupt fortschritt, sie also gewiße natürliche Stufen erlebte und stets im Zusammenhang und als ein Ganzes weiter rückte. Es erscheint als ein großer Gewinn und es ist auch einer, daß diese neue Literatur sich gleich an den Mustern, die dort vorhanden, aufbauen kann, allein es liegt auch darin ein nicht zu leugnender Nachtheil, daß sie zu schnell zum Mannesalter springt und jenes umfaßende und wärmende Gefühl der Jugend oder gar wohl der

---

[1] Gemeint ist die „altclassische" Literatur.

Kinderzeit verliert über einzelne an sich treffliche und geistreiche Arbeiten. Alles was dauern und halten soll, muß wie edle Pflanzen langsam wachsen. Welch ein Unterschied ist nicht zwischen der Herausgabe eines Gedichts in Müllers oder auch von der Hagens und Büschings Sammlung und der neusten critischen Bearbeitung des Bonerius von Benecke und doch liegen zwischen den letztern Arbeiten nur acht Jahre.[1] Kommt nicht anderweitige Hilfe, so wird es noch lange dauern bis nur eine Seite, um das Hauptsächlichste zu nennen, die deutsche Heldensage, als ein Ganzes wird überschaut werden können. Diesem Mangel scheint nur ein geselliges Arbeiten und Unterstützung von oben her abzuhelfen. Wird einmal durch den Abdruck der Quellen erst eine Uebersicht möglich, dann kann auch die Theilnahme daran und ein lebendiges Publikum kaum ausbleiben.

Darf ich von uns selbst etwas bemerken, so weiß ich nicht, inwiefern sich der Zusammenhang, in dem wir diese Literatur betrachten, auch in dem, was wir haben drucken laßen, zeigt. Uns reizt weniger, was schon damals aus der Fremde eingeführt wurde, so ausgezeichnet und schön manches darunter ist, als was unmittelbar aus deutschem Geist hervorgegangen war, denn es findet auch iezt, weil es nie ganz versiegen konnte, noch seine Berührungspuncte, welche die Hoff-

---

[1] DER EDEL STEIN getichtet von Bonerius erschien in Benecke's Ausgabe Berlin 1816. Ueber Müller, Hagen und Büsching s. oben S. 43. 46.

nung an eine fruchtbare Wiederbelebung gar wohl ge=
statten. Indeßen, bei dem bisherigen zerstückten Wesen,
dürfen wir zufrieden seyn, wenn man wenigstens bemerkt,
daß es nicht planlos herausgerißene Einzelheiten sind.

Schenken Ew. Excellenz diesen Bemerkungen, die
ich nicht über die erlaubten Gränzen eines Briefs aus=
zudehnen mir erlaube, Nachsicht und uns beiden die
Fortdauer Ihres Wohlwollens; wir bitten darum, weil
wir uns eines guten Willens bewußt sind und uns
nichts schätzbarer seyn könnte, als wenn in diesem
Bestreben etwas wäre, das Sie Ihrer Berücksichtigung
nicht unwerth hielten. Auch meinen jüngern Bruder
Ludwig bin ich so frei Ihrem geneigten Andenken zu
empfehlen, er ist eben mit Herrn George Brentano aus
Frankfurt auf einer Reise nach Italien und hat von
Rom aus uns seine Freude über die alten und wieder
erworbenen Kunstwerke geschrieben.

Mit der Versicherung der vollkommensten Verehrung
 Ew. Excellenz
   gehorsamer Diener
   Wilhelm C. Grimm.

Mit dem 1812 veröffentlichten Hildebrandslied als
„der frühesten der gegenwärtigen Schriften" knüpfte
Wilhelm Grimm an jene älteren Beziehungen wieder
an, die mit den altdänischen Heldenliedern (1811) ihre
vorläufige Endschaft gefunden hatten. Wie Goethe sich
zu ihren Märchen stellen würde, war die große Frage.
Der Märchenspuren gab's genug in seinen Schriften,

aus allen Zeiten seines Lebens. Wendungen bei ihm wie „es war einmal ein Kind" und viele andre gehörten dem ungeschmückten, einfachen Märchenstile an. Das Märchen von den Machandelboom, das literarisch zuerst in Trösteinsamkeit erschien, kannte Goethe bereits in seiner Jugend. Er entnahm daraus in einem Briefe an Sophie von Laroche (1774) zur Bezeichnung des Unerwarteten die Worte: „wie jener Mühlstein, der vom Himmel fiel". Für den Faust 1808 (ja schon für den „Urfaust") entlieh er demselben Märchen die Motive zu Gretchens Liede im Kerker

> Meine Mutter, die Hur,
> Die mich umgebracht hat! 2c.

Diesen Zusammenhang, auf welchen Arnim zuerst in einer Note seiner Zeitung hindeutete, beleuchteten die Brüder auch in ihren Märchen (1, 203. XXIX). Anderes dagegen, wie die im armen Heinrich (S. 192) mit Beziehung auf Goethe und das Märchen vom „Ferenand getrü" gemachte Bemerkung, daß wieder zum Leben erweckte Kinder da, wo der Schnitt in den Hals gethan war, Ringe wie rothe Fäden tragen, wurde in ihrer Sammlung nicht wiederholt. Die Brüder wollten — und das war Jacob's Einfluß — mit ihren Märchen und Sagen vorzüglich der Geschichte der Poesie einen Dienst erweisen, und deshalb Wilhelm's Hinweis auf die kluge Bauerntochter (2, 8), die gleich der nordischen Aslaug, Sigurd's Tochter mit Brynhild, königlich geboren in niedriger Verborgenheit lebt, durch edle Klugheit sich auszeichnet, und das vorgelegte Räthsel lösend sich einen König zum Gemahl erwirbt. Goethe jedoch neigte der von Wilhelm allmählich gegen Jacob zu alleiniger Geltung gebrachten Grundanschauung zu, daß die Märchen ein Lese= und Erbauungsbuch des deutschen Volkes sein sollten. In diesem Sinne empfahl auch Goethe Grimm's Märchen, nachdem er sie gelesen hatte, der Frau von Stein:

„Man kommt, verehrte Freundin, für lauter gutem Willen oft nicht zur That, so ist mir's diesmal auch mit dem versprochenen Mährchen gegangen, das ich gegenwärtig um so mehr zu schicken versäumt habe als die Dämonen mir allerlei leidige Hausmährchen erzählten. Und so schick ich denn zur Sühne hier einen ganzen Band, den ich mir gelegentlich zurück erbitte. Der erste Band hat sich vergriffen, wird aber bald wieder im Buchhandel erscheinen. Wenn Sie Ihrer Mecklenburg. Freundin den Titel dieser Sammlung überschrieben, so würde sie dadurch in den Stand gesetzt auf viele Jahre die kleine Nachkommenschaft glücklich zu machen".

Welche erhebende Freude wäre es für die Brüder Grimm gewesen, wenn Goethe's Mund auch ihnen damals verbürgt hätte, daß ihren Märchen die Kraft beiwohne, Kinder glücklich zu machen. Die Märchenpoesie wirkt durch das unschuldig=Absichtslose ihrer Gebilde, denen jene „wahre Darstellung" eigen ist, die nach Goethe's Worten keinen bidactischen Zweck hat, die nicht billigt, nicht tadelt, sondern die Gesinnungen und Handlungen in ihrer Folge entwickelt und dadurch erleuchtet und belehrt. Diese Stelle aus Wahrheit und Dichtung verwerthete Wilhelm Grimm für die Einleitung „über das Wesen der Märchen" in der zweiten Auflage (1819) und schilderte unter „Kinderwesen und Kindersitten" ohne die sonst übliche Quellangabe die aus Goethe's Leben allgemein bekannt gewordenen Spiele „Blinde Kuh" und „Stirbt der Fuchs, so gilt der Balg". Grimm's Sammlung wiederum dürfte beigetragen haben zu der Divan=Stelle, wo Goethe Mahomet's Abneigung gegen die Poesie der Märchen so wunderfein begründet: „Diese Spiele einer leichtfertigen Einbildungskraft, die vom Wirklichen bis zum Unmöglichen hin= und wieder= schwebt, und das Unwahrscheinliche als ein Wahrhaftes und Zweifelloses vorträgt, waren der orientalischen Sinnlichkeit, einer weichen Ruhe und bequemem Müßig= gang höchst angemessen. — — Ihr eigentlicher Charakter ist, daß sie keinen sittlichen Zweck haben und daher den Menschen nicht auf sich selbst zurück, sondern außer sich hinaus in's unbedingte Freie führen und tragen. Gerade das Entgegengesetzte wollte Mahomet bewirken". Daß Goethe von den Brüdern die zweite Auflage erhalten und wirklich gelesen hat, ergiebt sich daraus, daß er sich später einmal (1827) auf das erst hier hinzugekommene „Märchen von einem, der auszog das Fürchten zu lernen" ausführlich berief. Er wollte bei Besprechung einer englischen Zeitschrift klar machen, wie eine gewisse humoristische Anmuth aus der Verbindung des Unmög= lichen mit dem Gemeinen, des Unerhörten mit dem Gewöhnlichen entspringen könne: „In diesem Bezug, obgleich etwas ferner liegend, finden wir eins der

Grimmischen Kindermärchen zu empfehlen, wo der natur=
feste Bauerjunge, der immer von Schaudern (Grieseln)
hört und, höchst neugierig, was denn das eigentlich für
eine Empfindung sei, die gespensterhaftesten Abenteuer
mit realistischer Gemüthsruhe besteht und durch eine
Reihe der fürchterlichsten Zustände hindurch, bei welchem
dem Leser wirklich schaudert, seinen reinen Prosaismus
bewährt, einen Tod= und Teufelsspuk als ganz etwas
Gemeines behandelt und im höchsten Glück sich nicht
beruhigen kann, daß ihm eine solche Erfahrung nicht
hat werden wollen, bis er endlich durch einen absurden
Weiberspaß belehrt wird, was denn eigentlich Schaudern
sei. Der Gegensatz von Aeußerem und Innerem, von
Einbildungskraft und Derbheit, von unverwüstlichem
gesundem Sinn und gespenstigem Trug kann nicht besser
dargestellt werden. Ja, daß er zuletzt nur auf eine ganz
reale Weise zu beruhigen ist, finden wir meisterhaft er=
funden, und so platt die Auflösung scheinen mag, getrauen
wir uns doch, sie als höchst geistreich anzurühmen".
Auf den Abschluß der zweiten Märchenausgabe folgte
1826 noch Grimm's liebliche Uebersetzung der Irischen
Elfenmärchen. Ob diese irgendwie Goethe's Beachtung
gewonnen haben, stehe dahin. In der reichen Einleitung
über das Wesen der Elfen zeigte Jacob auch, wie aus
dem dänischen ellekonge, statt elvekonge, durch ein Miß=
verständniß die unrichtige deutsche Uebersetzung Erlkönig
entsprungen ist, da der Name des Geistes mit dem des
Baumes Erle, dänisch elle, nichts zu schaffen hat: wobei
ihm natürlich Goethe's Ballade vorschwebte. In dem

Buchbestande des Goethehauses sind Grimm's Märchen nicht mehr vorhanden, und dies Fehlen darf als der schönste Beweis dafür gelten, daß Goethe sie liebte und werth hielt. Auch er wird damit seine kleine Nachkommenschaft glücklich gemacht haben; was aber Kinderaugen lesen, wissen Kinderhändchen zu zerstören.

Märchen und Sagen schied der Sprachgebrauch Herder's und Goethe's kaum von einander. Die Grenzen rücken sich wohl zuweilen nahe, doch im allgemeinen sind jene poetischer, diese historischer. Jene leben mehr im Munde des Volkes, diese fließen zumeist aus gedruckten Quellen zu. Grimm's Sagen waren gewissermaßen Begleitergebnisse ihres Studienganges durch die deutsche Literatur; schöne, reife Früchte, die ihnen beim Pflücken des Baumes von selbst in den Korb fielen. Auch Goethe's Schriften boten ihnen Ertrag. Denn die Sage vom ertrunkenen Kinde (Nr. 62), dessen Knöchelchen vom Sturme ans Ufer geworfen werden, und das in die Kirche getragen wieder zum Leben erwacht, ist aus Wilhelm Meister (8, 9) genommen, wo beim Wassertode von Speratens Kinde „alle Märchen" zur Sprache kommen, die man von unsern Wassern zu erzählen pflegt. Goethe traf hier den eigenthümlichen Sagenstil so sicher, daß Grimm's bei ihrer Herübernahme nur ganz weniges zu ändern brauchten. Eine andre Sage vom Streichmaß, Ring und Becher, welch kostbares Geräthe eine wunderschöne Frau dem letzten Grafen von Orgewiler verehrt hatte, findet sich gleichmäßig bei Grimm's (Nr. 71) und bei Goethe, der dies aus Bassompierre's Memoiren ent=

lehnte „Märchen" in die Unterhaltungen deutscher Aus=
gewanderten eingelegt hat, was Grimm's erst später be=
merkten und in ihrem Handexemplar notierten. Die
auffällige Gleichheit einzelner Wörter erklärt sich daraus,
daß deutsche Ausdrücke schon dem französischen Original=
texte eingestreut sind. Sonst aber ergaben sich sachlich
für Wilhelm noch manche Anknüpfungspuncte. Er hob in
dem Briefe die Frau Holla hervor, weil Goethe in seiner
1813 gedichteten Ballade vom getreuen Eckart diesen
Stoff behandelt hatte. Von den Siebenschläfern sang
schon Thomas in Jery und Bätely

> Es war ein fauler Schäfer,
> Ein rechter Siebenschläfer,
> Ihn kümmerte kein Schlaf 2c.

und bereits im September 1815 las Goethe sein Divans=
gedicht „Siebenschläfer" im Willemer'schen Kreise vor,
was Wilhelm recht gut von Brentano's erfahren haben
konnte. Allerdings die zur Stütze angeführten Nummern
„29. 7. 21. 23." sind nicht ganz in Ordnung. Nr. 21
„Geroldseck" stimmt: denn da nach dieser aus Philander
von Sittewald's Gesichten geschöpften Erzählung, wenn
die Deutschen in den höchsten Nöthen wären, die uralten
Helden in dem Schlosse Geroldseck wieder aufstehen
und zu Hilfe erscheinen würden, so liegt wirklich eine
den Siebenschläfern verwandte Sage von der Unsterb=
lichkeit der an verborgenem Orte schlafenden Helden vor.
Die gleiche Deutung gestattet Nr. 23 „Friedrich Roth=
bart auf dem Kyffhäuser", der verhohlen in dem Berge
sitzt und darin lebt bis auf den jüngsten Tag. Dagegen

sollte wohl Nr. 7 „Frau Holla und der treue Eckart" als Beleg für Grimm's mythologische Auffassung der Frau Holla dienen, während Nr. 29, die Sage vom Scherfenberger und dem Zwerg, überhaupt nicht in den Zusammenhang paßt; hier muß bei der Reinschrift etwas versehen sein. Die allgemeinen Andeutungen über das Fortleben der Märchen und Sagen, wie eine Zeit der andern die Hand gereicht, lehnen sich offenbar gleichfalls an Goethe, und zwar an die Heidelberger Unterhaltung mit ihm an. Goethe hatte seine Ansicht von der Tradition der Volkspoesie wunderbar bestätigt gefunden, als ihm 1814 am Rheine Kinder und Eltern, sich einander einhelfend, die anmuthige Legende vom heiligen Rochus erzählten: „Hier lernte man (schrieb Goethe 1817 in Kunst und Alterthum) das eigentliche Wesen der Sage kennen wenn sie von Mund zu Mund, von Ohr zu Ohr wandelt. Widersprüche kamen nicht vor, aber unendliche Unterschiede, welche daher entspringen mochten daß jedes Gemüth einen andern Antheil an der Begebenheit und den einzelnen Vorfällen genommen, wodurch denn ein Umstand bald zurückgesetzt, bald hervorgehoben, nicht weniger die verschiedenen Wanderungen, so wie der Aufenthalt des Heiligen an verschiedenen Orten, verwechselt wurde". Wilhelm legte diese Stelle, zu der er sozusagen ein persönliches Verhältniß hatte, in sein Handexemplar ein, und wenn er selbst dazu gekommen wäre, das Buch von neuem herauszugeben, so würde er ihr in den einleitenden Worten einen hervorragenden Platz zugewiesen haben. Jetzt aber schmückt sie Herman

Grimm's dritte Auflage der deutschen Sagen seines Vaters und Onkels.

Die Prosaübersetzungen der Edda wie des armen Heinrich, beide allem Anschein nach aus Wilhelm's Feder stammend, dürfen heute noch als mustergültig und in ihrer Art unübertrefflich angesprochen werden. Wie Volksbücher lesen sich diese einfachen Darstellungen in ihrer kräftigen, doch nirgends alterthümelnden Sprache. Zeune's auch von Jacob öffentlich verworfene Prosa= auflösung der Nibelungen (1814) ist demgegenüber ein unbedeutendes Machwerk. Sich sklavisch an Stil und Reim anlehnend, hatte er sich nur da mit halbprosaischer Uebertragung hervorgewagt, wo es keine Möglichkeit mehr gab, dem Original auf Schritt und Tritt zu folgen. Auf dieselbe „geistloseste und ungewaschenste Weise" hielt er auch seine öffentlichen Vorträge über die Nibelungen. Der= gleichen konnte Goethe natürlich keine Achtung abgewinnen. Andrerseits brachte Grimm's Ausgabe des armen Hein= rich nicht zu Wege, daß er sein Mißbehagen an diesem Stoffe verlor. Noch späterhin, als er für die Annalen die Ereignisse des Jahres 1811 zusammenfaßte, ver= gegenwärtigte er sich den physisch=ästhetischen Schmerz, den er damals bei der Lectüre des 1810 von Büsching herausgegebenen Gedichtes empfunden hatte: er konnte den Ekel gegen einen aussätzigen Herrn, für den sich das wackerste Mädchen aufopfert, niemals verwinden.

Am schwersten hielt es, den altdeutschen Wäldern ein Wort der Empfehlung mitzugeben. Die Brüder waren sich bewußt, daß Absicht und Leistung ihrer Zeit=

schrift sich Goethe's allgemein menschlicher Art, die
Dinge zu nehmen, nicht anbequemen konnte und durfte.
Die Lage der altdeutschen Studien schien ihnen zu fordern,
daß zur Bekämpfung gewisser unklarer Richtungen ein
critisch gesichtetes Quellmaterial geliefert würde, vielseitig
und anregend, selbst auf die Gefahr hin, daß die etwas
bunten und grellen Zusammenstellungen den Blick des
Lesers allzu fest auf das Einzelne heften konnten. Die
Brüder selbst versenkten sich in das Einzelne doch immer
nur zu dem Zwecke, um sich darüber hinaus zum Großen,
Allgemeinen zu erheben. Denn eigentlich war ihnen,
wie Jacob es in der Vorrede 1812 aussprach, doch
„nur das, was wir mit gewissen kühlenden Worten,
mit der Ruhe, die uns die Abendröthe auf einen heißen
Tag giebt (worin Göthe so groß ist) nennen können, flecken=
und tadellos und unangreiflich". Wo Jacob in den Wäl=
dern, von Wolfram's Parcival ausgehend, die Bedeutung
der Farben weiß, roth und schwarz durch die Literatur ver=
folgt, bezieht er sich mehrfach auf „Göthe's neuste Ent=
deckungen", so daß Wilhelm diese Abhandlung in einem
Brief an Arnim geradezu als einen Beitrag zu Goethe's
Farbenlehre bezeichnete. Zu einem Verse aus des
Striker's Fabelbuch, beginnend „du müdinc tor", wird
„müdinc" als armselig erklärt und hinzugefügt: „daher
wohl der Name Mieding". Wilhelm griff für seinen
Brief zwei andre, Goethe's damaliges Interessengebiet
streifende Dinge heraus. Das altdeutsche Gedicht „von
zwein Kaufmann" (1,35) erwies sich als nahe verwandt
mit einem jüngst erst bekannt gewordenen neugriechischen

Volksliede, da in beiden das Motiv behandelt wird, wie ein treu und tugendsames Weib durch die Hingabe einer Magd vor Entehrung bewahrt bleibt. Ferner: unter den Gemälden Boisserée's befand sich eine braune oder schwarzbraune Mutter Gottes, für Goethe die tristeste aller Erscheinungen, die sich wahrscheinlich aus ägyptischen, äthiopischen, abyssinischen Anlässen in die christlich-byzantinische Kunst eingeschlichen hätte. Dem gegenüber machte Wilhelm im zweiten Bande der Wälder (S. 193) zu den Versen 1924. 1925 der goldenen Schmiede Conrad's von Würzburg

   du sprichest, frowe reine,
   daz du swarz und schöne sist

die Bemerkung, daß hier die Worte des hohen Liedes vorschwebten (1, 5): „ich bin schwarz aber gar lieblich, die Sonne hat mich verbrannt", welche Sonne eben Christus sei, und konnte noch hinzusetzen, daß schwarze Mutter Gottes Bilder sich auch in Neapel, Loretto, Würzburg und Einsiedeln vorfänden. Im allgemeinen aber war Goethe aus Wilhelm von Schlegel's scharfer, bisweilen selbst ins Unrecht fallender Recension, die 1815 die Heidelberger Jahrbücher brachten, über Grimm's altdeutsche Wälder orientiert. Er hütete sich jedoch, Sulpiz Boisserée's Irrthum mitzumachen, der sich und andern einzureden suchte, daß sein Freund Schlegel hier die Menschen gewissermaßen vorbereitet habe, nun das rechte über die altdeutsche Literatur und ihre Behandlung aus Goethe's Munde zu vernehmen, und der an Goethe schrieb: „Schlegel lobt an den Gebrüdern Grimm, was zu loben ist, aber das nichtige, kleinliche sinnbildeln und wortdeuteln, ihre ganze Andacht zum Unbedeutenden, verspottet er mit grimmigem Witze". Wär's nur mit Grimmischem Ernste geschehen, vielleicht hätte sich Goethe auch Schlegel als Herold gefallen lassen können. So aber beobachtete er gegen Sulpiz ein frostiges, beredtes Schweigen. Gegen jene Recension erfolgte, soweit Wilhelm's Arbeit zur deutschen Heldensage in Betracht kam, eine Antikritik Wilhelm's im dritten Bande, den er auch Goethe zusandte:

Ew. Excellenz

bin ich so frei nachträglich auch den dritten Band der Altdeutschen Wälder zu senden. Wir müssen damit schließen theils, weil die Zeitschrift zu wenig unterstützt wird, theils, weil wir die Correctur nicht mehr selbst besorgen können, was in diesem Fache unumgänglich nöthig ist.

Ich empfehle mich Ihrem ferneren Wohlwollen und bin mit der Versicherung der reinsten Verehrung

Ew. Excellenz

gehorsamster Dr.

Cassel 20ten Jan. 1817. W. C. Grimm.

Die Brüder Grimm hatten bei Goethe das Feld gegen die Schlegel'sche Richtung behauptet.

Die überreichten Bücher bekundeten ein tüchtiges Stück geleisteter Arbeit. Aber zu noch größeren Würfen fühlten sich die Brüder berufen und gerüstet. Freilich, die Verhältnisse lagen nicht günstig. Vielleicht ließ sich mit vereinten Kräften schneller das Ziel erreichen. Weit ausgreifende Pläne begannen damals gerade, festeren Umriß anzunehmen. Goethe sowohl wie die Brüder wußten darum, ohne daß es bis dahin zur offenen Aussprache zwischen ihnen gekommen wäre. Wenn er sich nur nicht ablehnend verhielt, war viel gewonnen. Daher wagte Wilhelm am Schlusse seines großen Briefes den Versuch, ihn für die leitende Idee der Pläne zu erwärmen. Die würdevolle Bescheidenheit dieser Ausführungen hat einen guten Eindruck bei Goethe zu hinterlassen nicht verfehlt.

Zehntes Capitel.

Des Freiherrn vom Stein Plan für deutsche Geschichte.

Das große Schreiben Wilhelm Grimm's gelangte, nach einer Notiz des Tagebuchs, am 14. August zu Tennstedt in Goethe's Hände. Er dachte die Dinge in Ruhe durch und erwog, was er für die Brüder thun könnte. Vielleicht empfahl sich ein anerkennendes Wort in Kunst und Alterthum. Da trat ein Umstand ein, der seiner anfänglichen Absicht eine veränderte Richtung gab.

Der frühere preußische Staatsminister, Freiherr vom Stein, war für den Plan gewonnen worden, eine zweckmäßige Sammlung der deutschen Quellenschriftsteller in die Wege zu leiten. Die treibenden Kräfte saßen in Berlin, unter ihnen Savigny, Grimm's unverbrüchlicher Freund. Von ihm erhielt Jacob schon 1814 nach Wien die ersten Mittheilungen. Er wäre für die Bildung einer „großen deutschen Gesellschaft für Erforschung deutscher Geschichte. Ihr Sitz wäre ganz Deutschland, überall müßten Mitglieder geworben werden, dann ließe sich u. a. an Hauptwerke, wie an einen deutschen Lelong, eine Ausgabe der Geschichtschreiber, der Urkunden p., denken. Fürsten müßten dann zutreten und die Kosten eines würdigen Drucks hergeben, nicht Buchhändler. Ein Einheitspunct oder auch mehrere müßten freylich seyn. Sie und Ihr Bruder wären treffliche Secretäre. Ich bitte Sie, bilden Sie sich die Sache einmal recht in Gedanken aus, und sehen Sie, ob Sie nicht dort den Gedanken in entzündbare Seelen werfen können". Die Bildung solcher literarischen Zweckgesellschaften lag damals gleichsam in der Luft. Im folgenden Jahre war Stein's Theilnahme an dem Berliner Plan entschieden, und er besprach sich darüber mit Goethe auf ihrer gemeinschaftlichen Fahrt den Rhein hinunter zu Görres, nicht lange bevor auch Savigny und Wilhelm Grimm in Coblenz eintrafen. Stein's Verhandlungen mit den Berliner Gelehrten spannen sich fort. Am 25. Mai 1816 meldete Savigny, der nicht wissen konnte, daß er Wilhelm so bald in Wiepersdorf wiedersehen würde, an Jacob aus Berlin:

„Es ist jetzt etwas im Werke und der Ausführung nahe, wozu ich in gar mancher Rücksicht auf Ihre Mitwirkung rechne, vielleicht habe ich Ihnen schon früher davon geschrieben oder dem Wilhelm gesprochen. Es sind dieses nämlich Landesgesellschaften für Deutsche Geschichte. In jedem Lande soll die Regierung eine solche stiften, wo es seyn kann, soll ein Prinz (z. B. hier der Kronprinz) an die Spitze treten, aber alle Gesellschaften sollen durch steten Verkehr und besonders durch die Gemeinschaftlichkeit des Ziels zu einem großen Ganzen verbunden seyn, indem alle große Werke, worauf gesammelt und hingearbeitet wird (z. B. Ed. der Scriptores, gedruckter und ungedruckter, ferner ein ungeheures Diplomaticum pp.) allgemein deutsche Werke, nicht besondere für die einzelnen Länder seyn sollen. Hier wird in wenigen Tagen von mehreren Geschichtsfreunden eine Petition darüber übergeben, und Stein, der sich außerordentlich dafür interessirt, wird bei den süddeutschen Höfen die Sache betreiben. Außer dem literarischen Erfolg, den ich hoffe, kann die Sache noch zwey herrliche Folgen haben: 1) Verbrüderung der Deutschen verschiedener Staaten, die dann an Einem und demselben großen Werke arbeiten 2) Wecken und Anregen manches guten Talents das sonst vielleicht ganz verborgen geblieben wäre, und zugleich Hinleiten so vieler Geschichts- und Sammlerliebhaberey, reicher Leute sowohl als ameisenartig fleißiger, auf Ein bestimmtes und großartiges Ziel, anstatt daß jene Liebhabereyen sich sonst immer ins unbestimmte zerstreuen und wie im Sande verlieren, ohne Nutzen, Freude und Ehre. Nöthig ist denn freylich zugleich ein Generalsecretariat, um den Verkehr der Landesgesellschaften zu erhalten. Soll ich Ihnen nun im Vertrauen meine geheimsten Gedanken mittheilen, so habe ich Sie und Wilhelm zu solchen Generalsecretären ausersehen als die tauglichsten Personen, die zu diesem Beruf in Europa, Asia, Afrika und Amerika zu finden sind, was sich mit einer Anstellung bey der Universität Cöln sehr gut vereinigen ließe.

Diesen meinen geheimsten Gedanken habe ich durch Eichhorn dem Hrn. v. Stein unter den Fuß geben lassen. Ich sage Ihnen das alles, damit Sie, wenn Sie damit einstimmen, Ihre Maasregeln darnach nehmen, auch selbst wo sich Gelegenheit findet dafür arbeiten oder arbeiten lassen können."

Savigny schrieb dies zu einer Zeit, wo der (wie Wilhelm Grimm bezeugt) aus dessen Feder stammende große Entwurf einer ersten Verfassung der neuen Gesellschaft bereits fertig lag. Denn schon am 1. Juni wurde er durch Eichhorn dem Freiherrn vom Stein behändigt. Von diesem gelangte er durch Vermittelung des Canzlers von Müller an Goethe, wie das Tagebuch ausweist, am 21. August 1816.

Der „Berliner Plan für Deutsche Geschichte, im Sommer 1816" ist abgedruckt im Leben Stein's von Pertz (VI 2, 101). Er geht von einer auf geistigem Gebiete vollzogenen Einigung Deutschlands aus, das Oestreich, die Schweiz, die Niederlande einbegreifend die politischen Grenzen unsres Vaterlandes überwächst: „besonders in unsern Tagen kann sich gewiß niemand über die Willkürlichkeit und Zufälligkeit der Gränzbestimmungen täuschen". Für die Erschließung der deutschen Geschichte war eine Organisation gedacht, wie sie im ganzen heute für das politische Leben unsres Volkes besteht. Man wollte in einzelnen Landesgesellschaften arbeiten, aber keine Sonderinteressen und Specialgeschichten fördern: das allen gemeinsame Ziel sollte die deutsche Geschichte sein. Als eine Art von Bundesrath sollte das General=

secretariat die Verbindung aller Landesgesellschaften untereinander erhalten und jährlich über den Fortgang des ganzen Unternehmens in einer Druckschrift berichten. Man wollte aber nicht blos handschriftliche und gedruckte Geschichtsquellen öffnen, sondern auch auf die Erforschung und Bewahrung nationaler Kunstwerke, Sitten und Gebräuche bedacht sein. Besonders war die altdeutsche Literatur betont. Der sie betreffende §. 14 lautet:

„Ihr ist die Sorge für die Bildung einer wirklich gelehrten Deutschen Philologie und deren Studium in den Lehranstalten aufgetragen. Sie hat zu diesem Zweck die Befugniß, vorläufig Abschriften von allen dahin gehörigen nur handschriftlich vorhandenen Werken, die älter als das XIV. Jahrhundert sind, nehmen zu lassen; namentlich von Angelsächsischen;

sie ist beauftragt, die Abfassung von Grammatiken und Wörterbüchern für

     das Isländische,
     Angelsächsische,
     Mösogothische,
     Niedersächsische,
     Fränkische,
     Schwäbische des M. A.

zu veranstalten und zu leiten; ferner die Verfassung von Schulgrammatiken und Handwörterbüchern dieser Dialecte, und wohlfeiler Ausgaben z. B. von den ältern Theilen der Heimskringle, von der Angelsächsischen Evangelienharmonie, von Reinicke de Vos, von Ottfried u. dergl. Denn wenn die Deutsche Philologie nicht recht gelehrt wird, so bleibt sie, was sie leider jetzt meistentheils ist, das Spiel von halb unterrichteten Leuten.

Sie wird endlich beauftragt für den wohlfeilen Abdruck besserer Recensionen von Volksbüchern zu sorgen, wozu mehrere von den Schriften der ältern Zeit gemacht werden können". — Als Grenze, über welche hinaus sich die Sammlungen nicht ausdehnen sollten, war die Zeit der Reformation bezeichnet, weil dann kein Gegensatz katholischer und protestantischer Ansichten die Einheit der Unternehmung stören würde.

Mit den Gedanken dieses Entwurfes beschäftigte sich Goethe während mehrerer Tage in ungewöhnlichem Maße, besonders aber reizte ihn die in das Land der älteren Literatur eröffnete Aussicht. Hier waren, um in der Sprache des Entwurfs zu reden, die Brüder Grimm solche „anerkannt tüchtigen" Männer, mit denen er sich, als der geistige Präsident aller, schleunigst in Verkehr zu setzen hatte. Zwei Tage nach Eingang des Planes, am 23. Juli, dictierte er seinem Secretär ein Schreiben an „Herrn Bibliothekar Grimm Cassel" in die Feder und fing an es zu mundieren. Doch brach er mitten in der Arbeit ab und verschob die Fertigstellung des Briefes auf eine bessere Stunde. Vielleicht stiegen neue Zweifel in ihm auf. Es sei wunderbar (äußerte er am 26. zu Voigt), wie der patriotische Enthusiasmus über Zweck und Mittel verblende. Wie solle so etwas gethan werden? und wenn es gethan sei, wem solle es frommen? Doch seien dergleichen Anstöße und Anlässe möglichst zu benutzen: „Ich will meine jungen deutsch=

gesinnten Freunde besonders über den § 14 befragen. Dieser scheint mir der schwächste, und man thut denn doch wohl, daß man über das was die Zeit fordert, nicht dunkel bleibt!" Noch deutlicher bekannte er am 28. August seinem Freunde Zelter, daß er für sich und sein poetisches Schaffen keinen eigentlichen Vortheil aus der Unternehmung erwarte. Sein größter Gewinn solle darin bestehen, etwelche Balladen zu erhaschen. Die Deutschen wüßten nicht immer deutlich, ob sie volle Waizengarben oder Strohbündel einfahren.

Den Brief an die Brüder Grimm hatte Goethe schon am 27. im Anschluß an das Concept vollendet,[1] indem er sich im allgemeinen noch vorsichter ausdrückte als das erste Mal. Erst am 29. August wurde das ganz eigenhändige Schreiben auf die Post gegeben:

Ew. Wohlgeboren

gehaltreiches Schreiben ward mir nach Tennstedt gesendet, einem Thüringischen Badeort, wo ich mich, nach aufgegebner Hoffnung einer weiteren Reise, seit vier Wochen aufhalte. Die Bücher sind in Weimar zurück=
geblieben.

Meine Absicht war: nach meiner Rückkehr die Wercke sogleich, durch Ihren Brief geleitet, näher zu betrachten, und mit Ihnen überein zu kommen was vielleicht zu Förderung Ihrer löblichen Zwecke auch von meiner Seite geschehen könnte.

---

[1]) Vgl. das Concept des Briefes unten im Anhang.

Nun aber findet sich eine Veranlassung früher zu schreiben und mich mit Ihnen, ohne Aufenthalt, in Bezug zu setzen. Beykommendes Heft giebt hierüber näheren Aufschluß. Soweit aussehend und beynahe unausführbar der Vorschlag auch scheinen möchte; so kann und darf er doch nicht ohne Wirkung bleiben.

Möchten Sie mir daher, über das Ganze sowohl, als besonders über den vierzehnten Punct Ihre Gedanken eröffnen. Dieser scheint mir weitere Ausdehnung und nähere Bestimmung zu fordern, welches Sie am besten übersehen und beurtheilen werden, da Sie hier ganz zu Hause sind.

Zugleich werden Sie gefällig überlegen unter welchen Hoffnungen und Aussichten Sie geneigt seyn könnten mit einzuwircken. Mir scheint es räthlich guten Willen zu zeigen: denn Ihre eigensten Absichten können durch eine solche Anregung nur gefördert werden. Mögen Sie mir einen mittheilbaren Aufsatz hierüber senden; so kann ich ihn alsbald an die Hauptbehörde bringen.

Das Mskt erbitte mir baldigst, unter meiner Adresse, nach Weimar zurück, da ich nur noch kurze Zeit hier bleibe. Leben Sie recht wohl und bleiben mit den Ihrigen meiner Theilnahme gewiß.

Tennstedt
b. 23. Aug.
1816.

Goethe

Noch füge hinzu daß Sie nach Belieben eine Abschrift nehmen könnten, nur bliebe sie vorerst in Ihrem engsten Kreise.

Auch würden Sie mich sehr verbinden wenn Sie mir diejenigen Männer nennten auf die man in dieser Angelegenheit am sichersten zählen dürfte.

Anderes fernerer Mittheilung vorbehaltend

G

Am 29. August schrieb Goethe auch an Sulpiz Boisseree. Nur nebenher erwähnte er des Berliner Planes und deutete seine Stellung dazu an: „Hören Sie von solchen Dingen, so lassen Sie mich Ihr eigenes und das allgemeine Urtheil wissen". Sulpiz' Antwort lautete dahin, daß sich für die altdeutsche Literatur ein einzelner geist= und kenntnißreicher Mann gehöre, der classische Sprachbildung besitze und mit dem neuern Zustand unserer Literatur und Sprache durchaus bekannt sei. A. W. Schlegel wäre ein solcher. An Aufmerksamkeit, Fleiß und Thätigkeit im Einzelnen mangele es keines= wegs; die Brüder Grimm zeichneten sich hierin bekannter= maßen vor allen aus. Aber woran es fehle, das sei Kritik, Uebersicht und Umsicht des Ganzen. Er sprach den bringenden Wunsch aus, daß einmal in Kunst und Alterthum gesagt werde, was der altdeutschen Literatur eigentlich noth thue. Goethe war aber nicht gewillt, auf Boisseree's Rathschläge einzugehen; er schwieg darauf. Sie kamen auch viel zu spät (am 7. November), um noch auf seine Entschließungen einzuwirken. Denn bereits am 6. September hatte er dem Freiherrn vom Stein für die Uebersendung des Planes seinen Dank gesagt und die Absicht kund gethan, Grimm's in Cassel zu gewinnen.

Wilhelm's gemeinsam mit Jacob festgestellte Antwort auf Goethe's Brief erfolgte unter dem 20. September:

Ew. Excellenz

sende ich den mir gütigst mitgetheilten Plan zu einer Gesellschaft für die deutsche Geschichte dankbar zurück und behalte nach Ihrer Erlaubniß davon eine Abschrift. Schon dieses Frühjahr war ich von dem Ganzen durch Herrn von Savigny mündlich unterrichtet und habe es jetzt genauer kennen gelernt. Es läßt sich diesem Plane nur gutes nachsagen und es ist darin ebenso das wichtige, dringliche und zeitgemäße als das Schwierige des Unternehmens gefühlt. Wäre er weniger aus allgemeinern Betrachtungen, sondern aus einem einzelnen bei einer schon wirklich vorgenommenen Arbeit lebhaft gefühlten Bedürfniß hervorgegangen, so würde er beschränkter, aber auch zur Ausführung faßlicher seyn, doch ist ja selbst darin ausgedrückt, daß an eine völlige Ausführung nicht zu denken sey und die abgesteckten Gränzen bezeichnen blos das Ideal. Mir scheint es vor allem nöthig, daß, wie es auch gesagt ist, ein Anfang gemacht werde und das Ganze irgendwo den Fuß aufsetze. Am tauglichsten ist dazu wohl die Sammlung von Urkunden, weil hierbei schon wirklich vorhandene Arbeiten entgegen kommen, denn ich zweifle nicht, daß noch mehrere, als ich kenne, daran gearbeitet und nur in der Ueberzeugung, daß die Herausgabe unmöglich sey, sie aufgegeben haben.

— Bestimmt ist hier der schon bejahrte **Nikolaus Kindlinger** Archivar in Fulda zu nennen, der noch im Jahr 1806 einen Versuch gemacht, seine Urkunden herauszugeben, aber schon mit dem ersten Heft (Leipzig b. Fleischer. Sammlung merkwürdiger Nachrichten und Urkunden für die Geschichte Deutschlands) aufhören mußte.¹ In Corvei soll der Domdechant Crux (wenn ich seinen Namen richtig schreibe)² schöne urkundliche Sammlungen besitzen; über das hiesige Archiv wird der geheime Referendar Kopp ehemals in hiesigen Diensten, iezt Privatmann in Mannheim gute und gelehrte Auskunft gebens können.³ Der gegenwärtige Archivar ist so mit anderweitigen Arbeiten überhäuft, daß er an dieses Neben=Amt kaum denken kann. — Es kommt darauf an, daß in dem Ausschuß, der eine landschaftliche Gesellschaft bilden soll, sich von selbst ein Präsident findet, der schon längst in Arbeiten dieser Art gelebt und dem jetzt erst Licht und Luft zugeführt worden. Mit andern Worten, daß man eines Resultats gewiß ist, ohne das würde selbst guter Wille leicht herumirren und die angeregte Lust wieder zusammensinken.

---

¹) Die Kindlinger'schen Bände lagen noch später im Regierungsarchiv zu Fulda, wo sie Jacob Grimm 1828 für seine Sammlung der Weisthümer auszog.

²) Ist richtig geschrieben; z. B. unter den Pränumeranten für Wigand's Geschichte von Corvey (1819) erscheint der „Dechant Crug zu Höxter".

³) Kopp, früher Director des Casseler Archivs, war mit den Brüdern persönlich bekannt: „Scharfsinn, Talent, besondere Gaben für sein Fach besitzt er ohne Zweifel."

Zweitens wäre der Zustand von lebendig verbreiteter Theilnahme, den der Plan voraussetzt, schon wirklich jetzt vorhanden, so wäre die Frage, ob nicht, trotz aller äußern Hemmungen und Trennungen, sie schon durchgebrochen und zu gemeinsamer Thätigkeit gelangt wäre. Die Gesellschaft soll also auch bildend wirken und jene Theilnahme erst hervorgerufen werden, mithin ist das Bedürfniß der Bildung einer Schule sichtbar. In welchen Ständen soll diese aufwachsen? Bei Universitäten ist schon eine gewiße fest bestimmte Richtung der Einzelnen Glieder vorhanden, doch können und müßen daher Theilnehmer kommen, aber sie werden immer nicht die größere Anzahl seyn. Von Academien kommt vielleicht auch Beistand, nur ist man an etwas erstarrtes und lebloses bei ihnen schon seit langen Zeiten gewöhnt. An unabhängige den Studien blos sich widmende Privatgelehrte denkt man nach der allgemeinen Verarmung nicht mehr. Es bleiben also niemand als Staatsdiener. Hier muß man aber den traurigen Umstand bemerken, wenigstens so weit meine Erfahrung reicht, daß in der Verwaltung, dem Justiz= und Cameralfach alle Beamten durch die immer vermehrten Arbeiten und verringerten Arbeiter, so sehr beschäftigt, betäubt oder abgestumpft sind, daß ihnen für das Wißenschaftliche keine Zeit übrig bleibt, oder eine im höchsten Grad lebendige Lust daran in ihnen vorhanden seyn muß, die sich durch zehn und zwanzigjährige Störungen erhält. Hier wird ein Mitglied für die Gesellschaft nur durch glückliche Zufälle ausnahmsweise gewonnen werden. (In früheren Zeiten wäre auch der Vorzug gewesen, daß gewiße Arbeiten mehr historisch betrieben wurden, z. B. die Regulirung der Steuern, also mit jenen wißenschaftl. Beschäftigungen näher verwandt waren.) Dagegen bleibt ein Stand, der an der Gesellschaft großen Antheil nehmen könnte, nämlich der Geistliche. Von Pfarrern ist auch noch immer für Spezial Geschichte, Idiotiken aus eigenem Antrieb manches geschehen, so ist z. B. von Steinen in seiner westphäl. Gesch. manche Urkunde gesammelt und bekannt gemacht. In den katholischen Ländern könnten außerdem die Domherrn angeregt werden, bei denen, wenn sie bisher aufs Sammlen verfielen, es meist auf eine bizarre oder lächerliche, manchmal auch sinnlose völlig unfruchtbare Weise eingerichtet wurde. Hier in Heßen und auch wohl in andern Orten haben die Landgeistlichen häufig den Charakter von Berathern in weltlichen Angelegenheiten und Nöthen erhalten, das hat eine schöne und nützliche Seite; daß sie aber zugleich auch Landwirthe größtentheils seyn müßen, sollte abgeschafft werden und dadurch möglich gemacht, sich wißenschaftlichen Arbeiten zu widmen. Hier müßten also einerseits die Regierungen wirksam seyn, auf der andern Seite aber Mitglieder der Gesellschaft auf den Universitäten Neigung dazu bei den Candidaten erwecken. Wo der geistliche Stand noch in guten und würdigen Verhältnißen besteht, wie in Altwürtemberg wird er die Gesellschaft gewiß fördern können und leicht dafür zu gewinnen seyn.

Ueberall müßten wirkliche Archivare angestellt und

dieses Amt nicht als ein Nebenamt ertheilt werden, wo dann höchstens nur gesorgt wird, daß die Sammlung nicht äußerlich zu Grund geht, wie es z. B. hier ist. Das wären natürliche Mitglieder der Gesellschaft.

Endlich: entwickelte sich die Gesellschaft stufenweis immer fortschreitend wie der Plan hofft, so wäre freilich beim Anfang eine kleine Summe hinlänglich. Allein man muß auf Zeiten gefaßt seyn, in welchen Einzelne erst das Ganze zusammenhalten und soll es dann nicht fallen, so muß es gewiß seyn, daß jede tüchtige Arbeit erscheinen kann und honorirt wird. Es kommt mir auch vor, daß Regierungen nicht leicht zu wiederholten Beiträgen zu stimmen sind. Vielleicht glückt es aber, daß im Anfange alle Fürstenhäuser in Deutschland unterzeichnen und auf diese Art ein ansehnlicher Schatz gesammelt wird.

Zu dem §. 14. hätte ich folgendes zu bemerken:

Eine Sammlung der handschriftl. Quellen ist sehr nöthig, müßte sich aber vorerst auf die altdeutschen beziehen, warum das angelsächsische hervorgehoben wird, sehe ich nicht, es bleibt wichtig genug, aber dem allernächsten, dem altdeutschen, der Vorzug. Hierzu kommt die Schwierigkeit für das Angels. etwas bedeutendes zu leisten, da deshalb Reisen und Aufenthalt nach Copenhagen und England wo die Hss. liegen durchaus nöthig sind. Vielleicht ist die Behauptung aus dem Irrthume entstanden, die noch ungedruckte Evangelien=Harmonie, wovon sich eine HS. ietzt in München, die andere in der Cottonianischen Bibliothek zu England befindet und welche

ein in jeder Hinsicht ausgezeichnetes Werk ist, sey angel=
sächsisch, sie ist aber rein altsächsisch und gehört zu
der altdeutschen Literatur. Ferner bearbeitet Herr Rask
in Copenhagen nicht nur Others und Wulfstans Reise[1]
und will Anmerkungen zu dem von Thorkelin vor kurzem
ausgegebenen AS. Gedicht[2] liefern, sondern er hat auch
eine angelf. Grammatik vor, die gewiß sich auszeichnet.[3]
Eine isländische Grammatik und ein isländ. Wörterbuch
ist gleichfalls vorhanden, jene ebenfalls von Rask und sehr
gut (im J. 1812.), dieses von Biörn Haldorson mit einer
Vorrede von Peter Erasm. Müller (1814). Rask hat
gleichfalls dabei Hilfe geleistet. Was das Mösogothische
im Ulfila betrifft, so ist es wenigstens schon so bearbeitet,
daß das andere erst auf gleichen Punct müßte gebracht
werden, ehe man für dieses besondere Wünsche zu hegen
hätte. Ueberdieß ist von einer neuen Ausgabe in Schweden
schon vor ein paar Jahren die Rede gewesen, da sich
bekanntl. die silberne Hf. längst in Upsal befindet. —
Schulgrammatiken und Handwörterbücher von der altd.
Sprache des MittelA. (die man nicht mit dem beschränken=
den Namen der schwäbischen bezeichnen sollte) sind iezt
noch eine sehr schwierige oder gar nicht zu lösende Auf=
gabe, wenn es nämlich nicht sehr unvollkommene leicht

---

[1] Erschien noch im Jahre 1816.

[2] Gemeint ist Thorkelin's Herausgabe des Liedes von
Beowulf unter dem Titel de Danorum rebus gestis sec. III
et IV, Havn. 1815.

[3] Erschien im Jahre 1817.

schädlich wirkende Anfangs Werke, sondern Resultate von gründlichen Vorarbeiten seyn sollen.

Das hätte ich gegen den §. 14. zu sagen, als eine eigentliche Ansicht von dem Gegenstand lege ich einen Plan[1] zu einer Gesellschaft für altd. Literatur, Ew. Excellenz zur Beurtheilung und Prüfung bei. Er ist ohne Beziehung auf jenen größern gemacht, dem er wohl größtenteils könnte einverleibt werden, wenn man einer einzelnen Abtheilung so viel Ausdehnung gestatten will. Veranlaßung war die zu Kopenhagen verordnete Commißion zur Bewahrung der Alterthümer und ein von andern ausgesprochener Wunsch. Nämlich schon im Januar schrieb mir der Freiherr Hans von Hammerstein, der mit Geist und Liebe an den deutschen Alterthümern hängt: „ich sammle fleißig (auf seinem Gut Equord bei Hildesheim) und fordere andere dazu auf und es wird sich ein Vorrath bilden, dafür stehe ich, zählen Sie mich zu den Aposteln Ihres Glaubens an Wiederherstellung der verlorenen alten (Sagen=) Geschichte. Ich bekehre wenigstens eine Classe, die wenn sie auch nicht gerade die gelehrteste ist, doch Muße und große Mittel hat, indem sie Gegenden beherrscht und für ihr Geld reisen und aufkaufen und schreiben und zeichnen laßen mag, wenn ihr Intreße nur erst darauf gerichtet ist. Geben Sie uns etwas dafür, den Plan zu einer gehaltenen Sammlung von Alterthümern des nördlichen Vaterlandes

---

[1] Im Original stand zuerst: „einen uns beiden gemeinschaftlichen Plan".

— Für eine Zahl Mitarbeiter, und Träger der etwaigen Kosten hafte ich und die Letzteren mögen auch nützlich ja nothwendig werden. Sagen Sie mir, was Sie darüber denken, und was vielleicht schon geschehen ist, denn ich habe wenig erfahren".

Ew. Excellenz sehen, daß auf eine gewiße Theilnahme hierbei zu rechnen wäre und es sind natürliche Gründe, warum Geldunterstützung von Einzelnen eher zu erwarten ist. Ueberhaupt hat das beschränktere das Angenehme einer größeren Sicherheit der Wirkung. Uebrigens brauche ich wohl nicht auszuführen, daß wir zu dem Wenigen, was wir hierbei leisten können, jederzeit bereitwillig seyn werden.

Ich schließe indem ich mich mit den Meinigen Ihrem ferneren Wohlwollen empfehle

  Ew. Excellenz

Caßel am 20 Septbr.   gehorsamer
  1816.   W. C. Grimm.

  N. S.

Ich muß noch zu §. 17. bemerken, daß die Geschichte des 30jähr. Kriegs nicht wohl dürfte ausgeschloßen seyn; mir fällt das gerade ein, weil sich hier noch merkwürdige handschriftl. Nachrichten davon im Archiv finden sollen.

Ich lese eben in dem Hamburg. Beobachter Nr 397. daß sich zu Stockholm eine zwar beschränktere aber doch ähnliche Gesellschaft für die skandinav. Geschichte durch den Freiherrn von Stiernold gebildet.

Der dem Briefe beigelegte Plan war nur ein Glied aus der Kette ähnlicher Versuche, die Arbeit vieler Literaturfreunde zu einheitlichem Zwecke zusammen zu fassen. Auf diese Weise flossen einst Arnim und Brentano werthvolle Beiträge für das Wunderhorn zu; der Hilfe gleichgesinnter Freunde verdankten die Brüder selbst einen guten Theil ihrer Märchen und Sagen. 1811 machte Jacob für Clemens einen weitläufigen Plan zu einem deutschen Sammler, darin alle mündlichen Sagen gesammelt werden sollten und ganz Deutschland in gewisse Sammelkreise getheilt war. In Wien stiftete er 1815 unter den dort erschienenen jungen Deutschen eine literarische Vereinigung, die durch einen von ihm verfaßten und in alle Lande verschickten Circularbrief das Sammeln und Retten der Volkspoesie aufs bringendste anempfahl; die Centralstätte für die einlaufenden Beiträge sollte bei Grimm's in Cassel sein. Wilhelm legte diese Sache dem Freiherrn von Hammerstein ans Herz, der sich nun einen festen Arbeitsplan erbat. So entstand der jetzt an Goethe mitgetheilte Plan:

I. Eine Gesellschaft für altdeutsche Literatur und das, was damit natürlichen Zusammenhang hat, namentlich das deutsche Volksleben müßte aus dreierlei Mitgliedern bestehen:
1) aus solchen, die sich ausschließlich oder zu meist dieser Wißenschaft gewidmet haben und so zu sagen vom Handwerk sind.
2) die aus Neigung und einer edlen Achtung sie

unterstützen, wie Altadliche d. h. mit ihrer Unterthanen Sprache, Lebensweise u. s. w. genau bekannte Gutsbesitzer. Es versteht sich, daß sie zugleich Mitglieder der ersten Claße seyn können.

3) aus denen, welchen Beruf und Lage es leicht machen, Hilfe zu leisten und die dadurch zum Theil wenigstens fürs Studium gewonnen werden können, dahin gehören Amtleute, namentlich aber Landgeistliche.

II. Die Regierungen müßen die Gesellschaft nicht blos kennen, sondern auf verschiedene Weise befördern, wie hernach im Einzelnen angegeben wird. Ohne ihre Mitwirkung kann ein Hauptzweck kaum erreicht werden.

III. Die Mitglieder der ersten Claße bilden zugleich einen Ausschuß, welcher in einer Stadt, die etwa in einer besonders Theil nehmenden Landschaft gelegen ist, oder sonst Vortheile bietet, ein Local erwirbt und aus ihrer Mitte zum wenigsten zwei Archivare und die nöthigen Gehülfen anstellt, oder, wenn es beßer wäre, der Regierung vorschlägt, damit diese sie anstellt.

IIII. An die Mitglieder der dritten Abtheilung ergehen von der Regierung Erlaße, so wie dies in Dänemark für die Commißion zur Bewahrung der Alterthümer geschehen ist, wornach sie:

1) über alle Denkmäler in ihrem Bezirk, es seyen Bilder, Grabhügel, Steine mit Inschriften 2c. wenigstens eine Anzeige an die Archivare einsenden müßen, wo es in ihren Kräften steht, genaue Beschreibung mit einer Abzeichnung.

Sie werden für Erhaltung derselben verantwortlich gemacht.

2) Die Landgeistlichen erhalten den Auftrag besonders, die Volkssitten (bei Hochzeiten, Leichen ꝛc.) Rechtsgebräuche, vor allem die Sagen und Lieder zu sammeln.

Sie liefern ferner Beiträge zur Kenntniß der Mundarten ihrer Gegenden, nach einer Anleitung. Ein gewißes Stück, etwa aus der Bibel, wird von einem jeden in der Mundart aufgefaßt und eingeschickt.

Die Mitglieder der zweiten Claße werden zu einer gleichen Unterstützung in ihrem Bereich eingeladen. Sie geben, wo möglich, Nachricht von einzelnen Sammlungen und eine genaue Anzeige ihres Inhalts, so daß man in dem Archiv wenigstens einsehen kann, wo man etwas finden wird; ferner von noch unbekannten altd. Handschriften.

V. Sämmtliche Beiträge werden an die Archivare eingeschickt, welche sie ordnen. Sie geben jedes Jahr, oder welcher Zeitraum sonst paßlich seyn wird, Uebersichten von dem vorhandenen und hier und dort zu findenden heraus, eine Art Jahrbücher, welche vom Publicum berichtigt werden können.

Die Bekanntmachung der Sammlungen über Sitten, Mundarten ꝛc. kann, wenn sie etwas vollständiges leisten, vom Ausschuß verabredet werden; wahrscheinlich wird sie einem Einzelnen am besten übertragen.

Die Archivare haben ferner für eine vollständige Bibliothek der altd. Literatur in dem Sinne, in welchem sie hier genommen wird, zu sorgen. Sie ist bei der Seltenheit mancher Werke durchaus nöthig.

VI. Hauptangelegenheit ist aber eine **handschrift= liche Quellensammlung**. Sie besteht in einer diplomatischen Abschrift der zur altd. Lit. gehörigen Handschr. und strebt nach einer vernünftigen Voll= ständigkeit. Der Erwerb von Originalen ist natür= lich vorzuziehen. Es versteht sich, daß mit dem wichtigsten muß angefangen werden und der Ausschuß die Ordnung verabredet. Die Abschriften müßen unter den Augen der Archivare gemacht und genau verglichen werden, indem die meisten Bibliotheken sich bereitwillig erzeigen werden, ihre Originale mitzutheilen. An die Hauptorte Heidelberg, München, Wien müßte einer vom Ausschuß reisen um die Sache dort zu leiten.

VII. Aus diesem Archiv, der Quellensammlung und der Bibliothek erhält ein jeder vom Ausschuß, wo er nicht selbst an den Ort kommen kann, was er für seine eigenthümliche Arbeiten nöthig hat. Diese sind **ganz frei** und es findet keinerlei Beschränkung statt. Jede wißenschaftliche Bildung nimmt einen nothwendigen Gang, den keines Menschen Kraft bestimmen kann und dem man selbst eine falsche Richtung in einem einzelnen Punct nicht gewaltsam abschneiden darf, weil diese mit dem eigenthümlich trefflichen zusammenhängen kann.

VIII. Nöthige Arbeiten nach dem gegenwärtigen Standpunct und vorzuschlagen wären:

1) Sammlung und Erklärung **alter Namen** aus den alten Urkunden und Schriftstellern.

2) Sammlung der deutschen Glossen aus der ältesten Zeit. (Der dritte Theil des Schilterschen Thesaurus hat im Plan und in der Ausführung große Fehler) Reinwaldt hat hierin gearbeitet und seine wahrscheinlich zu München sich befindliche Papiere wären zu benutzen.

3) Herausgabe der altsächsischen Evangelienharmonie. Auch hier sind Reinwaldts vieljährige Arbeiten vorhanden.

4) Neue Ausgabe des Ottfried durch Benutzung der noch ungebrauchten und neugefundenen Hss.

5) Herausgabe des Reinhart Fuchs mit seinen manichfachen Verzweigungen.

IX. Dagegen sind gemeinschaftliche Arbeiten, welche nothwendig von der Gesellschaft müßen übernommen werden, folgende:

1) Ein Wörterbuch der altd. Sprache aus dem 12—14 J. h. Dazu müßten alle Mitglieder der ersten Claße Beiträge einsenden. Für einen oder ein paar Menschen ist die Arbeit unausführbar. Die im Archiv gesammelten Quellen würden ein vortreffliches Werk möglich machen.

Die Verarbeitung der Beiträge könnte endlich nach Uebereinkunft des Ausschußes einem höchstens zweien anvertraut werden. Es ist dabei die Rede von einem erneuten Scherz-Oberlin.

2) Beiträge zur Grammatik. Der vorherrschende Charakter derselben müßte eine historische (nicht critische) Betrachtung der Sprache seyn. Die

Ausarbeitung der Beiträge zu einem Ganzen müßte auch einem Einzelnen anheimfallen. Ohne die manichfachen Beiträge der Einzelnen würde eine zu vorschnell geschriebene Grammatik nachtheiligen Einfluß auf die Behandl. der Sprache in den Ausgaben haben, denn es würde manches zu früh bestimmt und festgesetzt werden, was erst die mühsamsten Vorarbeiten erfordert.

3) **Eine Sammlung der deutschen Claßiker des Mittelalters.** Es ist dabei auf eine critische und sorgfältige Behandlung der Urschrift abgesehen, nicht von einem blosen Abdruck einer Handschrift die Rede. Die Auswahl wird vom Ausschuß bestimmt und einer oder zwei übernehmen ein einzelnes Gedicht. Ueber allgemeine Regeln bei der crit. Behandlung des Textes wird man übereinkommen, sonst bleibt Freiheit und es wäre nur von den leitenden Grundsätzen vornen in der Einleitung Rechenschaft zu geben.

X. Diese Werke werden so wie die Jahrbücher auf Kosten der Gesellschaft gedruckt und einem bekannten Buchhändler in Commißion gegeben. Der reine Gewinn käme den einzelnen Verfaßern zu.

XI. Es wird ein nicht unbedeutender Schatz nöthig seyn 1) für Local und Besoldung der Archivare und Schreiber. 2) für die Quellensammlung und Bibliothek. 3) Druck der Werke. Auch wäre Geld für Nachgrabungen, Abzeichnungen, Reisen, sehr wünschenswerth.

Dieses Geld wird gegeben von der Regierung und den Mitgliedern der zweiten Claße.

XII. Die Frage ob und in wiefern die nordischen und angelsächs. Alterthümer mit hereinzunehmen sind wird nach der Fähigkeit und Neigung der Mitglieder erster Claße zu beantworten seyn. Es wäre dann eine Quellensammlung anzulegen, die wegen der Reisen nach Copenhagen, Stockholm und England noch größere Kosten veranlaßen wird. Uebrigens versteht sich, daß alles hierin gedruckte in jedem Fall für die Bibliothek gesucht wird.

Wilhelm hatte nicht Unrecht, wenn er meinte, sein Plan könnte dem Berliner Entwurf größten Theils eingeordnet werden. In gewissen Dingen mußten die Brüder mit den Berliner Vertretern des Fachs, auf die doch die Faßung des §. 14 hauptsächlich zurückzuführen war, zusammentreffen. Und doch machte sich ein tiefer Unterschied geltend. Die Berliner Forderungen durchzieht ein polyhistorisches, früh und unbesorgt zu einem Ziele springendes Moment; Grimm's schreiten ruhigen Schrittes vorwärts, das große, wahre Ziel fest im Auge haltend. Schon hatten in Jacob's Gedanken die Grammatik und der Reinhart Fuchs eine ihrer künftigen Form ähnelnde Gestaltung angenommen. Was aus der Sammlung und Erklärung alter Namen z. B. für die Heldensage folgen könnte, darauf hatte Wilhelm in den Altdeutschen Wäldern hingedeutet. Für die Herausgabe altdeutscher Classiker sprach er in dem Briefe ein noch heute gültiges Princip aus. In Grimm's Gesellschaft bemerken wir ihnen nahe stehende Arbeitsgenossen. Mit Reinwald, Schiller's Schwager, hatten sie noch brieflichen Verkehr und literarischen Austausch gepflogen. Bei dem Wörterbuch der altdeutschen Sprache aus dem 12—14 Jahrhundert dachten sie an Georg Benecke, dem Jacob schon vor Jahren den Abschluß seiner weit gediehenen Vorarbeiten dringend angerathen hatte, und von dem sie wußten, daß er zu dem von Oberlin 1781. 1784 neu herausgegebenen Glossarium germanicum von Scherz Nachträge zu liefern beabsichtigte. Das Muster eines für literarische Interessen offenen Landgeistlichen war der Pfarrer Bang zu Goßfelden bei Marburg, der auf Grimm's Veranlassung unter anderm die biblischen Gleichnisse vom Sämann und verlorenen Sohn in oberhessischer Mundart aufnahm, als Beiträge für Radloff's Buch der „Sprachen der Germanen in ihren sämmtlichen Mundarten" (Frankfurt 1817). Die Brüder legten naturgemäß, nach der ganzen Art ihres Emporkommens, den schärferen Accent auf Kraft und Willen des Einzelnen und hofften wenig von der Unterstützung der Regierungen. Nur zwei Jahre später sprach sich Jacob sogar auf das bestimmteste gegen alle Gesellschafterei aus, die gute Köpfe behindere und nur Mittelmäßiges fördere: „aus der Unabhängigkeit allein entspringe die Stärke zur Ausführung".

Grimm's Beurtheilung des Berliner Planes befriedigte Goethe durchaus. Wenn er auch nicht vom Handwerk war, so fühlte er doch mit Sicherheit die den Berlinern überlegene Sachkunde seiner „jungen Freunde" heraus. Nach Wilhelm's Berichtigung setzte er den Worten des Berliner Plans „von der angelsächsischen Evangelienharmonie" am Rande die Correctur „alt" hinzu. Während er ein ihm von andrer (uns nicht bekannter) Seite zugekommenes, mehr geschichtliches Gutachten unbeachtet ließ, nahm er die Auffassung der Brüder Grimm in allen wesentlichen Puncten an. In diesem Sinne hielt er am letzten September (nach dem Tagebuche) einen „Vortrag an Serenissimum über eine zu organisirende Gesellschaft für deutsche Geschichte und Literatur". Der Großherzog, der vor einem Menschenalter bereits mit einem ähnlichen Plane Herder's befaßt gewesen war, wandte das damals bekundete Interesse nun auch dem neuen, stattlicheren Unternehmen zu. Zur formellen Erledigung ließ er sich kurz darauf schriftlichen Bericht von Goethe erstatten, und dieser überreichte ein Fascikel mit der eigenhändigen Aufschrift

    Acta
   die Errichtung
  einer deutschen Gesellschaft
   für Geschichte
   und Sprache
      betr.
       1816.

Dies noch vorhandene Actenbündel enthielt: 1. den Berliner Plan, 2. den Grimm'schen Plan, 3. Wilhelm Grimm's Brief vom 20. September 1816, 4. das historische Gutachten (von unbekannter Herkunft), 5. den

Bericht Goethe's. — In dem Bericht gab Goethe seinem Großherzog folgende Orientirung:

Ew. Königl. Hoheit

beachten gnädigst beykommendes Fascicul mit dem es folgende Bewandniß hat:

Schon im Laufe des gegenwärtigen Jahres vernahm ich von Berlin daß man die Absicht habe von dorther die deutsche Nation anzuregen, daß sie gemeinsam für Geschichte und Literatur zweckmäßige Bemühungen unternehmen möge. Staatsrath von Niebuhr empfahl bey seiner Durchreise dieselbe Angelegenheit.

Nun aber bringt Canzler von Müller einen weitläufigen Aufsatz, den Plan umständlicher vorlegend, aber auch eben dadurch die Schwierigkeit ja Unmöglichkeit desselben an den Tag bringend. Er erhielt ihn aus den Händen des Herrn Staats=Ministers von Stein.

Da ich in diesen Regionen mich nur als Gast und Wanderer aufgehalten; so ersucht ich die Gebrüder Grimm, in Cassel, als Männer vom Handwerk, mir hierüber ein freyes Gutachten zu erstatten, welches sie, sehr genügend wie mir scheint erfüllt, und ich stand im Begriff diese Papiere dem Minister von Stein, als ein Zeichen der Aufmerksamkeit zu weitern Gebrauch zu übersenden. Ehe aber dieses geschieht wünsche vorher Ew. Königl. Hoheit gnädigste Beystimmung, in wiefern ich hier blos als Privatmann handeln soll, oder vielleicht einige Hoffnung zu Höchstdero Theilnahme erregen dürfe.

Es kann und wird immer etwas Gutes daraus entstehen, sobald sich irgendwo ein thätiger Mittelpunkt festsetzt, andere zur Nachfolge reizt und mehrere solche Lebenspunkte sich in Rapport setzen. Und so würde sich nach und nach eine Gesellschaft organisiren, welche jetzt aus vielen, aber zerstreuten Mitgliedern bestehend, nur eine unsichtbare Kirche macht.

Bey Rückkehr des Herrn Staatsministers von Voigt der diesen Gegenstand nach allen Seiten übersieht, würde sich das Weitere ergeben.

unterthänigst

Weimar d. 2ten Octbr. 1816. Goethe.

Der Großherzog Carl August machte dazu die eigenhändige Randbemerkung:

4. 8ber 16. Für mein theil ist es mir gewiß wünschenswerth, daß du theil an dieser nützlichen anstalt nehmest der ich gerne das beste gelingen wünsche.

C. A.

Die Verhandlungen in Weimar zogen sich noch einen Monat hin. Dann, am 6. November nach dem Tagebuche, sandte Goethe ein „Packet an Staatsminister von Stein die Grimmischen Aufsätze wegen der Deutschen Gesellschaft innliegend". Ersichtlich jenes Actenbündel, das später wieder zurückgestellt wurde. Die Brüder Grimm hatten also einen achtungswerthen Erfolg erzielt, ohne es doch zu wissen. Sie, denen sich diese internen Vorgänge gänzlich entzogen, maßen bald der Sache kaum noch eine Bedeutung bei. Mit der größten Unbefangenheit sprach Wilhelm gelegentlich darüber zu Bang und Suabedissen. Dieser aber, frisch nach der Lectüre der Italienischen Reise, antwortete in freudiger Begeisterung: „Welch ein glücklicher Mensch ist Göthe! — Die ewige Jugend und Thätigkeit des Mannes beweist sich auch jetzt wieder in dem Wunsche, die Anerkennung der altdeutschen Kunst und Wissenschaft zu fördern. Möge er, von Ihnen zu bestimmten Zielen gerichtet, wirksam werden!" Die Freunde ahnten nicht, daß dieser Wunsch innerhalb möglicher Grenzen bereits in Erfüllung gegangen war.

Die Gesellschaft trat nicht so, wie sie anfänglich geplant war, ins Leben. Hemmungen schoben sich dazwischen. Der Ausschluß reiner Literaturwerke wurde nothwendig. Die Brüder wirkten aber noch weiterhin auf die Gestaltung des Planes ein. „Der Brief über die historische Gesellschaft (schrieb Savigny am 23. November) wird gewiß beachtet und benutzt werden, vieles darin ist mir recht aus der Seele geschrieben". Andere, von Grimm's wie es scheint für Eichhorn ausgearbeitete Pläne gelangten durch diesen 1818 an Savigny und sodann an den preußischen Minister. Am 20. Januar 1819 stiftete der Freiherr vom Stein zu Frankfurt auf der allmählich geschaffenen Grundlage die „Gesellschaft für ältere deutsche Geschichtskunde". Weder Goethe noch die Brüder Grimm gehörten zu den constituirenden Mitgliedern. Goethe aber wurde noch im selben Jahre an seinem siebzigjährigen Geburtstage zum Ehrenmitglied ernannt und schriftlich beglückwünscht, wofür er unter dem 5. October dem Secretair der Gesellschaft, Lambert Büchler, seinen Dank übermittelte. Die Entwicklung des Unternehmens, soweit er selber einigen Antheil hatte, sich vergegenwärtigend schrieb er:

„Als im Sommer 1815 des Herrn Staats-Minister von Stein Excellenz in Nassau aufzuwarten und mit einem so würdigen Freunde und Gönner eine kurze Rheinreise zu vollbringen das Glück genoß, machte mich derselbe mit einem Plane bekannt, wonach zu Bearbeitung älterer deutscher Geschichtskunde, eine Gesellschaft wohl zusammentreten würde; auch erhielt ich nachher einen umständlichen Aufsatz hierüber, den ich mit älteren und jüngeren Freunden, mündlich und schriftlich behandelte und, da ich mir in diesem Fache, weder hinreichende Kenntniß noch Beurtheilung zutrauen darf, ihre Meinung vernahm, ihre Gesinnung erforschte."

Mit der Gesellschaft hielt Goethe den Zusammenhang noch in den nächsten Jahren aufrecht. Von Jacob Grimm's Beziehungen, die sich gleichfalls im Jahre 1819 noch knüpften, reden vornehmlich seine Briefe an Georg Heinrich Pertz, den ersten Herausgeber der Monumenta Germaniae historica, deren fortgesetzte Sammlung und Veröffentlichung die Gesellschaft bis auf den heutigen Tag als ihre Aufgabe betrachtet.

An den Vorverhandlungen hatten sich also die Brüder Grimm ehrenvoll betheiligt. Von den verschiedensten Seiten war die Aufmerksamkeit maßgebender Persönlichkeiten auf sie gelenkt worden. Für Jacob hegte

man in Preußen in Folge seiner Pariser Wirksamkeit, die
durch besonderes Schreiben des Fürsten von Hardenberg
(31. August 1816) anerkannt wurde, die beste Meinung.
Dies alles empfahl ihn für eine Professur an der neu
gegründeten Universität Bonn, die ihm indirect durch
Eichhorn angeboten wurde. Jacob lehnte jedoch den
Ruf ohne Bedenken ab: er hätte sich nie von Wilhelm
trennen mögen, und in Hessen gedachte er zu leben und
zu sterben.

Elftes Capitel.

Neugriechische und serbische Volkspoesie.

In der beginnenden Neuzeit des vorigen Jahrhunderts erschloß Herder der deutschen Literatur, gleichwie eine neue Welt, auch die Poesie des Morgenlandes. Ueber den altehrwürdigen Boden Palästina's wandelte sein Schritt, durch das blühende Rosenthal des Persers hin zu den ewigen Fluthen des Ganges. Goethe folgte damals seiner Bahn. Und als trübe Zeiten sein nahendes Alter umwölkten, rettete er sich wieder in das sonnenhelle Land seiner Jugendpoesie, den Westöstlichen Divan zu dichten.

Nicht so rein poetische Stimmungen waren es, von denen sich die jüngere Romantik bei ihrem Erfassen des Orients leiten ließ. Gelehrte oder politische Interessen spielten mit herein. Trennte unser voriges Jahrhundert fast noch eine geographische Kluft vom Morgenlande, so hatte jetzt die politische Entwickelung allmählich die Lücke ausgefüllt. Die Kämpfe der Griechen und Serben gegen das Joch der Türken weckten in ganz Europa Widerhall und riefen namentlich die niedergeworfenen und sich zur Freiheit erhebenden Deutschen zum Mit=

gefühl auf. Die Liebe für ihre Freud und Leid abspiegelnden Nationalgesänge, von denen einst in Herder's Volksliedern Goethe's Uebertragung des „Morlackischen" Klagegesangs von den edlen Frauen des Asan Aga einen Vorschmack gegeben hatte, fing an zu erwachen. Die Anwesenheit vieler junger Deutscher auf dem Congreß in Wien, wo sich die westliche und östliche Welt in lebendiger Nähe berührte, hatte weittragende Folgen für ein volles Einfluthen der griechischen und serbischen Volkspoesie in die deutsche Literatur.

„Die Neugriechen haben echte und treffliche Volkslieder. Vielleicht erscheint eine Sammlung davon", meldete Jacob Grimm 1815 seinem Bruder aus Wien. Ihr westphälischer Freund Werner von Harthausen hatte diese schöne Aufgabe übernommen. Da nämlich der gelehrte Slave von Kopitar dessen Eifer und Geschicklichkeit erkannte, überließ er ihm hundert griechische Lieder, wörtlich übersetzt, zur Herausgabe mit — Goethe; hinzukam eine stattliche Anzahl Lieder, die Harthausen als Hospitalmate aus dem Munde erkrankter griechischer Matrosen aufgenommen hatte.

Mit diesen Schätzen suchte Werner im Sommer Goethe zu Wiesbaden auf und erreichte wirklich, daß dieser zur Herausgabe ermunterte und Theil zu nehmen versprach. Gegen Meyer bezeichnete Goethe die neugriechischen Balladen als das Beste, was ihm in der ersten Juliwoche vorgekommen wäre, und erzählte auch in Heidelberg gern von ihnen. Die Helden seien meist unabhängige Seeräuber und in den Gebirgen Landräuber, oder Fa milien auf kleinen Inseln, es seien meist dramatische Romanzen. Alle Elemente, lyrische, dramatisch-epische, seien in einer Form enthalten. Der Geist derselben sei der nordische, schottische mit dem südlichen und altmythologischen verbunden. Das Gespräch eines Adlers mit dem abgeschlagenen Haupt eines Räuberanführers, welches er auf die Felshöhe getragen. Charon, ein Reiter, welcher die Seelen der Gestorbenen hinten an den Schweif seines Rosses bindet, die der Kinder an den Sattel hängt. Ein Pferd, welches seinen erschlagenen Herrn beklagt und mit dem Hufe scharrt. Ein Bräutigam, der auf der Ueberfahrt zur Braut in einem siegreichen Gefecht mit den Türken bleibt, und wünscht, es solle der Braut verschwiegen werden. Im Grimm'schen Kreise erwartete man von Goethe, daß er zu einer Ausgabe die Vorrede schreiben würde. Trotzdem zögerte Werner in schädlicher Unentschlossenheit, bis Goethe endlich 1823 in Kunst und Alterthum selbst ein altböhmisches Gedicht „Das Sträußchen" und einige neugriechisch-epirotische Heldenlieder seinen Lesern übergab und daran anschließend den „Freund" ersuchte, sich mit ihm über die Ausgabe zu verständigen. Jetzt erst ließ Haxthausen wieder etwas von sich hören, in einem Briefe, der ihn nach Goethe's Worten ganz als Herausgeber solcher Gedichte legitimierte und qualificierte. Wieder rückte die Angelegenheit nicht vorwärts; umsonst drängte auch Jacob Grimm brieflich wie öffentlich. So kam es, daß die schlechtere französische Sammlung Fauriel's, die Chants populaires de la Grèce moderne, welche ein Jahr nach ihrem Erscheinen, 1825, von Wilhelm

Neugriechische und serbische Volkspoesie.

Müller ins Deutsche übertragen wurden, Haxthausen's Arbeit für immer den Schritt abgewann. Goethe war wenig erbaut von diesen Liedern: „Schlagt ihn todt, schlagt ihn todt! Lorbeern her! Blut! Blut! Das ist noch keine Poesie", äußerte er zu Therese von Jakob, und nicht viel wärmer sind die Anzeigen gehalten, die er später einigen neugriechischen Erscheinungen in seiner Zeitschrift widmete.

Einen viel erfreulicheren Verlauf nahm die Bewegung zu Gunsten der serbischen Volkslieder, deren Sammlung, Herausgabe und Verbreitung in die Hände hervorragender und thatkräftiger Menschen gelegt war.

Von dem Serben Wuk Stephanowitsch Karabschitsch ging der literarische Anstoß zu dieser Bewegung aus. Er war der erste, der den Liedern seines Volkes hingebende Aufmerksamkeit schenkte. Während die Geistlichkeit ihn zu hemmen suchte, war der emporgekommene Fürst Milosch Obrenowitsch aufgeklärt genug, den nationalen Werth dessen, was Stephanowitsch wollte, zu schätzen und die Sache nach Kräften zu unterstützen. In den Jahren 1814. 1815 erschien Wuk's kleines serbenslawisches Volksliederbuch, in dem nun auch zuerst ein serbischer Text des Goethe'schen Klagegesanges enthalten war. Der erste Band wurde gleich damals mit einer wörtlichen Uebersetzung Goethe zugeschickt. Aber wie viel Spuren eingehender Beschäftigung in diesen Blättern auch zurückgeblieben sind: Goethe, andern Dingen zugewandt, konnte damals noch zu keinem Ueberblicke gelangen. Erst Jacob Grimm's energisches Eingreifen führte glücklich zum Ziele.

In fruchtbarem Umgang mit den Slavisten Kopitar und Dobrowsky rüstete sich Jacob Grimm zu Wien mit gründlicher Kenntniß der slavischen Sprachen aus. Durch Kopitar wurde ihm Wuk Stephanowitsch zugeführt. In kurzer Zeit drang Jacob so tief in das Verständniß der serbischen Volkspoesie ein, daß er eine aus dem Vollen schöpfende Anzeige von Wuk's „ausbündiger Sammlung reines, frisches Volksgesangs" für die Wiener Literaturzeitung liefern konnte. Ueber alle Lieder aber, welche er charakterisierte oder als Proben in deutscher Uebersetzung mittheilte, erhob er doch das edle Gedicht auf Hassan-Aga's Frau: „es giebt nichts Herrlicheres als den wohlbekannten Eingang dieses Gesanges, wo gesagt werden soll, daß der kranke Held in seinem Zelt still gelegen; allein da wird angesungen von dem weißen Flecken im grünen Waldgebirge; gefragt: ob es Schnee oder Schwäne seien? geantwortet, daß der Schnee hätte müssen geschmolzen, die Schwäne entflogen sein; und nach dieser Vorbereitung kann sich die Dichtung selbst auf die weißen Gezelte senken". Und Jacob schloß seine Anzeige des zweiten Bandes mit dem Wunsche: „daß irgend ein Göthe (der Uebersetzer des Klaggesangs von der edlen Frauen des Helden Hassan-Aga) auch diese herrlichen Blumen auf den deutschen Parnaß verpflanzen möge." Diese Wukischen Lieder waren es, von denen Jacob damals seinem Bruder meldete: „Besonders kannst Du Dich im voraus auf sehr schöne serbische Poesien freuen, wovon ich Text und Uebersetzung habe". Wilhelm erzählte davon den Freunden in Wiepersdorf und erregte in ihnen den von Jacob gern erfüllten Wunsch, sie kennen zu lernen. Von Savigny erhielt sie Brentano, der an Jacob schrieb (4. September 1816): „Die Serbischen Lieder habe ich mir aus eigner Lust abgeschrieben, sie haben mir große Freude gemacht. Der Herausgeber eines hiesigen Taschenbuchs (Sängerfahrt), Dr. Förster, bittet um Nachricht durch mich, ob Sie ihm ein paar draus zur Bekanntmachung erlauben". Grimm hatte nichts dawider, und so erschienen 1818 in der Sängerfahrt „neunzehn serbische Lieder übersetzt von den Brüdern Grimm". Die Auswahl sowie die Hinzusetzung von Wilhelm's Namen, der ganz unbetheiligt war, ist allein auf Clemens Brentano zurückzuführen.

Wuk schaffte inzwischen emsig weiter. Sein serbisch-deutsch-lateinisches Wörterbuch, das Jacob Grimm allen deutschen Forschern öffentlich empfahl, wurde im Jahre 1818 fertig. Die Masse der nachgesammelten Volkslieder war so stark angeschwollen, daß sie eine neue mehrbändige Ausgabe füllen konnten. Aber die Pfaffen, zumal der Carlowitzer Papst, wußten bei der österreichischen Censur ein Verbot des Druckes zu erwirken, angeblich um den Türken keinen Anstoß zu bieten. So wanderte Wuk 1823 mit seinen Liedern nach Leipzig, wo Härtel und Breitkopf den Verlag übernahmen. Im Herbst schickte er den zuerst fertig gewordenen dritten Band an Jacob Grimm und traf bald darauf selbst zum Besuch in Cassel ein. Er war, nach Wilhelm's Schilderung, natürlich und mittheilend und erzählte viel merkwürdiges von seinem Vaterlande; die Gedichte, deren Jacob einige gemeinsam mit Wuk übersetzte, gefielen den Brüdern außerordentlich: „großartig, neu, überraschend die Gedanken, vollkommen angemeßen, kräftig und einfach die Sprache; alles so wie in dem Homer. Und diese Dichtungen sind gewiß hervorgebracht ohne Nachsinnen und Regel, aus dem blosen lebendigen sichern Gefühl. Etwas räthselhaftes steckt mir doch immer in dieser Erscheinung, die sich bei allen ausgezeichneten Völkern wiederholt". Die Freunde überlegten, wie Wuk's Unternehmen zu fördern sei. Das maßgebende Publicum in Deutschland mußte gegen die dünkelhafte Engherzigkeit seiner heimathlichen Widersacher gewonnen werden. Eine warm anerkennende Besprechung für die Göttingischen Anzeigen war bald von Jacob geschrieben, wieder mit Hinweisung auf Goethe's Verdienst. Ihm, dem „größten Deutschen", wie Wuk ihn vor fast zehn Jahren in der Zuschrift des ersten Liederbandes angeredet hatte, sollte dieser auf der Rückreise nach Leipzig seine Aufwartung machen. Die Absicht war, dem Werke irgend eine Beziehung zu Weimar zu geben und so, was für den armen Wuk auch eine Lebensfrage war, den Erfolg zu sichern. Jacob ließ sich bereit finden, dem Freunde einen Empfehlungsbrief an Goethe zu schreiben, als dessen Ueberbringer nun Wuk in Weimar erschien:

Eure Excellenz
haben erst kürzlich böhmischer und griechischer Volkslieder
mit besondrer Neigung gedacht und schon einmahl vor
langer Zeit das schöne serbische Lied von Asan Aga
nachgedichtet. Unter allen heutigen Slaven erfreuen die
Serben sich der reinsten, wohllautendsten Mundart, ihre
Nationalpoesie reicht an Fülle und Gemessenheit meiner
Meinung über alles, was mir in dieser Art bekannt ist.
Ich zweifle nicht, daß Sie Ueberbringer dieses Schreibens
Herrn Buk Stephanowitsch, aus Serbien selbst gebürtig,
als gelehrten Sammler, Kenner und Herausgeber dieser
Dichtungen mit Wohlwollen aufnehmen und sich aus
seinem Munde selbst einiges Nähere von der Sache,
die ihm so rühmlich am Herzen liegt, berichten laßen
werden. Nachdem er bereits vor mehrern Jahren zu
Wien zwei Bände dieser trefflichen Lieder (schwerlich ist
ein schlechtes darunter) und zu ihrem Verständnis mit
dem Beifall der gelehrtesten Slavisten Kopitar und Do=
browsky eine serb. Grammatik und ein reiches Wörter=
buch herausgegeben hat, beschäftigt er sich nunmehr zu
Leipzig mit einer neuen, beträchtlich vermehrten Ausgabe
der Lieder. Bereits ist der dritte Theil bei Breitkopf
und Härtel sauber gedruckt erschienen und dem Fürsten
Milosch, welcher für Sammlung und Unterstützung der=
selben viel gethan hat, zugeeignet. Den ersten oder
zweiten Theil gedenkt Hr. Buk Ihrer Durchlauchtigsten
Großfürstin zu widmen. Eure Excellenz werden ihm
am besten sagen, ob es dazu einer vorgängigen Er=
laubnis bedarf? und in solchem Falle vielleicht die Güte

haben, sie zu vermitteln. Gebornen Russen sind serbische Lieder leicht verständlich und schönere, lieblichere hat die russ. Literatur schwerlich aufzuweisen.

Da ich mich mit der serb. Sprache beschäftigt habe und mit Hülfe des Wörterbuchs die Lieder ziemlich verstehen kann; so bin ich so frei, zur Probe die Uebersetzung eines der kürzeren, wie sie in der Geschwindigkeit eben gerathen will, beizufügen. Es ist aber kaum thunlich, die vollkommenen Formen dieser Sprache in unser viel mehr abgeschliffenes Deutsch, dem außerdem der trochäische Silbenfall unbequem ist, zu übertragen und je bekannter man mit den Originalen wird, desto mehr jammert es einen, sie im deutschen Ausdruck zu radbrechen.

Ich bin mit Verehrung
Eurer Excellenz
Cassel 1 Oct. 1823. gehorsamster Dr.
Grimm.

Die beigefügte Uebersetzung bot als Probe „die Erbschaftstheilung", ein Gedicht, dessen ergreifende Schilderung des Werthes brüderlicher Eintracht Jacob auch in der Göttingischen Anzeige rühmte. Zwei Brüder, Dmiter und Bogdan, theilen ihres Vaters Erbe. Nur um ein schwarzes Roß und einen grauen Falken hadern sie. Dmiter schwingt sich auf den Rappen, nimmt sich weg den Falken, eilt zur Jagd ins Waldgebirge. Seine Gattin Angelia soll indeß den Bruder ihm vergiften. Sie bringt jedoch dem Schwager einen Becher rothen

Weines und erbittet sich den Rappen und den Falken. Beide aber, des Zwistes Anlaß, gehen auf der Jagd zu Grunde. Und wie Dmiter reuevoll zurück nach Belgrad's weißem Schlosse eilet, empfängt ihn seine Gattin mit den Worten:

> Nicht vergiftet hab' ich Dir den Bruder,
> Habe Dich dem Bruder ausgesöhnet.

Wuk Stephanowitsch wurde in Weimar auf das freundlichste aufgenommen. Auf Goethe machten die serbischen Dinge großen Eindruck. Er ließ sich Wuk's Grammatik (1814) und das Wörterbuch (1818) zusenden und bezeigte brieflich seinen Dank dafür. Von Wuk empfing er auch eine Anzahl wörtlicher Uebersetzungen, darunter das große Gedicht vom Tod des Kralewitsch Marko, das dann in Kunst und Alterthum erschien. Wahrscheinlich war Wuk's Sendung vom 10. November auch Jacob Grimm's Anzeige des dritten Bandes beigeschlossen, deren Lectüre Goethe im Tagebuch unter dem 13. November verzeichnete. Der 1824 aber erscheinende erste Band durfte der „Erbgroßherzogin von Weimar Kaiserlichen Hoheit" in einer russischen Zuschrift gewidmet werden.

Auch Jacob Grimm wurde von Goethe mit einer Antwort erfreut:

Mit vielem Antheil, mein Werthester, habe den mir zugewiesenen serbischen Literator aufgenommen und gesprochen; seine früheren Arbeiten waren mir schon durch Rezensionen bekannt und da gar manche Lieder jener Völker, die sich dieser und ähnlicher Mundarten bedient, in meinen Händen sind so war eine nähere aus unserer Unterhaltung hervorgehende Kenntniß mir höchst angenehm.

Am aller erfreulichsten aber doch die wohlgelungene Ueberseßung des schönen Fürsten und Sittenliedes, die Sie mir so gefällig übersenden mögen, und welche ich, nachdem ich sie Freunden und Sinnesverwandten vorgetragen sogleich, Genehmung hoffend, in Kunst und Alterthum abdrucken ließ.

An den glücklichen Fortschritten Ihrer edlen Bemühungen würde mich Ihr ernster treuer Sinn nicht zweifeln laßen, wenn ich auch nicht, wie es von Zeit zu Zeit geschieht, durch Freunde, oder wohl öffentlich davon Nachricht erhielte, und davon meinen Vortheil gewänne.

Möge auch mir wie bisher bey meinem eigenen Thun und Laßen Ihre Mitwirkung zum schönen und großen Zweck zu Gute kommen; erhalten Sie mir ein freundliches Andenken und geben mir gelegentlich erfreuliche Zeichen.

Weimar
den 19. Octbr.
1828

ergebenst
JW. Goethe

Die Erbschaftstheilung ist im dritten Heft des vierten Bandes (S. 66) abgedruckt und „Grimm" unterzeichnet. Dieses Heft schickte Goethe nach dem Tagebuche am 25. Januar 1824 an „Herrn Bibliothekar Grimm, nach Cassel". Jacob hatte, wie er ausdrücklich Therese von

Jakob versicherte, seine etwas hastig verfaßte Ueber=
setzung nicht für den Druck bestimmt; er würde sich bei
längerer Muße noch mehr slavische Wendungen anzu=
gewöhnen versucht haben. Sein noch im Goethe=Archiv
vorhandenes Manuscript läßt eine eigenartige Aenderung
von Goethe's Hand erkennen. Die Verletzung des Falken
nämlich wird in Grimm's ursprünglicher Uebertragung
folgender Maßen geschildert:

66 Gegen Abend traf er unversehens
  In des Waldes Grüne einen Weiher,
  Auf ihm eine Ente goldgeflügelt.
  Los band Dmiter seinen grauen Falken
70 Ihm zu fahn die Ente goldgeflügelt.
  Aber nimmer ließ sie sich erblicken
  Sondern [satzend] fahrend nach dem grauen Falken
  Brach sie dem den einen rechten Flügel.
  Jakschiz Dmiter als er das gesehen,
75 Zog er schnell sein herrliches Gewand aus,
  Sprang hinunter in den tiefen Weiher
  Zu erhaschen seinen grauen Falken 2c.

Die Situation ist nicht ganz klar. In den Lüften findet
der Kampf schwerlich Statt. Auf dem Wasser aber
müßte doch die Ente sichtbar gewesen sein, da sonst der
Falke nicht hätte herabstoßen können. Diesen Anstoß
wollte Goethe beseitigen, indem er auf einem angeklebten
Streifen die Verse 71. 72 also umformte:

Aber wundersam erschien sie drohend,
Heftig fahrend auf den grauen Falken

und sie in dieser Fassung drucken ließ. Daß aber kein
Uebersetzungsfehler vorliegt, verbürgt die Wiedergabe
Talvj's (1, 149):

> Aber eh' er sie noch konnt' erschauen,
> Hielt sie schon gefaßt den grauen Falken.

Der sich hier abspielende Vorgang hat allgemeinere Bedeutung. Wenn Lieder in Volksschichten fortgesungen werden, die bereits auf einem andern Boden stehen als woraus das Lied gewachsen ist, so verkümmert bisweilen die ursprüngliche Wahrheit und Anschaulichkeit, mit der die Dinge begriffen werden. Jacob Grimm empfand die Unebenheit auch: in der Göttingischen Anzeige sprach er nur von der „zauberhaften" Ente. Aber er erkannte sich nicht das Recht zu, an dem Ueberlieferten zu bessern. Goethe dagegen, dessen freischaffende Dichtkraft sogar das Volkslied sich dienstbar gemacht hatte, half an dieser Stelle unbedenklich nach. Freilich nicht mit glücklicher Hand: er entfernte nicht den Anstoß, sondern verdeckte ihn nur dem Auge des Lesers.

Jacob Grimm verwandte den ganzen Winter, unter Zurückschiebung aller anderen Arbeiten, auf die Verdeutschung der serbischen Grammatik von Wuk. Um das Studium der Originallieder auch Nichtserben zu ermöglichen, hatte dieser, der deutschen Sprache selbst nicht völlig mächtig, von einem Ungarn eine deutsche Uebertragung der Grammatik anfertigen lassen. Grimm sollte sie berichtigen, ergänzen und mit einer Vorrede und Einleitung versehen. Das Manuscript erwies sich aber als unbrauchbar, und da der Druck sogleich beginnen sollte, warf sich Jacob kurz entschlossen mitten in die ihn anziehende Arbeit. Im Mai 1824 war das Buch ausgedruckt. Voran eine Vorrede Jacob's, welche die Volks=

Neugriechische und serbische Volkspoesie.

und Sprachgeschichte der slavischen Nationen in großen Bildern entrollt; dahinter von dem Linguisten Vater, dessen Freund und Hausgenosse Wuk in Halle gewesen war, eine Zergliederung des umfangreichsten Heldenliedes, der Hochzeit des Maxim Zernojewitsch. Goethe war auf das nahe Erscheinen der Grammatik vorbereitet. Nach dem Tagebuche hatte ihn Wuk am 15. Februar 1824 abermals besucht und mit einem Briefe Vater's nun auch die beiden ersten Bände seiner Volkslieder überreicht. Beide empfahl Grimm wieder in einer Göttingischen Anzeige; die verdeutschte Grammatik übersandte er Goethe:

Ew. Excellenz

haben durch die wohlwollende Aufnahme des Herrn Wuk Sich denselben zu immerwährender Dankbarkeit verbunden. Er ist gegenwärtig in sein Vaterland heimgekehrt, wo es nicht an Verkennern und Befeindern der verdienstlichen Bemühungen dieses Mannes fehlt. Zumahl scheint ihm die serbische und ungrische Geistlichkeit abgeneigt, welche den engen Kreis ihrer Kirchensprache durch die Aufmunterung und Hervorhebung der lebendigen Landessprache beeinträchtigt wähnt, die Volkslieder für zu frei oder abgeschmackt und der Sammlung für unwerth hält.

Das beiliegende Lied von der Erbauung Scutari's hatte mich durch seinen Inhalt, der sich mit weitverbreiteten Volkssagen berührt, vor andern angezogen. Die Schönheit seiner Form darf nicht nach meiner, zwar

getreuen, aber unvollkommnen Uebersetzung ermessen
werden. Befriedigende Uebertragungen der serbischen,
so wie aller Volkslieder überhaupt, werden sich schwerlich
geben laßen. Die epischen Formeln, im Original natür=
liche Wiederhohlungen, bekommen in der Nachbildung
etwas Gezwungenes und Schleppendes. Vielleicht hätte
ich andere und kürzere Stücke übersenden sollen, vor
allem das großartige Gedicht von Marco's Tode; doch
hat mir Herr Vuk gemeldet, daß er selbst an Eure
Excellenz gerade von diesem und andern Liedern wört=
liche Versionen hat gelangen laßen, aus denen sich die
Einfalt und Gefälligkeit der Texte ebenso gut oder beßer
ergibt, als aus meinen metrischen Nachahmungen.

Ich bin so frei, die Verdeutschung der serb. Gram=
matik beizufügen.

Mein Bruder, der Mahler, hat mit Dank und Be=
lehrung die Anzeige seiner radirten Blätter im letzten
Hefte für K. und A. gelesen und denkt sich die ihm
ertheilten Winke zu Nuz zu machen. Neulich hat er
Bildnisse göttingischer Professoren mit Glück radirt, aber
noch keine guten Abdrücke zur Hand.

Mit Verehrung Ew. Excellenz .

Cassel 8 Mai   gehorsamster Diener
1824.   Grimm.

Der Erbauung Scutari's Seitens dreier Brüder
stellt sich die Wila vom Gebirge entgegen; erst als nach
dem Willen dieser Bergesfee das unschuldige Weib des
jüngsten Bruders in den Grund vermauert wird, geht

der Bau von Statten; noch ein ganzes Jahr hindurch säugt die junge Mutter durch ein Fensterlein ihren kleinen Knaben. Von diesem Liede hatte Jacob nicht lange vorher eine unmetrische Uebertragung den Fräulein von Haxthausen mitgetheilt: „Um diesem Brief einigen Werth zu geben, schreibe ich Ihnen das wunderschöne serbische Lied von der Erbauung Scutaris her. Ein kleineres habe ich neulich Göthen geschickt (Erbschaftstheilung), der es in sein neustes Heft von Kunst und Alterthum hat laßen abdrucken. Dieses ist aber weit schöner — unsere deutschen Volkslieder müßen sich alle davor verkriechen". Goethe nahm das Gedicht 1825 wieder in seine Zeitschrift auf, jedoch auch hier sich einige Freiheiten gestattend. Von ihm rührt, ohne ersichtlichen Grund, die Ueberschrift „Die Aufmauerung Scutaris" her, während Jacob Grimm das häufig von ihm citierte Gedicht stets „die Erbauung Scutaris" nannte. Ein ganzer Vers fehlt bei Goethe; die beiden Uebertragungen bieten nämlich,

an Haxthausen:	bei Goethe:
Das ruft die Wile von dem Berge, Nichts nütze Verschwenden des Geldes, Die Wile läßt nicht den Grund legen, Noch weniger die Feste aufbauen; Weiter sagt die Wile von dem Berge, Wir seien da drei leibliche Brüder Jeder habe eine treue Gattin	Dieses schreit die Vila vom Gebirge: Nimmer fruchtet, daß wir Geld verschwenden, Leidet Vila nicht, den Grund zu legen, Noch viel minder zu erbaun die Feste, Doch wir seyen hier drey Leibesbrüder, Jeder habend seine treue Gattin ....

Kein Zweifel, daß Goethe jenen Vers, der ihm den munteren Fortstrom des Liedes zu hemmen schien, unbedenklich ausgeschieden hat.

Als Gegengabe für Jacob Grimm verwandte Goethe das fertig liegende erste Heft des fünften Bandes von Kunst und Alterthum, enthaltend den Tod des Kralewitsch Marko von Wuk:

Ew: Wohlgeboren

übersende beykommendes zwar später als billig, aber doch nicht unzeitig, denn eben jetzt führen mich meine sehr vereinzelten Studien wieder an die serbischen Lieder und wessen sollt ich dabey eher gedenken als Ihrer würdigen Bemühung.

Das zuletzt mitgetheilte Gedicht ist unter denen die ich kenne wohl das älteste, wenigstens bezieht sich auf die Erbauung von Skutari, vielleicht schon im achten Jahrhundert, und trägt noch ganz den höhern barbarisch heidnischen Sinn eines Menschenopfers zu großem unerläßlichen Nationalzwecke.

Gar manches andere ist mir indeß durch die Bemühung der Fräulein Therese von Jakob zu Halle bekannt geworden, die sich auch wohl Ihrer Theilnahme freut. Die Fertigkeit und Ausdauer dieses talentvollen Frauenzimmers sind zu bewundern, sie scheint mir durch die Herren Wuk und Vater zu dieser Angelegenheit aufgeregt worden zu seyn.

Ich lese so eben Ew: Wohlgeboren Vorrede zu der serbischen Grammatik wieder und bewundere die mögliche Klarheit die Sie über das Gewühl der Volkswanderung und Volksversetzung, so wie über die Wandelbarkeit der Sprache verbreitet. Leider hab' ich auch nicht die geringste Anmuthung zu jenen östlichen Zungen und ist mir deshalb eine geistreich angeschloßene Uebertragung vom größten Werth.

Laßen Sie mich von Zeit zu Zeit an Ihren Bemühungen Theil nehmen, die ich, wenn gleich nur aus einer gewissen Ferne, zu schätzen weis, auch in dem mir übersehbaren Umfang wahrhaft zu bewundern die Freude habe.

Zu geneigtem Andenken mich angelegentlichst empfehlend

Weimar
den 30. August
1824.

ergebenst

JW. Goethe

Zu der Zeit, wo Goethe diese Zeilen schrieb, lebte er nach Ausweis des Tagebuches ganz und gar in der serbischen Volkspoesie. Die Lieder waren ihm damals, frei von dem national=patriotischen Eifer Wuk's und dem sprachlichen Nebeninteresse Grimm's, nur von der poetischen Seite dargeboten worden durch Therese von Jakob aus Halle. Ihr Enthusiasmus für diese Dinge entsprang allein persönlichem Behagen. Ihr erster an Goethe, den „verehrtesten aller Männer", gerichteter Brief datiert vom 12. April 1824. Sie hatte zwar noch den guten Wuk durch Professor Vater kennen gelernt, aber eigentlich war sie erst durch Jacob Grimm's öffentliche Empfehlung der serbischen Volkslieder auf dies neue, unerhellte Feld der Literatur geführt worden. Ungenannt trat sie zuerst mit einer öffentlichen Anzeige der drei Wukischen Bände auf, in der die Bestimmtheit ihres Urtheils überrascht. Mit der ihr von Anfang an eigenen Selbst=

ständigkeit ging sie unbekümmert selbst auf Jacob Grimm's Uebertragung der Erbschaftstheilung los. In den Versen 48. 49, wo Angelia, die den Schwager vergiften soll, sich im Selbstgespräch entschließt:

> Doch ich werd ihn nimmermehr vergiften,
> noch im Hofe harren meines Herren ꝛc.

tabelte sie frischweg einen Uebersetzungsfehler, da es vielmehr heißen müßte:

> Aber wenn ich ihn nicht vergiften will,
> Darf ich den Gatten nicht im Hofe erwarten.

Als aber unter Goethe's wohlwollender Förderung der erste Band ihrer „Volkslieder der Serben metrisch übersetzt und historisch eingeleitet von Talvj" 1825 erschienen war,[1] wandte sie sich mit ihrem Buche unmittelbar an Jacob Grimm (7. Juni): „Vielleicht sind Sie schon durch Goethe, oder durch einen Andern, von meiner emsigen Beschäftigung mit den serbischen Volksliedern unterrichtet worden." Die halbe Namensvetterschaft machte Grimm vielen Scherz. „Es ist von Jacob (schrieb er Fräulein von Haxthausen) wirklich eine Uebersetzung Serbischer Lieder im Drucke erschienen. Es steht ein anderer Name auf dem Titel, aber der wahre Verfasser heißt Jacob, doch bin ichs nicht, Halle bei Renger 1825."

Inzwischen war für Goethe die rechte Zeit gekommen. Die langsam reifende Angelegenheit hatte sich enthüllt. Er sah die serbischen Gedichte „in Masse" vor sich und

---

[1] Das Pseudonym Talvj ist gebildet aus T(herese) A(lbertine) L(uise) v(on) J(akob).

Neugriechische und serbische Volkspoesie.

konnte nun Reichthum oder Armuth, Beschränktheit oder Weitsinn, tiefes Herkommen oder Tagesflachheit an ihnen eher gewahren und beurtheilen. Den serbischen Volksgesängen erwies er jetzt den gleichen Dienst, wie zwanzig Jahre früher den alten deutschen Liedern in des Knaben Wunderhorn, und schrieb den großen Aufsatz „Serbische Lieder" für Kunst und Alterthum (V 2). Mit der Sicherheit des Genies griff er aus dem Vorrath dessen, was Grimm's Arbeiten, Gespräche mit Wuk und Talvj, und die in der Handschrift vorgelegten Uebersetzungen der Talvj ihm vermittelt hatten, die wesentlichsten Dinge heraus und brachte sie mit einer Klarheit sonder Gleichen zur Darstellung. Die kurzen Inhaltsbezeichnungen der einzelnen Lieder ordnete er nach den Nummern der erwähnten Handschrift. Da die Reihenfolge für den Druck auf Goethe's Rath umgestaltet wurde, so kommt das Schema mit Talvj's Buche nicht mehr völlig überein, für einzelne der skizzirten Gedichte wäre eine nähere Bestimmung nur aus Wuk's Originalen zu gewinnen. Goethe's Nummer 29, „Vorzug des kleinen Mädchens und sonstiger Kleinheiten", bezieht sich aber sicherlich auf ein Liedchen, das Goethe schon 1814 in jener wörtlichen Uebersetzung, worin es Blatt 22 einnimmt, zugekommen war und mit nur wenigen Abweichungen auch unter Grimm's „neunzehn serbischen Liedern" erscheint:

„Mädchen, niedlich kleines Veilchen,
Lieben möcht ich Dich, aber bist klein!"
Lieb mich, Lieber, will schon groß werden,

> Klein ist das Auge der Perle,
> Und man trägt sie gern am Halse,
> Klein ist der Vogel, die Nachtigall,
> Aber sie ermüdet Reiter und Roß.

Der beste Theil aber von Goethe's allgemeinen Ausführungen beruht auf Jacob's Vorrede zur serbischen Grammatik. Manche Wendungen gingen sogar wörtlich in den Aufsatz über. Was hierin über Grimm's persönliches Verhältniß zum Serbischen gesagt wird, hält freilich nicht in allem Stich; um so bedeutungsvoller bricht die Schätzung dessen, was er für die Sache leistete, durch: „Bibliothekar Grimm in Kassel ergriff mit der Gewandtheit eines Sprachgewaltigen auch das Serbische; er übersetzte die Wukische Grammatik und begabte sie mit einer Vorrede die unsern obigen Mittheilungen zum Grunde liegt. Wir verdanken ihm bedeutende Uebersetzungen, die in Sinn und Sylbenmaß jenes Nationelle wiedergeben." Den Unterschied zwischen Grimm's und Talvj's Weise hatte Goethe richtig herausgefühlt. Grimm's ernst und streng an das Original sich haltende Uebertragung war für ihn persönlich zunächst die erwünschteste. Denn da er selbst keines slavischen Dialectes mächtig war, erhielt er bis zu einem gewissen Grade Ersatz für die Originale und konnte sich so ein Gefühl für die Wortstellung und den Tonfall der serbischen Lieder verschaffen. Am letzten Ende wollte Jacob Grimm auf den Urtext hinführen, aber dieser mehr gelehrte Standpunct war für ein breiteres, genießen wollendes Publicum nicht betretbar. Dagegen Talvj's mit freier Heiterkeit überliefernder Vortrag

verstand die tüchtigsten Heldengesänge und zartesten Liebes=
lieder der fremden Nation in deutsches Allgemeingut um=
zubilden. So wiederholte sich hier der Gegensatz, in den
Jacob Grimm sich einst zu den Herausgebern des Wun=
derhorns und zu seinem Bruder Wilhelm gestellt hatte.

Der große serbische Aufsatz Goethe's befriedigte
Therese von Jakob wenig, er schien ihr durchaus nichts
Bedeutendes zu enthalten. Für Jacob Grimm war
Goethe's Urtheil höchst merkwürdig: er beleuchte den
Werth der Volksdichtung strichweise mit klaren Blicken;
dazwischen bleibe vieles liegen; und auch an den
Griechen ergreife uns manches, was man barbarisch zu
nennen hätte. Von Talvj's Uebersetzung erschien dann
1826 der zweite Theil. Therese lernte noch im Herbste
Jacob Grimm in Cassel persönlich kennen und hatte
die Freude, daß dieser das ganze Werk in den Göttingi=
schen Anzeigen besprach. Ein prächtig geschriebener all=
gemeiner Eingang leitet zu dem Satze, daß die serbi=
schen Lieder eigentlich unübersetzlich seien. Von hier aus
fällt Licht und Schatten auf Talvj's Verfahren, doch
so, daß erquickende Wärme das Ganze durchdringt.
Talvj's Sorgfalt und Geschick wird lobend anerkannt.
Die meisten Lieder seien mit feinem Bedacht geordnet.
Grimm konnte nicht wissen, daß die Anordnung des
Buches ein still hergegebenes Verdienst von Goethe war.
Goethe wieder hielt sich durch Grimm's Recension aller
weiteren Aeußerungen überhoben, die er selbst über Talvj's
zweiten Band zu machen gedachte. „Sie ist (schrieb er
1827 in Kunst und Alterthum) von dem gründlichsten

Sprachkenner verfaßt, der eben so gut das allgemeine Organ woburch wir uns mittheilen, als das dadurch Mitgetheilte zu schätzen weiß. Wir würden den Eingang hiebey abbrucken lassen, wenn wir nicht in unsrer gewohnten Bogenzahl zu weit fortgerückt wären."

Mit allmählich absinkendem Interesse hat Goethe noch die Serbianka des Serben Simeon Milutinowitsch öffentlich empfohlen; er hat auch den Leipziger Kaufmann und Legationsrath Gerhard, dessen „Wila. Serbische Volkslieder und Heldenmärchen" 1828 herauskamen, mit Rath und That unterstützt. Auch hier unter steter Bezugnahme auf Grimm und seine Verdienste. Auf diesem Gebiete war Jacob Grimm der Bahnbrecher Goethe's gewesen.

Zwölftes Capitel.

Ludwig Grimm's Radierungen.

Als Ludwig Grimm aus den Freiheitskriegen wieder in das bürgerliche Leben übertrat, hatte er die eigentliche Lehrzeit hinter sich. Von immer besser gelungenen Copien und einzelnen viel versprechenden Versuchen nach dem Leben war er allmählich zu selbständiger Auffassung und künstlerisch freier Behandlung ihm zusagender Stoffe aufgestiegen. Köpfe von Kindern und Leuten aus dem Volke zählten zu seinen besten Stücken. Das Portraitieren seiner Geschwister und all derer, die zu ihnen gehörten, betrachtete er wie eine liebe, ihm natürlich zukommende Verpflichtung.

Für seine Fortentwicklung wurde es indessen nothwendig, daß der Blick des jungen Mannes sich in die Weite dehne, daß er das geschichtliche Werden seiner Kunst mit eigenen Augen sehe. Die den Brüdern wohlgesinnte Churfürstin Auguste, eine preußische Prinzessin, hatte ihm nach seinem Austritt aus dem Regimente so viel Mittel zugewendet, daß er bei mäßigen Ansprüchen auf drei Jahre jeder Existenzsorge überhoben war. Die Rheinfahrt mit Wilhelm und Savigny erschloß ihm zum ersten Male die altdeutsche Malerei. Wenig fehlte, so wäre er seinem Bruder Jacob damals nach Paris gefolgt. Von der größten Wichtigkeit wurde Italien für seine Arbeiten.

Als Ludwig nämlich 1815 in Frankfurt weilte, befreundete er sich mit dem jungen George Brentano-Laroche, der sich damals mit Leidenschaft auf das Zeichnen gelegt hatte. Sie beschlossen eine gemeinsame Reise nach Italien, die im folgenden Jahre ausgeführt wurde. Für Goethe, der George als einen Brentano gut kannte und z. B. noch 1814 von ihm ein Stammbuchblatt entgegen genommen hatte, war Wilhelm's briefliche Erwähnung der Reise (oben S. 116) gewiß nicht ohne Interesse. Bis tief in den Süden, über Rom hinaus, eilten die Freunde, Ludwig schauend und zeichnend. Eine Reihe geistvoller Studien kehrte mit ihm heim. Die Blätter sind alle noch im Nachlaß Ludwig's erhalten. Der beste Theil davon lieferte, in Kupfer ausgeführt, den Stoff zu seinem ersten großen Werke, den „radirten Blättern nach der Natur gezeichnet von L. E. Grimm", dem Freund und Reisegenossen zugeeignet. Dieser Gewinn der Reise fiel auch Goethe zu; Wilhelm schickte das Werk und schrieb:

Nehmen Ew. Excellenz beiliegende Sammlung von radirten Blättern mit gewohnter Güte und Nachsicht auf. Sie machen als Zeichnungen nach der Natur keine höheren Ansprüche, mein Bruder wünscht aber auf diese Weise einzelne Studien, die für andere Zwecke

doch unverloren sind, festzuhalten und hofft, daß bei seinem
Bemühen, was ihm eigenthümlich und charakteristisch,
überhaupt auf irgend eine Art ausgezeichnet schien, nur
aufzunehmen, der Liebhaber solcher Arbeiten immer et=
was Ergötzliches oder Willkommenes darin finden werde.
Möge das Heft mit den ital. Zeichnungen Ihnen einige
Augenblicke angenehmer Erinnerung gewähren; dieser
Wunsch so wie das Wohlwollen, womit Ew. Excellenz
schon vor Jahren ähnliche Zeichnungen meines Bruders
betrachtet haben, muß ihn entschuldigen, wenn er mit
einer so kleinen Gabe sein Andenken zu erneuern sucht.

Möge Ihnen vom Himmel noch eine Reihe heiterer
Jahre in neugestärkter Gesundheit bestimmt seyn! Ver=
schmähen Ew. Excellenz diesen Wunsch und die Theil=
nahme an Ihrem Wohlergehen auch von denen nicht,
die sie still und in der Ferne gehegt haben und einer
Gelegenheit sich erfreuen, wo sie sie äußern dürfen.

Ew. Excellenz

Cassel den 8ten Julius
1828.

gehorsamer Dr
Wilhelm C. Grimm.

Goethe war von der schweren Krankheit, die ihn
im Frühjahr fast zu Boden gerungen hätte, erstanden.
Trübe Nachrichten hatten in den Tagen der Gefahr
auch die Brüder Grimm in Cassel bewegt. Um so
freudiger begrüßten sie seine Genesung und durften sich
später unter die Zahl derer rechnen, an die er sich 1824
in Kunst und Alterthum (IV 2) mit traulicher Dankbar=
keit für die erwiesene Theilnahme wandte. Das nächste

Heft (IV 3) brachte nun außer Jacob's Erbschaftstheilung eine freundliche Anzeige für den jungen Maler:

„Die radirten Blätter . . von L. E. Grimm . . haben uns bey wiederholter Durchsicht angenehm unterhalten und zur Achtung gegen das angeborne Talent des wackern Künstlers verpflichtet. Sie enthalten Gegenstände mannichfaltiger Art, Bildnisse von Mohren, Zigeunern, Malern, Fuhrleuten, Hirten, schönen Frauen und Mädchen; Prospecte merkwürdiger Gegenden, Blumen, Insecten, Thiere und Bruchstücke alter Bildhauerkunst, wohl meistens Dinge, welche Hr. Grimm während seines Aufenthalts in Italien, auch auf der Reise dahin und zurück, zur Erinnerung in sein Taschenbuch zeichnete und jetzt dem Publicum mittheilt. Die Radirnadel ist so zart und zierlich, daß man oft an die Arbeiten des Wenceslaus Hollar zu denken Veranlassung findet. Manches darf geistreich, selbst ausdrucksvoll genannt werden, zumal unter den Bildnissen. Die Prospecte sind meistens gut gesehen, das will sagen, aus wohlgewählten Standpuncten gezeichnet; indessen scheint der Künstler in diesem Fach weniger Fertigkeit zu besitzen als in dem der Bildnisse, denn oft ist die Behandlung der einzelnen Theile nicht bedeutend, nicht abwechselnd genug; auch wäre mehr Haltung und kunstgerechte Vertheilung von Licht und Schatten zu wünschen".

Diese Anzeige, für welche Jacob in Ludwig's Namen dankte (oben S. 174), ist neuerdings Goethe ab-, und Heinrich Meyer zugesprochen worden. Den Brüdern

Grimm galt sie als Goethisch. Entweder durch Wuk oder aus dem Brentano'schen Kreise wußten sie im Voraus, daß in diesem Hefte die Recension erscheinen würde. Nur aus mündlicher Unterhaltung können die näheren Angaben über die Entstehung des Werkes geflossen sein. Die ganze Art der Anerkennung wie der Ausstellung gleicht früherem Urtheil Goethe's, sogar in wörtlichen Anklängen, z. B. die „sehr zarte Nadel" (oben S. 49). Die Einzelcharakteristik, der gehaltene Ton der Ausführungen scheint gleichfalls für Goethe zu zeugen. Lägen bestimmte Daten für Heinrich Meyer's Verfasserschaft vor, man müßte alsdann sagen, daß dieser von seinem großen Kunstfreunde vorzüglich inspiriert gewesen wäre.

Auf dem Titelblatte des noch im Goethehause vorhandenen Exemplars der Radirten Blätter ist die gedruckte Jahreszahl 1818 mit Tinte in 1822 umgeändert. So lange also hatte sich die Vollendung hinausgeschoben. Bereits begann Ludwig an einem neuen Werke zu arbeiten. Die engere Verbindung seiner Brüder mit Göttingen verschaffte ihm die vortheilhafte Gelegenheit, die berühmteren Professoren daselbst porträtieren zu dürfen. Jacob's vorherige Benachrichtigung (oben S. 174) machte Goethe sicherlich Freude, da er selber gute Beziehungen zu jenen Männern pflegte. Im Jahre 1824 war die erste Serie der „Bildnisse Göttinger Professoren" fertig gestellt, und Wilhelm besorgte für Ludwig die Zustellung an Goethe:

Ew. Excellenz

nehmen mit gewohnter Nachsicht einige neuere Blätter meines Bruders auf, welche die Bildniße Göttinger Profeßoren enthalten. Er hat geglaubt die Bekanntschaft und Güte dieser gelehrten Männer auf solche Art benutzen zu dürfen und sich bemüht, sie so charakteristisch, als ihm möglich war, aufzufaßen. An der Fortsetzung des Werks ist durch Zeichnungen gearbeitet.

Ich gestatte mir, eine Nachricht von Färöischen Liedern aus den Götting. Anzeigen beizulegen, vielleicht, daß die Theilnahme, welche Sie den Stimmen der Völker zu schenken pflegen, auch diesen hier, in mancher Hinsicht merkwürdigen, einige Augenblicke der Betrachtung zuwendet. Zu beßerm Verständniß füge ich die Uebersetzung eins der eigenthümlichsten Stücke hinzu. Höchst wahrscheinlich hat sich darin eine alte, in der Edda nicht mehr vorhandene Dämesage erhalten, welche als unterhaltendes Märchen, wenn auch ohne alle Ausbildung, doch angemeßen, reinlich und sauber forterzählt wird. Deutlich ist noch Verbindung und Kampf der Menschen und Götter gegen die wilden aber mächtigen Riesen sichtbar; umsonst wird bei den Elementen Schutz gesucht, nur die List hilft endlich aus.

Mein Bruder Jacob dankt Ew. Excellenz für die gütige Uebersendung der beiden Hefte über Kunst und Alterthum.[1] Ihre wohlwollende Gesinnung ist uns eine

---

[1] Es sind die Hefte IV 3 und V 1 (oben S. 176). — Von den färöischen Liedern spricht das folgende Capitel.

große Freude, möchten Sie uns derselben immer würdig halten!

Ew. Excellenz

Cassel 21ten Nov. 1824.

gehorsamer Dr.
Wilhelm Grimm

Die Bildnisse fanden gute Aufnahme in Weimar. Dasselbe Heft von Kunst und Alterthum, welches die Aufmauerung Scutari's enthielt (V 2), lenkte die Aufmerksamkeit des Publicums auch auf Ludwig's neueste Arbeit:

„Wie zart und zierlich Herr Grimm die Radirnadel zu behandeln versteht, dürfte unsern Lesern vielleicht noch aus K. u. A. IV. B. 3. H. erinnerlich seyn. Das gegenwärtig anzuzeigende Werk besteht aus sechs Blättern, welche die Professoren Hugo, Benecke, C. F. Eichhorn, J. G. Eichhorn, und Blumenbach darstellen. Der letztere ist auf zwey Blättern ohngefähr in derselben Positur aber von verschiedenen Seiten abgebildet; das Bildniß welches diesen berühmten Mann in Profil zeigt, scheint uns ganz vorzüglich ähnlich, auch ist es dem Künstler in Betracht der Ausführung unter allen am besten gelungen".

Auch diese Anzeige soll jetzt „zweifellos von Meyer" sein. Aber wie es scheint, trifft „zweifellos von Goethe" das richtige. Goethe, der den berühmten Blumenbach sehr gut kannte, war in der Lage, die vorzügliche Aehnlichkeit zu betonen. Dies Porträt hielt auch Jacob Grimm für das beste. Hugo sah nach seiner Ansicht etwas maliriös aus, er hätte auch die Hand aus der Hose laſſen ſollen. Der alte Eichhorn lächelte ihm zu viel, ohne doch das Ehrliche ſeines Geſichtsausdruckes darüber verloren zu haben. Bei Benecke gefiel ihm nicht der Mantelwurf, dagegen ſchien ihm das Haupt recht wohl gelungen. Den jungen Eichhorn fand er am ſchlechteſten gearbeitet, die Aufgabe war aber auch von allen die ſchwerſte.

Goethe maß den Arbeiten Ludwig Grimm's einen beträchtlichen Werth bei. Er langte ſie öfters hervor und beſah ſie mit Freunden. Nach dem Tagebuche lieh er, am 12. November 1823, die Radirten Blätter an Adele Schopenhauer, die damals angefangen haben mag Grimm'ſche Blätter zu ſammeln, und aus deren Nach= laß ſpäter zahlreiche Radierungen von ihm, darunter ſeltene Stücke, in die Beſtände des Goethehauſes über= gegangen ſind. In Goethe's Correſpondenz mit Carl Auguſt findet ſich anſcheinend eine Spur der auch ein= zeln käuflichen Göttinger Bildniſſe. Der Großherzog ſchrieb nämlich an Goethe bei der Rückgabe ihm dargereichter Blätter: „Das Bildniß von Blumenbach beſitze ich ſchon. Die Fortſetzung des G...... Werks habe ich aber ab= beſtellt." In der Lücke des Druckes ſtand vermuthlich „des Grimmſchen Werks", und dann fiele der un= batierte, aber ohnehin ſchon dem Jahre 1824 zugewieſene Brief in den November oder beſſer December dieſes Jahres.

Im Herbſt beſuchte Bettina auf einer Reiſe in die Frankfurtiſche Heimath die Brüder Grimm zu Caſſel.

Von der begeisterten Idee ihres Goethe-Monuments wurde Ludwig aufs tiefste ergriffen. Und doch war ihre antik-heroisierende Auffassung Goethe's weit entfernt von der Art, wie er selbst sein Wesen hätte gestalten mögen. In diesem Zusammenhange wurden wohl die Zeilen geschrieben, welche er unter dem 6. Juni 1825 aus Cassel an Bettina richtete:

„Schon oft habe ich daran gedacht ob es wohl nicht möglich wäre den Hr. v. Göthe nach der Natur zu zeichnen ich wolte mir Mühe geben, u. das könte ein schönes Bild geben, was sich gewiß jeder gern kaufte, er müste aber in seiner Arbeits-Stube sitzen u. die Umgebung dabei, u. nicht wie man Bilder von ihm hat, in seinem Frack-Rock mit den Sternen u. Orden 2c: ich weis zwar nicht ob es geht, aber ich meine das könten Sie am besten bewirken, daß er mir sich hinsetzte zum zeichnen. Wenn Sie einmal Zeit haben so denken Sie doch einmal darüber nach wie das am besten anzufangen ist. Es muß ein rechter Genuß seyn das schöne Interessante Geistige Gesicht treu nach der Natur zu zeichnen. Freilich noch besser mahlen, aber wer kann das dem Mann zumuthen."

Dieser Plan ist nicht zur Ausführung gekommen. In Bettinens Verhältniß zu Goethe hatte die Zeit manches geändert, und Ludwig selbst konnte sich niemals das Herz fassen, Goethe seine Wünsche auszusprechen. Im allgemeinen ist es bezeichnend für Ludwig, daß alle Verhältnisse, in welche er eintrat, auf die Verbindungen

Jacob's und Wilhelm's und deren Freunde zurückzuführen sind. Den älteren Brüdern überließ er auch gern die Vertretung nach außen. Er war eine ungemein bescheidene Natur. Mit dem allmählichen Erlöschen des äußeren Verkehrs zwischen Goethe und den älteren Brüdern hörten auch seine Beziehungen zu ihm auf. In behaglicher Schaffensruhe wirkte er den Rest seines Lebens als Professor und Lehrer der Malclasse an der Akademie zu Cassel. Je voller einmal die Zeit, welcher Ludwig Grimm's Leben angehört, in das geschichtliche Bewußtsein der Nation zurückkehrt, desto höher steigt sicherlich der Werth seiner Wirksamkeit. In seinen Zeichnungen und rabierten Blättern spiegeln sich nicht weniger rein die Gedanken jener Epoche ab, als in den Werken der Literatur. Seine Porträts bewahren treulich die Züge derer, die auf das geistige Leben unsres Volkes so nachhaltig einzuwirken berufen waren.

Dreizehntes Capitel.

Bis zu Goethe's Tode.

Noch vor dem Ausbruch der Freiheitskriege hatte Goethe's Schilderung seines Lebens zu erscheinen angefangen. Die weitesten Ausblicke öffneten sich damals in des Dichters Frühzeit. Aber die Wahrheit, mit der er sein Leben beschreiben wollte, hatte er nicht ohne Beimischung der Poesie zu erfassen vermocht. Gerade hierin sahen die Brüder Grimm eine Bestätigung der von ihnen zu den Märchen, den deutschen Sagen und der Heldensage vertretenen Ansicht, daß Poesie und Geschichte verwandt sind und von einem inneren Bedürfniß zusammengeführt werden. Ihrem feinen Gefühl konnte die allmälige Verringerung des poetischen Zusatzes von Goethe's Seite nicht entgehen. Schon der dritte Theil von Wahrheit und Dichtung (1814) dünkte Wilhelm viel mehr literarisch, als die vorigen, weswegen Goethe auch selbst sage, daß es ihm jetzt erst leicht ums Herz werde. Die Darstellung der italienischen Reise, zu der Goethe zehn Jahre überschlagend vorauseilte, zündete durch die sich darin heiter bethätigende Geistesfreiheit; Wilhelm fand die Beschreibungen meisterhaft: „man meint man könnte

überall da herum spaziren gehen"; um so mehr ver=
mißte er die alles durchdringende poetische Kraft. Einen
nicht ganz reinen Eindruck hinterließ bei ihm 1822 „der
neueste Band seiner Lebensbeschreibung, wo er den
Feldzug in die Champagne 1792 beschreibt und die Welt=
geschichte in den Lauf seiner Begebenheiten eintritt: alles
ist zierlich und kunstreich geordnet, schön in Farben ge=
setzt und auch auf diesem Wege gewinnen wir einen sehr
bestimmten Eindruck seines Wesens. Merkwürdig sein
Hang zur Beobachtung mitten in Unruhe und Gefahr,
die ihn sogar treibt, das Kanonenfieber an sich selbst
wirken zu laßen. Ich glaube, eben dieses Hanges wegen
ist er kein vollkommen großer Dichter geworden, wie
etwa Shakespeare, der allerdings mit einem Bewußt=
seyn und Gefühl von sich, doch ohne Mühe und lästige
Arbeit, auf den Stahlfedern seines Geistes sich wiegt
und ohne Vorsorge in die Sonne seine Augen richtet.
Es klebt Göthes Werken, bei aller Herrlichkeit, zu viel
Studium an, wie es andre Menschen auch brauchen,
ebendarum aber viel zeitlich Vergängliches."

Den Interessen der Gegenwart diente Goethe's
Zeitschrift über Kunst und Alterthum, seit 1816 erschei=
nend. Hier kamen Dinge zur Sprache, welche die Brüder
Grimm unmittelbar berührten. Die ersten Hefte machten
ihnen an sich keinen zu bedeutenden Eindruck. Dies
schloß nicht aus, daß die ganze Rheinreise sowie Goethe's
Abstimmung über Cöln und Bonn als Universitätsstädte
für Jacob „sehr zierlich, bequem und vornehm" war.
Im zweiten Hefte vermochten sie Goethe's ziemlich starken

Ausfall gegen die Gesinnung der neueren Maler nicht zu mißbilligen. Die Uebertreibungen und Ueberschätzungen taugten auch in ihren Augen nicht. Doch meinten sie, dergleichen wäre von selbst abgefallen, und bedauerten, daß vielen wehe gethan würde. Es denke doch niemand ernstlich daran, z. B. das Harte von Dürer's Formen, oder das Unruhige der altdeutschen Bilder nachzuahmen. Daß Goethe aber die Nachahmung der griechischen Welt als die zuträglichste pries, hielt Wilhelm für falsch zumal in der Malerei, da die Nachahmung der Antike bisher noch nichts Rechtes hervorgebracht habe: „Die Berücksichtigung der altdeutschen Malerei ist viel natürlicher, weil das Leben, das sie darstellt, doch noch vielfach in uns fortlebt. So ruhig er sich im Ausdruck hält und von dem bewußten heiteren und anmuthigen Wesen spricht, so sieht man ihm doch eine innere Bewegung und eine Art Aergerniß an." Und ferner: „Der zweite Aufsatz von der Rochuscapelle ist wohl absichtlich hingestellt, um ein Exempel zu geben, wie man sich in diesen Fällen heiter und schicklich zu benehmen habe. Unser Freund hat hier sein Behagen an dem erquicklichen, wohlhäbigen, selbst scherzenden Genuß eines durch äußeren Einfluß nicht unbedeutenden Festes heiter an den Tag gegeben, ja der Weinlust dabei eingeständlich sich nicht geschämt." Das abschließende dritte Heft des ersten Bandes (1817) brachte mancherlei nach dem Sinne der Brüder. Zwar Goethe's Beschreibung seines Aufenthalts zu Winkel und der umliegenden Gegend hatte nicht viel Anziehendes für Wilhelm, der die Oertlichkeiten alle kannte. Dagegen schienen beiden Brüdern die Bemerkungen über die deutsche Sprache und ihren natürlichen Gebrauch gut und zeitgemäß. Die Spitze eines Theils dieser Bemerkungen kehrte sich gegen die Berliner Sprachreiniger, gegen Wolke und seinen Anhang, deren Beschränktheit sich vermaß, mit ungeschickter Hand sogar die Sprache unsrer ersten Dichter und Schriftsteller anzutasten. Goethe hat dies geistlose Treiben zu wiederholten Malen gekennzeichnet. Einen Mittelpunkt erhielt die Bewegung durch die Gründung der Berlinischen Gesellschaft für deutsche Sprache, zu deren Mitgliedern auch die Brüder Grimm 1816 ohne ihr Zuthun oder Vorwissen gemacht wurden. Sie stellten sich aber von Anfang an abseits, ihnen war zu viel Fachwerk und Philisterei in dieser Gesellschaft. Das nüchterne Neubilden schien ihnen wie eine Sünde, weil es Lüge sei. Sie sahen richtig voraus, daß es keinen Einfluß auf unsre Sprache gewinnen würde. Dies pedantische Zurückgreifen der Sprachreiniger auf die ältere Sprache, meinte Jacob, müßte, wenn es wahr wäre, dazu führen, Goethische feine Wendungen in den gothischen Formen des Ulfilas auszudrücken. An den sich gerade in Berlin aufhaltenden Eberhard von Groote schrieb er damals: „Sie sind wohl auch dort unter die deutsche Gesellschaft gerathen; die Meinung ist gut, aber die Kraft und Art dieser Sprachreinigung will mir nicht in den Kopf und ich halte sie für unerlaubt. Dergleichen klopstockische, voßische Wortmachereien haben sich jetzo überlebt und die Zeit ist eigentlich dagegen; wie unend=

lich höher steht das heilige innere Wesen unserer Sprache selbst, und Göthe (der aus halbem Gegensatz jetzt über die Gebühr fremde Wörter braucht) schreibt dieser Flecken ungeachtet zehnmal grunddeutscher als alle Wolke und Heinsius. Das beste was die Spielereien vermögen, ist daß sie gewiße grammatische Untersuchungen anregen können." Gegen diese Puristen verfocht Jacob auch in der 1818 mit leidenschaftlicher Wahrheit geschriebenen Vorrede zur ersten Ausgabe der Grammatik die Macht des unermüdlich schaffenden Sprachgeistes, dessen unsichtbares Walten Dichter und Schriftsteller in der Begeisterung und Bewegung durch ihr Gefühl vernehmen, und berief sich ausdrücklich auf das, was Goethe neulich in Kunst und Alterthum (I 3, 51) hierüber „recht schön" gesagt habe. Aus der gleichen Gesinnung schrieb Jacob damals gegen die auch Goethe widerwärtigen Wortzusammensetzungen Jean Paul's, und verspottete noch 1826 auf das grausamste den in sprachreinigender Geschmacklosigkeit das Aeußerste leistenden Zeune und mit ihm die ganze „Wolkische Influenza, die selbst nach dem Tode ihres geschmacklosen Urhebers immer noch herum graffiert." Also mit Goethe's Tendenz konnten die Brüder in so weit einverstanden sein, wie die deutsche Sprache für sich allein in Betracht kam. Dagegen behagte Wilhelm nicht die wieder zur Schau getragene Vorliebe für die Griechen: „Wunderlich ist nur, daß er immer härter damit hervortritt, die Griechen als die einzige und ewige Lebensquelle zu preisen. Das thut Ruckstuhl in dem gerühmten (und von Goethe zum Ausgang genommenen) Aufsatz auch, ich möchte nur wißen, was ein solcher vernünftiges darauf antworten will, wenn man fragt, wo in unserer Sprache, Recht, Sitten, Eigenthümlichkeiten das griechische Element vorherrschend und bildend sich zeige. Was sich als gemeinschaftlich zeigt, sollte wohl aus einer noch frühern Zeit stammen. Göthe ist noch immer zu Jena und soll im Ganzen kränklich seyn; eben wird der ostwestliche Divan gedruckt, wo wir nun die reine Patriarchenluft zu kosten kriegen."

Diese etwas verdrießliche Stimmung darüber, daß Goethe so leicht und gern in die Fremde schweifte, verflog bei Grimm's in dem Augenblick, wo der Westöstliche Divan wirklich erschien (1819). Nichts vermochte den Brüdern die Bewunderung dieses Werkes abzuschwächen: „Bei diesem Divan (schrieb Jacob an Lachmann) habe ich wieder lebhaft empfunden, wie mächtig Göthe ist und wie hoch über allen unsern andern Dichtern; am liebsten sind mir die Lieder, wo man die persische Liebhaberei gar nicht merkt, wiewohl jedes Wort aus seinem Munde geistreich und voll zierlicher Anmuth ist."

Im zweiten und dritten Bande von Kunst und Alterthum (1818—1822) war wieder dem classischen Kunstgeschmack der weiteste Spielraum verstattet. Das mußte den Brüdern Grimm natürlicher Weise im Hinblick auf die deutschen Studien schmerzlich sein; Jacob erklärte damals, des Geredes über Kunst, Alterthum und Italien beinahe satt zu sein. Goethe war von Friedrich August Wolf's zertrennender Homerkritik allmählich zurückgekommen, und behandelte jetzt im dritten Bande seiner

Zeitschrift die Ilias im Sinne poetischer Einheitlichkeit. Mit den Nibelungen aber, über die er ähnlich gesinnt war, mochte er sich damals nicht befassen; um so weniger, als der junge Karl Ernst Schubarth in seinem Buche „Zur Beurtheilung Goethe's" den Gegenstand auf eine Art verfolgte und darlegte, die „mit seiner Vorstellung völlig übereintraf." Schubarth warnte, wie Goethe im Divan, davor, die Nibelungen mit Homer zu vergleichen. Sie könnten niemals für uns dasselbe sein, was Homer für die Griechen war. Denn Homer habe aus der Totalität eines vollen Volkslebens heraus geschaffen; dem schwer nach heiterem klaren Geiste ringenden Nibelungendichter sei doch nur die Weltauffassung einer in ihren Tiefen aufgerüttelten Zeit zur Verfügung gewesen. Die Schlegel, von der Hagen, Zeune, Grimm, Göttling, Lachmann, Mone hätten bisher allein den Stoff des Gedichts, oder höchstens den Inhalt beachtet, ohne auf Gestalt und Behandlung, diese beiden Wesentlichkeiten jeder guten Dichtung, zu sehen. Schubarth's Ausführungen befriedigten Grimm's natürlich nicht: „Wie gefällt Ihnen Schubarth (fragte Jacob bei Lachmann an), der wie Göthe exercirt, auch dieselben Worte zum Commando braucht? Ich habe einen Gelehrten gekannt, der ein paar Westen mehr trug, um das stattliche Wesen seines Vorbilds auch äußerlich zu bekommen, aber wenn ein ganz blutjunger Mensch sich nun gebährdet, als sey die ganze Maße von Welterfahrung, die heitere Anhöhe der Ruhe schon sein, so ist das ganz unerträglich; was er über das Nibelungenlied sagt, ist an sich wenig werth."

Andrerseits aber konnte Jacob nicht von der Hagen's schneller Gegenschrift „Die Nibelungen: ihre Bedeutung für die Gegenwart und für immer" Recht geben, worin der Beweis versucht wurde, daß die Nibelungen eine genugsam verständliche, menschlich wahre, und in der That auch Christliche Helden= und Ritter=Geschichte aus der Hohenstaufen Zeit seien. Jacob Grimm fand die Heraushebung des christlichen Princips zu weit getrieben und zweifelte stark, daß Schubarth oder Goethe dadurch zu Hagen's Standpunct bekehrt würden. Wirklich faßte auch Schubarth seinen Gegner da, wo er am schwächsten war: indem von der Hagen das Allegorische seiner Erklärung so stark betonen müsse, hebe er „die Natur des Nibelungen= Liedes als Gedicht" auf. Goethe erklärte sich durchaus mit Schubarth einverstanden; indem er es that, verwarf er aber auch die von Lachmann angebahnte kritische Methode, der gegenüber die Brüder Grimm sich damals nachgiebig verhielten. Ueberhaupt war in Schubarth's Buche manches Wort gegen die Vertreter der neueren deutschen Poesie und Literatur gesagt, gegen Schlegel, Tieck, Novalis, Fouquet, denen allen doch nur „das Aneignen, das Wieder= holen, das Reproduciren vergönnt und möglich" sei. In diesen Auslassungen glaubte Wilhelm nicht weniger Goethe's gegenwärtige Gesinnung zu vernehmen, als in den zahmen Xenien des zweiten und dritten Bandes von Kunst und Alterthum, die an sich schwerer als die wilden zu ver= stehen wären: „Ich wollte, statt dieser gereizten Stim= mung wohnte ihm eine milde, die Gegenwart mit mehr Lust und Vertrauen beschauende bei; wir würden ge=

winnen, das ist klar, aber auch er. Achtung und Zu=
neigung genießt er so viel, als ein Mensch sich wünschen
mag, doch scheint ihn eine gewisse Alterskrittelei zu be=
schleichen." Daß Goethe dabei dem Publicum mancherlei
zumuthete, dafür galten ihm die (1821 herausgekommenen)
Wanderjahre als ein neuer Beweis: „Das seltsame
Erziehungswesen, der Bildungsbund, die drei Ehrfurchten
begreift kein ordentlicher Mensch und so reizend die ein=
zelnen Erzählungen, so unbedeutend das, was den eigent=
lichen Inhalt ausmachen soll." Aus dem Roman schien
ihm eine Art Decamerone geworden zu sein mit einzelnen
schönen Stücken, aber leeren Verbindungen.

Mit dem nächsten Bande machte Goethe's Zeit=
schrift eine bemerkenswerthe Schwenkung zum Volks=
thümlichen hin. Die Lieder des näheren Ostens hatten
sich seine Gunst erobert und verwandte Neigungen in
ihm, ältere und neue, glücklich aufgerufen. Im vierten
Bande, meinte Wilhelm 1823, „stehen wieder einige Dinge,
die mich sehr erfreut haben, so unbefangen, lebendig und
eindringlich sind sie. Es scheint, als ob er sich wirklich
nach der Krankheit wieder verjüngt habe, ob es aber
nicht ein zu jugendlicher Sinn ist, wenn er ein ganz
blutjunges Fräulein heirathen will, wie ich gestern habe
erzählen hören, mag er selbst am besten beurtheilen
können". Es ist in den früheren Capiteln besprochen
worden, in welcher Weise Jacob's und Ludwig's Be=
strebungen von Goethe durch die nachfolgenden Bände
der Zeitschrift hin anerkannt worden sind.

Goethe's neuerwachtes Gefühl für Volkslieder sowie sein freundliches Verhältniß zu den Brüdern ließ Wilhelm hoffen, daß er seinen Sinn auch für eine eben aufgetauchte Gattung von Nationalgesängen öffnen würde, die allen Vertretern des älteren Deutschthums ein Gegenstand freudigster Ueberraschung waren. Nämlich auf den in nördlicher Abgeschiedenheit liegenden Färöern hatte sich, von fremden Einflüssen unberührt, die Eigenart der nordisch=germanischen Bevölkerung rein erhalten. Das größte Vergnügen der Bewohner war bei festlicher Zeit der Tanz, der von allen, Jung und Alt, zum Gesange ernster Lieder geschritten wurde. Die Sammlung dieser von Mund zu Mund sich vererbenden Lieder war das Verdienst des dänischen Pfarrers Lyngbye, und im Jahre 1822 wurden diejenigen davon veröffentlicht, welche von Sigurd dem Fafnerstödter und seinem Geschlechte alte Kunde gaben. Von diesem Buche machte Wilhelm Grimm 1824 in den Göttingischen Anzeigen eingehende Mittheilung. Ueber Local, Herkunft und Werth dieses „Reichthums von Poesie auf engem Raum unter einem kleinen Volk" bot er alles Wissenswerthe in knapper Fülle. Unter den zur Probe mitgetheilten Liedern andern Inhalts, schließt die Anzeige, sei besonders das von Loke ausgezeichnet schön und an sich merkwürdig genug, da die drei Götter Odin, Häner und Loke, die sich schon in der Edda in Gesellschaft finden, hier gemeinschaftlich einen Riesen überlisten: „wahrscheinlich haben wir eine alte Dämisaga vor uns, denn selbst der Umstand, daß dieses Lied sonst zu singen

verboten war, beweiset die Abstammung aus der Heiden=
zeit". Diese Anzeige und eine Uebersetzung von „Lokes
Sang" waren es also, die Wilhelm seinem Briefe an
Goethe vom 21. November 1824 (oben S. 188) bei=
legte. Das Gedicht, in Lyngbye's Ausgabe S. 500,
lautet in der Uebertragung nach Wilhelm's noch im
Goethe=Archiv vorhandenem Manuscript:

  Riese spielt mit dem Bauersmann,
  gewinnt das Spiel dem Bauer an.
  „Das schwere Stück hab' ich vollbracht,
  Dein Sohn ist nun in meiner Macht!
  Den Knaben fordre ich von dir,
  außer, du kannst ihn bergen vor mir."
  Der Bauer spricht zu Knechten zwein:
  „ladet Odin zu mir herein.
  Wäre Odin, der Asenkönig, hier,
  der könnte mein Kind wohl bergen mir!
  Ich wollt' Odin stände mir bereit,
  so wäre mein Kind in Sicherheit!"
  Bevor er sprach das Wort halb aus,
  stand schon Odin in seinem Haus.
  „Odin, hör', was ich sage zu dir:
  meinen Knaben sollst du bergen mir."
  Odin fährt mit dem Knaben fort,
  die Eltern sitzen in Aengsten dort.
  Zum Acker spricht Odin mit Macht:
  „du, wachse auf in einer Nacht!"
  Odin spricht zu dem Knaben sein:
  „spring mitten in die Aehren hinein;
  Spring mitten in die Aehren hinein,
  mitten in ein Gerstenkörnchen klein.
  Ohn' alle Sorge weil du hier,
  wenn ich dich rufe, komm zu mir."

Des Riesen Herz ist hart wie Horn,
er reißt heraus ein Büschel Korn.

Er reißt das Korn sich aus dem Land,
trägt scharf ein Schwert in seiner Hand.

Trägt scharf ein Schwert in seiner Hand,
den Knaben will er hauen zu Schand.

In großen Nöthen steht das Kind,
das Korn des Riesen Faust entspringt.

In großen Aengsten steht das Kind,
da rufts Odin zu sich geschwind.

Odin fährt mit dem Knaben dahin,
Vater und Mutter küßen ihn.

„Hier hast du deinen Erben zurück,
vollbracht hab' ich das schwere Stück." —

Der Bauer spricht zu Knechten zwein:
„ladet Häner zu mir herein!

Ja, wenn doch Häner wäre hier,
meinen Knaben könnt' er bergen mir."

Bevor er sprach das Wort halb aus,
stand Häner schon in seinem Haus.

„Häner, hör' was ich sage zu dir:
meinen Knaben sollst du bergen mir."

Häner fährt mit dem Knaben fort,
die Eltern sitzen in Aengsten dort.

Häner geht auf grünem Grund,
drei Schwäne fliegen über den Sund;

Von Osten drei Schwäne mit weißem Gefieder,
sie laßen sich bei Häner nieder.

Häner spricht zu dem Knaben fein:
„im Nacken als Feder setz dich ein!

Ohn' alle Sorge weil du hier,
wann ich dich rufe, komm zu mir."

Der Riese lauft über den grünen Grund,
drei Schwäne fliegen über den Sund.

Riese stürzt sich nieder auf die Knie,
der vorderste Schwan liegt unter ihm.

Den vordersten Schwan er nieder reißt,
den Hals er von dem Leib abbeißt.

Die Feder ist in der Noth nicht faul,
schlüpft glücklich aus des Riesen Maul.

In großen Aengsten steht das Kind,
da ruft es Häner zu sich geschwind.

Häner fährt mit dem Knaben dahin,
Vater und Mutter küßen ihn.

"Hier hast du deinen Erben zurück,
vollbracht hab' ich das schwere Stück!" —

Der Bauer spricht zu Knechten zwein:
"ladet Loke zu mir herein.

Ja, wäre Loke bei mir geschwind,
der könnte bergen mir mein Kind."

Bevor er sprach das Wort halb aus,
stand Loke schon in seinem Haus.

"Du weißt wohl nichts von meiner Noth,
Riese sinnt auf meines Knaben Tod.

Hör, Loke, was ich sage zu dir,
meinen Sohn, den sollst du bergen mir.

Verbirg ihn, wie es nur geht an,
daß ihn der Riese nicht fangen kann."

"Soll mir das schwere Stück gelingen,
mußt du zuvor mir eins vollbringen.

Am Strand laß bauen ein Schiffhaus,
derweil ich fahr mit dem Knaben hinaus.

Landwärts eine Lucke groß und weit,
drin hänge ein Eisenkolben breit."

Loke fährt mit dem Knaben fort,
die Eltern sitzen in Sorgen dort.

Loke geht nieder an den Strand,
das Schifflein fliegt so schnell vom Land.

Loke rudert bis zur letzten Bank,
(Ist mir gesagt im alten Sang.)

Loke spricht nicht viele Wort,
Angel und Stein wirft er über Bord.

Angel und Stein in die Tiefe sank,
gar bald zog er einen Butt auf die Bank.

Einen und zwei zog er aus dem Meer,
der dritte erst war stark und schwer.

Loke der spricht zu dem Kind:
„als Fischei da birg dich geschwind.

Ohn' alle Sorge weil du hier,
wann ich dich rufe, komm zu mir."

Loke rudert zurück ans Land,
Riese steht vor ihm auf dem Sand.

Riese zu ihm die Worte spricht:
„wo warst du heute Nacht, du Wicht?"

„Ein wenig Ruhe wird mir so schwer,
ich treibe mich überall auf dem Meer."

Riese stößt ins Meer sein Eisenboot.
Loke ruft: „wie geht die Brandung hoch!"

Loke der spricht da für sich:
„Riese, ich will begleiten dich."

Riese nimmts Steuer in die Hand,
Loke rudert von dem Land.

Loke rudert mit gutem Verstand:
der Eisennachen will nicht vom Land.

Loke spricht der kluge Mann:
„beßer als du ich steuern kann."

Riese nimmts Ruder in die Hand,
da fliegt der Nachen von dem Land.

Mit langen Armen rudert's Ungeheuer,
Loke fährt zurück vom Steuer.

Riese rudert zu der letzten Bank;
(Ist mir gesagt im alten Sang.)

Riese spricht nicht viele Wort,
Angel und Stein wirft er über Bord.

Angel und Stein in die Tiefe sank,
gar bald einen Butt zog er auf die Bank.

Einen und zwei zog er aus dem Meer,
der dritte war so stark und schwer.

Loke der ruft und rufts mit List:
„Riese, gib du mir den Fisch."

„O nein, mein Loke, der Riese spricht,
O nein, mein Loke, den kriegst du nicht!"

Er setzt den Fisch zwischen seine Knie,
jedes Ei im Rogen zählt er hie;

Im Rogen jedes Ei so klein,
der Riese will haschen den Knaben fein.

Da kam in große Noth das Kind,
sprang aus dem Rogenei geschwind.

Da war das Kind in großer Noth,
bis Loke es zu sich entbot.

„Sitz nieder schnell, sitz hinter mich,
damit der Riese dich nicht erblickt.

Du kannst denn laufen so leicht übers Land,
daß er nicht merkt die Spur im Sand."

Riese rudert zurück ans Land,
gerade nach dem weißen Sand.

Riese rudert nach dem Lande fort,
Loke dreht den Eisennachen dort.

Riese schiebt den Nachen an den Strand,
der Knabe springt so leicht ans Land.

Riese beschaut umher das Land,
der Knabe steht vor ihm auf dem Sand.

Der Knabe lauft so leicht übers Land,
niemand merkt die Spur im Sand.

Der Riese lauft so schwer auf dem Land,
bis an die Knie sinkt er im Sand.

Aus allen Kräften läuft das Kind,
durchs Schiffhaus mitten durch es springt.

Durchs Schiffhaus mitten durch es setzt,
der Riese hinterher sich hetzt.

Riese in der Lucke stecken bleibt,
das Eisen schlägt ihm den Schädel entzwei.

Loke der zeigt dabei sich munter,
haut ihm das eine Bein herunter.

Riese hälts für Spaß und Narrethei:
wie bald ist so 'ne Wunde heil!

Loke der zeigt dabei sich munter,
haut ihm das andre Bein herunter.

Er haut ihm ab das andre Bein,
er wirft es zwischen Stock und Stein.

Dem Knaben es gar wohl gefällt,
wie der Riese aus einander fällt.

Loke fährt mit dem Knaben dahin,
Vater und Mutter küßen ihn.

„Hier hast du deinen Erben zurück,
ich habs vollbracht zu deinem Glück.

Ich hab' gehalten meine Treu;
mit dem Riesen ist es nun vorbei."

Am Abend des 26. November kam laut Tagebuch Riemer zu Goethe, und da wurde „das nordische Lied übersetzt von Wilhelm Grimm gelesen". Wahrscheinlich fand es keine zu günstige Aufnahme. Goethe bewahrte gegen Wilhelm Schweigen. Die trüben nordischen Phantome behagten seinem Gefühle nicht mehr, das sich nach der Anmuth des griechischen Götterhimmels sehnte. Er war auch wohl durch ungeschicktes Wesen und falsche Parteimänner an dem Altdeutschen irre geworden. Die Hauptsache aber war, daß ihm aus diesen Dingen allein keine besondere

Cultur hervorzugehen schien; im zweiten Theil des Faust faßte er das deutsche Alterthum doch nur als Durchgangsstufe, als Entwickelungsphase zum Ganzen auf. „Man liest es und interessirt sich eine Zeitlang dafür (sagte er in hohem Alter zu Eckermann), aber bloß um es abzuthun und sodann hinter sich liegen zu lassen".

Wilhelm's Brief vom 21. November 1824 ist das letzte Zeichen eines unmittelbaren Verkehres zwischen Goethe und den Brüdern Grimm. Das gute Verhältniß blieb aber bestehen. Er hörte zuweilen von ihnen und nannte ihre Namen auch später noch in Brief und Schrift. Goethe aber und alles, was ihn betraf, war das natürliche Gespräch derer, die ihn kannten und verehrten. Im Frühjahr 1827 besuchte Wilhelm von Schlegel die Brüder in Cassel. Bei Tisch declamirte er auch einige Gedichte von Goethe und erzählte viel artige Anecdoten über ihn, darunter folgende von seinem Verhältniß zu Schiller: „Göthe behandelte den kränklichen, oft launischen Dichter wie ein zärtlicher Liebhaber, that ihm alles zu Gefallen, schonte ihn und sorgte für die Aufführung seiner Trauerspiele. Doch manchmal brach Göthes kräftige Natur durch und einmal, als eben die Maria Stuart bei Schiller besprochen war, rief Göthe beim Nachhausegehen: mich soll nur wundern, was das Publicum sagen wird, wenn die beiden Huren zusammenkommen und sich ihre Avantüren vorwerfen!" Diese Geschichte, welche Wilhelm auch später noch mit Vergnügen und mit dem Zusatze zu erzählen pflegte, die Aeußerung sei auf dem Marktplatz am Brunnen gethan

worden, schrieb er gleich damals dem Herrn von Meuse=
bach. Dieser kannte Goethe gleichfalls persönlich; er
hatte ihn zum letzten Male 1815 gesehen und erinnerte
sich noch nach Jahren sehr genau, damals nichts Greisen=
haftes an ihm bemerkt zu haben. Meusebach wußte
unzählige Geschichtchen aus dem Leben des Dichters,
die er in seiner krausen Manier gerade da, wo man
es am wenigsten erwartete, anzubringen liebte. Einmal
stichelte er in einem Briefe an Jacob Grimm so neben=
her auf Zeune: „Als Zeune ein Mahl nach Erscheinung
von Wahrheit und Dichtung nach Weimar kam und
Goethen . . besuchte, war es ganz natürlich, daß er
den Wahren und Dichter aufmerksam machte, daß die
goldne Bulle unmöglich auf Carl den fünften fallen
könne, wie Goethe geschrieben hatte. Goethe aber ant=
wortete auf den Antrag, bei nächster Ausgabe das zu
verbessern: „O das hat nichts zu bedeuten, die Wohl=
wollenden werden sich das Rechte schon selbst zurecht
stellen, und für Nichtwohlwollende habe ich nicht ge=
schrieben". Und dabei war es Zeune unmöglich zu
fassen, daß er mit seiner Berichtigung sich einer Unart
schuldig gemacht habe.

Die Brüder Grimm bewahrten Goethe unentwegt ihre
treue, verehrende Gesinnung. Als Jacob und Wilhelm
1830 für Justi's hessische Gelehrten=Geschichte ihre Selbst=
biographien zusammenstellten, gedachte Wilhelm des
Glückes, das ihm in der Bekanntschaft mit Goethe zu Theil
geworden war. Die Erinnerung an den Weimarer Aufent=
halt vom Jahre 1809 lebte wieder in seiner Seele auf. Er

war sich noch deutlich des Zaubers seiner Persönlichkeit bewußt. Er gab hier eine warme, freimüthige Würdigung Goethe's: „Ich habe Göthe in der Eigenthümlichkeit seines Wesens gesehen, seine Rede gehört. Ich glaube, ihn selbst gesehen zu haben, ist zu dem Verständnisse seiner Gedichte ungemein förderlich. In ihnen ist dieselbe Mischung der großartigsten, reinsten und edelsten Natur, die ein sinnvoller Mensch sogleich anerkennt und verehrt, und jener höchsteigenthümlichen, besonderen Bildung, deren Gang man nur zuweilen erräth. Erregt doch auch der wunderbare Blick seiner Augen ebensowohl das vollste Zutrauen, als er uns ferne von ihm hält. Wenn in einer Zeit eine nationelle Gesinnung herrscht, mag es von geringerer Bedeutung sein, die Persönlichkeit des Dichters kennen zu lernen, der den Charakter des Volks in höchster Blüthe darstellt; anders verhält es sich, wo eine solche Nationalität fehlt und ein Geist, je größer er ist, desto freier und kühner, innern, unausmeßbaren Bedürfnissen gemäß sich entwickelt und bei höherem Aufsteigen immer einsamer sich fühlen muß. Man findet diese Einsamkeit, meine ich, in den meisten seiner Werke und das Ansprechendste und Einleuchtendste mit dem Seltsamsten und Fremdartigsten verbunden. Aus diesem Verhältnis wird auch das Verlangen unserer Zeit gerechtfertigt, die Geschichte der Bildung eines ausgezeichneten Mannes zu erfahren, die oft das Verlangen nach dem unmittelbaren Genuß seiner Werke übersteigt".

Goethe schloß nicht lange nachher die Augen. Drei Tage später erreichte die Nachricht Cassel. Jacob gab die

Botschaft von Goethe's sanftem Tod den Freundinnen in Westphalen weiter. Wilhelm aber sprach es zu Lachmann aus: „Einen Mann, wie Göthe, werden wir nicht wieder bekommen"; und seinem Bruder Ferdinand schrieb er: „Göthes Tod wird Dich auch betrübt haben. Man hatte bei seinem hohen Alter auf die Nachricht sollen gefaßt seyn, und doch hat sich jeder davon betroffen gefühlt. Das ist ein Abschnitt in der Geschichte der deutschen Bildung und Poesie."

Vierzehntes Capitel.

Die Brüder Grimm in Göttingen.

Im Jahre 1829 schieden Jacob und Wilhelm Grimm aus dem hessischen Staats- und Bibliotheksdienst aus und siedelten nach Göttingen über. Hier erschloß sich ihnen ein größerer Wirkungskreis. Neue Freundschaften wurden angeknüpft. In rascher Folge entstand eine Reihe der wichtigsten Arbeiten.

Goethe bedeutete in Göttingen eine geistige Macht. Nicht ausschließlich durch die Wucht seiner Schriften. Noch lebten und wirkten eine Anzahl Männer, in deren Haus er vor einem Menschenalter eingetreten war, und mit denen er durch die späteren Zeiten in Verbindung gestanden hatte. Grimm's verfügten über gleiche oder ähnliche Erinnerungen. Was über ihn im Sinne der Pietät geschrieben wurde, erfreute die nahverbundenen Männer. Liebloses Absprechen empörte sie. Damals erschien, Jena 1835, die anonyme Abhandlung über „Goethe und sein Jahrhundert", die den Hannöverschen Rath Rehberg zum Verfasser hatte. Daß eine Masse falscher, ungünstiger Urtheile über Goethische Schriften das wenige, was richtig war, fast erstickte, mochte hin=

gehen. Aber Rehberg wagte zu behaupten, Goethe habe den moralischen Werth des Menschen, der sich in seiner geistigen Kraft offenbare, nicht gekannt oder nicht geachtet, und eine Göttingische Anzeige zollte der Schrift in der Hauptsache ihren Beifall. Das war Jacob Grimm zu viel, und an Pertz in Hannover gab er dem allgemeinen Unmuth kräftigen Ausdruck: „Wir sind hier entrüstet über des dortigen Blumenbachs wirklich unverantwortliche Anzeige des Rehbergischen Buchs wider Göthe. Wenn schon Rehberg dadurch sein gänzliches Unvermögen die Göthische Poesie zu würdigen an den Tag gelegt hat, so klingen des Recensenten nachsprechende Worte noch frevelhafter und Heeren hätte sie nimmermehr aufnehmen sollen. Soll denn unter uns Deutschen auch alle Pietät und Begeisterung aufhören!" Das war ein Nachklang jenes zornigen Wortes, mit dem Jacob mehr als ein Jahrzehnt früher Glover's elendigliches Machwerk „Goethe als Mensch und Schriftsteller" in denselben Anzeigen abgefertigt hatte: Λοίδορον πᾶσα γαῖα τρέφει.

Das erste von Jacob's großen Göttinger Werken war sein Reinhart Fuchs, 1834. Die Thiersage hatten die Brüder Grimm wie einen nationaldeutschen Stoff zuerst in Goethe's Reineke Fuchs kennen gelernt. Je tiefer sie in die deutsche Vorzeit eindrangen, desto mehr lockte es sie, den Stamm der Sage bis auf die Wurzeln blos zu legen. Schon 1811 kündigten sie gemeinsam ihre Absicht an, die altfranzösischen Gedichte und vor allem den altdeutschen Reinhart Fuchs von Heinrich dem Glichesere herauszugeben: „Das deutsche Publicum, welches diesen Sagencyclus seit Göthes neuer Bearbeitung von neuem gewürdigt hat, wird ohne Zweifel der viel älteren und ganz neue Seiten aufweisenden Quelle Beifall und Unterstützung angedeihen lassen". Der Ausführung dieses kühnen Gedankens, den doch in der Sache begründete Schwierigkeiten hemmten, sprangen andere, nothwendiger scheinende Arbeiten vor, und es bedurfte erst neuer, von außen kommender Anregungen, um Jacob Grimm allein nach zwei Jahrzehnten zur Wiederaufnahme jener Idee, wenn auch in verändertem Umfange, zu bestimmen. Die jetzt zwischen ihm und dem Herrn von Meusebach gewechselten Briefe, welche einen Einblick in das Werden des Buches gestatten, berührten auch manche Puncte in Goethe's Gedicht, der nach Gottsched's Vorgange eine Anzahl Irrthümer beibehalten hatte. In der Vorrede zu seinem Reinhart Fuchs, die sich zu einer Geschichte des deutschen Thierepos auswuchs, faßte Jacob sein Urtheil dahin zusammen: „Göthes Gedicht (erschienen 1794, nachgeahmt von Oehlenschläger, Kiöbenh. 1806) zeugt laut für die epische Kraft der auch ein classisches Gewand ertragenden Fabel, hat aber ihre natürliche, einfache Vertraulichkeit oft daran gegeben". Und Wilhelm verfehlte in seinen Vorlesungen nie darauf hinzuweisen, wie Goethe durch die plattdeutsche Gestaltung des Stoffes angeregt worden sei, sie in einer Bearbeitung mit antikem Versmaß in weitere Kreise einzuführen.

Die Deutsche Mythologie, welche das Jahr darauf erschien, baute aus den Trümmern der Jahrhunderte die alte deutsche Welt des Glaubens wieder auf, und räumte die Wege frei, die dicht verdeckt und nicht gesehen in unsre Zeit hinüberführten. Viele dieser Pfade war Goethe, allein von seinem Genie geleitet, sicher gewandelt, und manche Blume hatte er sich eingepflückt. Viele von diesen hat Jacob seinem Werke wie zum Schmucke angefügt. Wo er z. B. den leisen, heimlichen Einbruch der Nacht schildert, merkt er die Verse an

> Der Abend wiegte schon die Erde
> und an den Bergen hing die Nacht —

und alter Vorstellung entsprechend fand er es, wenn Goethe sang: „schon weicht die tiefe Nacht". Bei den „Thierangängen" erinnerte Jacob an das Leben Götzens von Berlichingen, wo fünf Wölfe zum glücklichen Wahrzeichen in die Schafe fallen, und setzte hinzu: „Den poetischen Eindruck dieser Worte nicht verkennend hat sie Göthe in seine Dichtung aufgenommen". Den alten Wodancult, zu dem außer dem Wolfe die beiden Raben gehören, erkannte er in der Fauststelle wieder, wo die Hexe den Mephistopheles fragt: „wo sind denn eure beiden Raben?" Der Faust überhaupt war unerschöpflich für diese Dinge.

Goethe-Liebe ist auch der Deutschen Grammatik eingeprägt. Dies Werk, das 1819 mit einem Erfolge sonder Gleichen einsetzte, kam 1837 mit dem vierten Bande zu einer Endschaft. So gedankenkühn der Wurf im Großen, so menschlich-enggewählt zum Theil die Führung des Einzelnen. Mitten in der Unermeßlichkeit des Sprachmaterials treffen wir als Beispiele die Namen seiner

Brüder Wilhelm, Carl, Ludwig, seiner Neffen Herman und Rudolf, seines langjährigen Hauswirths in Cassel, des Kaufmanns Wille, seiner Freunde und Arbeitsgenossen Wigand, von Malsburg, Windischmann, Lachmann, von der Hagen; selbst der alte Blücher erscheint auf dem Platze. Die Häupter der deutschen Literatur sind gleichfalls eingestellt, an ihrer Spitze — Goethe. So ein unschuldiges Mustersätzchen, wie: „Dem Göthe sein Gedicht ist doch schöner als dem Wieland seines", besagte doch mehr als das bloße Belegen einer grammatischen Erscheinung. Mit sichtlichem Behagen wandelte Jacob bei der Lehre von der Declination der Eigennamen das Beispiel „Göthe" durch sämmtliche Casus ab, und betrachtete anderwärts, wie „Göthe" mit oder ohne vorgesetzten Artikel zu gebrauchen sei. Der Name selbst schien ihm (wie er später einmal aussprach), was auch die Ueberlieferung besage, auf götländische Herkunft zu deuten, und die feine, edle Bildung der Nase Goethe's glaubte er 1844 auf seiner skandinavischen Reise in dem ernsten und regen Gesicht der Schweden als einen Nationalzug wiederzufinden. In dem Vornamen „Wolfgang" lag ihm das Siegreiche, Glückgekrönte von Goethe's Laufbahn vorgezeichnet, wie das Geleit des Wolfes oder Raben, der alten Lieblinge Wodan's, den Sieg weissagte: „Hervorhebe ich auch (heißt's in der Deutschen Mythologie), daß kein andres Thier mit „Gang" zusammengefügt wird, als der Wolf: Wolfgang bezeichnet einen Helden, dem der Wolf des Siegs vorangeht." Ungereimt aber war für Jacob Grimm der

Funfzehntes Capitel.

Goethe's Briefwechsel mit einem Kinde.

Mitten in die Göttinger Zeit der Brüder Grimm, in das Jahr 1835, fiel das Erscheinen von Bettinens Correspondenz mit Goethe.

Bettina hatte im Herbste desjenigen Jahres, in welchem sie die Gemahlin Achim's von Arnim geworden war, Goethe's Freundschaft auf längere Zeit eingebüßt. Wie schmerzlich dieser Verlust auch für sie sein mußte, Bettina war eine zu freudige, volle Natur, als daß sie sich den geistigen Gewinn ihrer Gemeinschaft mit Goethe jemals hätte verkümmern lassen. Die Kraft ihrer Phantasie war mächtig genug, um das Vergangene lebendig in die Gegenwart zu heben. Als zu Beginn der zwanziger Jahre in ihrer und Goethe's Vaterstadt der Gedanke auftauchte, dem Dichter ein Denkmal zu errichten, da zündete diese Idee in ihrem Geiste, und sie schuf ihr Goethe-Monument als ein verklärtes Erzeugniß ihrer Liebe, als eine Apotheose ihrer Begeisterung und seines Ruhmes.

Sie selbst brachte, wie sie erzählt, ihr Denkmal vor Goethe, im September 1824. Des frohen Gefühles voll, das Goethe's liebreiche Aufnahme ihr gegeben hatte, kehrte sie damals auf ihrer Weiterreise bei Grimm's in Cassel ein: „Der merkwürdigste Besuch in diesem Sommer (schrieb Wilhelm an einen Freund) war Bettine Brentano, die eines Morgens ganz unerwartet in das Zimmer trat, sie war kränklich und wollte in ein Bad, ihr Geist war aber noch so lebendig wie sonst und wir haben uns, die Tage über, wo sie hier war, sehr daran vergnügt. In Erfindung eines Denkmals für Göthe hat sie unge= meine, bewunderungswürdige Gabe gezeigt. — Sie sollten sie einmal von Göthe, von dem sie eben kam, erzählen hören! wie hat uns alle diese Lebendigkeit der Gedanken und Worte ergötzt!"

Nichts anderes, als was ihr Denkmal durch die Mittel der Kunst zum Ausdruck brachte, sollte in Wort und Schrift „Goethe's Briefwechsel mit einem Kinde" leisten. Arnim hatte 1831 vollendet, Goethe das Jahr darauf seine Bahn durchmessen. Alles Irdische war ab= gefallen. Bettinens Geist konnte schaffensfrei die Schwin= gen regen. Sie war in der bevorzugten Lage, ein Stück „aus seinem Leben" aufbauen zu können, und entschloß sich trotz des Widerspruchs ihrer Familie dazu, ans Werk zu gehen. Im September 1834 besuchte sie in Göttingen ihre Freunde auf zwei Tage und las aus der bereits fertigen Handschrift vor. Grimm's waren der Bewunderung voll. Wenn sie auch voraussahen, daß vieles nicht würde ver= standen werden, vieles sogar unrecht ausgelegt werden, so waren sie doch überzeugt, daß auch die Widerwil= ligsten etwas Ausgezeichnetes darin anerkennen müßten.

Weniger vermochten sie der Widmung an den Fürsten Pückler Beifall zu zollen. „Die Dedication an den Fürsten (meinte Wilhelm) sagt sehr graziös was sie sagen soll und ist eine feine Glosse zu dem Motto von Göthe das drüber steht[1]. Uebrigens bedarf Ihr Buch des Schutzes des Fürsten nicht; es wird alle Menschen, denen der Staub nicht fingerdick auf der Seele sitzt entzücken und außerdem weit mehr in Ihr Herz blicken lassen als der Park in das Herz des Fürsten, bei allem Respect davor." Auf denselben Standpunct stellte sich Jacob, sonst hatte er für das Buch die feurigste Anerkennung. „Der alten, aber immer jungen Bettine Briefwechsel mit Göthe (schrieb er an Savigny) lese ich mit freudiger Bewunderung. Ich will es gestehen auf das bloße Gerücht von Erscheinung des Buchs war mir bange davor, desto mehr überraschte mich jetzt seine hohe Trefflichkeit. Eine solche Sammlung durfte und mußte gedruckt werden, zehn Nebenrücksichten zum Trotz, und wird durch sich selbst lange leben und entzücken. Unnachahmlich ist im Eingang der Gegensatz zwischen Bettinens Briefen und denen der alten Göthe, in Form und Geist. Bei Dingen, wovon ich früher schon wuste, zweifle ich einigemal an der factischen Richtigkeit des Einzelnen oder meines Gedächtnisses. Das Ganze ist erfüllt von Tiefe, Unschuld und Herrlichkeit; auch der königliche Dichter wird dadurch von neuem bestrahlt. Was Clemens gedacht und geschrieben hat, reicht nicht von ferne an Bettinens Ge=

---

[1] Aus dem Westöstlichen Divan: „Haben sie von Deinen Fehlen 2c."

walt der Empfindungen und Gedanken." Von Grimm's empfohlen, machte das Buch die Runde bei den ihnen näher befreundeten Familien, alle entzückend. Der Jurist Hugo wünschte es seiner Frau zum Weihnachtsfest zu bescheeren und bat Grimm's, ihm doch ein Exemplar der schnell vergriffenen Auflage zu verschaffen. Der feinsinnige Theolog Friedrich Lücke dankte für den Genuß, den das Buch ihm und seiner Frau gewährt hatte: „Es ist etwas Wunderbares in den Briefen und da ich kein Philister zu'seyn glaube, so erkenne ich das an und bin der Arnim doch im Herzen sehr dankbar, daß sie die dämonische Kühnheit gehabt hat, sie auch andere Leute lesen zu lassen." Aus Jacob's Munde fanden all diese Gefühle lauten, freudigen Widerhall in den Göttingischen gelehrten Anzeigen:

„Wenn wir die Werke großer Dichter lesen und wieder lesen, so haben wir damit noch nicht genug; wir möchten auch alle Umstände ihres Lebens und hunderterlei wissen, was uns von den übrigen Menschen gar nicht anzieht. Göthes Größe ist durch sein eigenes Buch, dem er den tiefsinnigen und allein richtigen Namen Wahrheit und Dichtung ertheilte, glänzend beleuchtet worden; seit seinem Hingang ziehen Briefe, deren Bekanntmachung wahrscheinlich noch so bald nicht geschlossen ist, einen Schleier nach dem andern weg von dem Bilde seines äußeren und inneren Wesens. Unter allen, die ihm geschrieben worden sind, werden es keine aufnehmen, an Geist und Empfindung, mit denen der vorliegenden

Sammlung, deren Herausgabe sicher viele Bedenken und Zweifel zu überstimmen hatte. Was aber die Nachwelt dereinst als kostbares Denkmal begeisterter Leidenschaft voll freudiger Verwunderung mitgetheilt haben würde, wozu es unserer Gegenwart geheim halten? Der Ertrag des Buches hat die Bestimmung ein großartig erfundenes, im Umriß beigelegtes Monument für den Dichter ausführen zu helfen oder zu Stande zu bringen. Darauf bezieht sich der Titel.

Es gibt kein anderes Buch, das diesen Briefen in Gewalt der Sprache wie der Gedanken an die Seite zu setzen wäre, und alle Gedanken und Worte wachsen in einem weiblichen Gemüt, das in der ungehemmtesten Freiheit sich aus sich selbst bildet und durch sich selbst zügelt. Solcher Unbefangenheit gelingt das kühnste und das schwerste. Die meisten Worte sind so unmittelbar Poesie, daß wir jetzt auf einmal den Ursprung vieler Sonette des Dichters erfahren, deren Ausdrücke er aus der Prosa der Briefe geradezu in sein Gedicht aufnehmen konnte, und kaum zu übersetzen brauchte; ohne daß durch die Vergleichung das Original verlöre.

Im Eingang gewährt der Briefwechsel mit Göthes Mutter die reinsten Contraste. Des Dichters Briefe selbst tönen, wie eine bekannte Stimme und in dem gewohnten Maß, das aber doch zuweilen aus der Fassung gebracht wird, zwischen der tieferen Erregung der Schreibenden hindurch.

Mehr von dem Buche und seinem Inhalte zu sagen würde nicht passen. Nur das glauben wir, daß es dem

Dichter je länger je näher sich anschließen, und mit der Zeit einen Anhang, ja einen integrierenden Theil seiner Werke ausmachen wird".

Wenn man absieht von dem, was über den Ursprung der Sonette bemerkt ist und sich heute auf Grund eines allmählich erst hervorgezogenen Materials anders stellt, wie viel allgemein=Wahres und trotz späterer unfähiger Verurtheilung des Buches Wahrgebliebenes enthält nicht diese Anzeige! Sie konnte, da sie drei oder vier Monate bei der Redaction auf den Abdruck warten mußte, nicht mehr zur ersten Verbreitung des Buches mitwirken. Es war inzwischen fast überall von selbst durchgedrungen, und Stimmen des Lobes erschallten aus den verschiedensten Gegenden. Aber so „ganz unbedeutend und unnütz", wie Jacob selbst seine Anzeige gegen Bettinen bezeichnete, erscheint sie uns heute wahrlich nicht; sie dauert als ein Zeugniß dessen, daß die Brüder Grimm die Eingebung einer reichen menschlichen Seele, des Genies allzeit höher angeschlagen haben, als die mühvolle und oft mühselige Arbeit des blos gelehrten Wissens; und Bettina hatte ein Recht, auf diese Anzeige ihres Buches stolz und freudig zu sein.

Jacob's Prophezeiung am Schluß der Anzeige stimmt schön zu den Worten des Herrn Meusebach, der sein Urtheil in seiner sonst ganz anders gearteten Recension dahin zusammenfaßte, daß das Buch der Unsterblichkeit schwer zu entziehen sein werde. Nach Meusebach's Weise war diese Recension mit eigens auf

Bettina und seine Freunde gemünzten Wendungen gespickt. Unter anderem machte er sich den Scherz hervorzuheben, daß Bettine in der Literaturgeschichte die große Ungewißheit gelassen habe, ob Jacob Grimm oder Wilhelm Grimm es war, der auf dem Gange aus dem Schauspielhause Goethen auflauerte — bloß um ihn zu sehen. Er spielte damit auf diejenige Stelle des Briefwechsels an, wo Bettine eine Erwähnung der beiden älteren Brüder Grimm so eingeflochten hatte: „Der junge Mensch (Ludwig Grimm) . . ist aus einer Familie, deren jedes einzelne Mitglied mit großer Aufmerksamkeit an Deinem Beginnen hängt; ich hörte den beiden älteren Brüdern oft zu, wie sie Pläne machten, Dich nur einmal von weitem zu sehen; der eine hatte Dich aus dem Schauspiel gehen sehen, in einen großen grauen Mantel gehüllt, er erzählte es mir immer wieder. — Wie mir das ein doppelter Genuß war! — denn ich war ja selbst an jenem Regentag mit Dir im Schauspiel gewesen, und dieser Mantel schützte mich vor den Augen der Menge ꝛc." Bettine müßte die Worte an Goethe geschrieben haben, ehe Wilhelm im December 1809 in Weimar eintraf, eine Anknüpfung an diesen Besuch ist also nicht statthaft; es läßt sich auch aus Wilhelm's dreimaligem Zusammensein mit Goethe keine einzige Situation ausdenken, die den Kern für Bettinens Darstellung hätte hergeben können.

Aber: im Jahre 1801 weilte Goethe vom 15. bis 21. August in Cassel. Er besuchte am 17. das Theater, wo die Camilla aufgeführt wurde. Damals waren

Jacob und Wilhelm Schüler des Lyceums daselbst, und Goethe's Anwesenheit in der Stadt blieb ihnen gewiß nicht verborgen. Wäre es da nicht denkbar, daß die Jünglinge den geglückten Versuch machten, ihn beim Verlassen des Theaters zu sehen? daß Bettine in Marburg aus Cassel sie davon erzählen hörte? und daß aus diesen echten Fäden das Gewand sich webte?

Doch diese Möglichkeit wird von Wilhelm Grimm selbst bestritten. Auf den Deckel seines Exemplars der zweiten Auflage des Briefwechsels hat er mit der Hand des Alters geschrieben: „Was 2, 137. 138 von mir erzählt wird, ist erdichtet um den großen grauen Mantel vorzubringen, von dem ich nichts weiß und den ich niemals gesehen habe. Ich war zweimal in Weimar, ich glaube jedesmal 8 bis 10 Tage, am Ende des Jahrs 1809, etwa zu der Zeit, wo der Brief in München soll geschrieben sein, und 1816 im Herbst, bald nach dem Tode von Göthes Frau. Ich war öfter bei Göthe, in einem Morgenconcert, wo ich Frau von Schiller sah, ich habe bei ihm gegessen und war mit ihm in seiner Loge im Theater, ich habe davon in meiner Lebensbeschreibung bei Justi gesprochen. Jacob hat Göthe nie gesehen. Im Jahre 1816 gieng er mit mir im Zimmer auf und ab, die Hände auf dem Rücken und war freundlich und mittheilend. Er hatte den blanken Ueberrock an wie in Rauchs Statuette".

Wilhelm's Auslassung ist im höchsten Grade merkwürdig. Weniger deshalb, weil er Bettinens Aeußerung auf sich allein bezieht, obgleich Jacob auch gemeint sein könnte, sondern weil seine Erinnerung allmählich angefangen hatte die Dinge zu versetzen und umzuformen. Die Angabe der Zeit und Dauer des doppelten Besuches enträth beide Male genauer Bestimmung. Wilhelm Grimm ist nicht, wie er auch zuweilen im Gespräch erzählte, mit Goethe zusammen in der Loge gewesen, es steht auch nichts davon bei Justi (oben S. 210); sondern da Goethe 1809 krank war und nicht ausging, begleitete Riemer den jungen Grimm in das Theater: Wilhelm saß aber auf Goethe's Sessel. Jacob hat Goethe doch gesehen. Kurzum Wilhelm's Worte können nicht beweisen, was sie beweisen sollen. Die angedeutete Möglichkeit der Erklärung bleibt bestehen, nur daß dann Bettinens eigene Betheiligung dabei, in welcher Form auch immer, ausgeschlossen erschiene.

Sechszehntes Capitel.

Die Brüder Grimm in Berlin.

Wie schwer auch den Brüdern Grimm der Abschied von ihrer hessischen Heimath gefallen war, so hatten sie sich doch allmählich in die Göttinger Verhältnisse eingelebt. Der Wunsch nach einer Veränderung ihrer Lage wäre ihnen niemals in den Sinn gekommen. Da starb 1837 der König Wilhelm IV. Sein Nachfolger Ernst August brach die Verfassung. Eid und Gewissen ließen die Brüder Enthebung vom Amte und Vertreibung aus dem Lande einer schmählichen Unterwerfung unter die Willkür des Königs vorziehen. Cassel nahm sie wieder auf, bis sich ihnen mit dem Regierungsantritt Friedrich Wilhelm's IV. in Berlin eine neue Heimath öffnete.

Während der amtslosen Zwischenzeit, im Jahre 1838, trat an die Brüder der Plan zum Deutschen Wörterbuch heran. Moriz Haupt und Carl Reimer, damals noch mit Salomon Hirzel in Leipzig verbunden, erschienen in Cassel und legten selbst ihren Antrag vor. Nach ernsten Bedenken sagten die Brüder zu, ein Werk auf sich zu nehmen, das — zum ersten Male in ihrem Leben — nicht aus eigner, innerster Eingebung sprang.

Es hat auch hart genug auf ihren Schultern fortan
gelastet. Durch die stetig vorwärts drängende Sorge
um das Wörterbuch ist Jacob nicht dazu gekommen,
eine Reihe bereits in seinen Gedanken fertig liegender
Bücher niederzuschreiben, und Wilhelm konnte nicht ein=
mal die Zeit erübrigen, sein Lieblingswerk, die Deutsche
Heldensage, von neuem zu bearbeiten. Die jüngst be=
kannt gegebene Correspondenz zwischen Grimm's und
Salomon Hirzel hinterläßt doch am Ende einen herz=
beklemmenden Eindruck und stimmt zu innigem Mit=
gefühl mit den Brüdern Grimm.

Das Wörterbuch sollte die deutsche Sprache um=
fassen, wie sie sich in drei Jahrhunderten, von Luther
bis Goethe, ausgebildet hatte. Mit seiner milden
Freundlichkeit das allzu schnelle Verlangen des Publi=
cums nach der ersten Lieferung abwehrend, berichtete
Wilhelm im September 1846 den zu Frankfurt am
Main versammelten Germanisten über den Stand der
eifrig geförderten Vorarbeiten und begründete die dem
Werke gezogenen Grenzen. Wie die Sonne dieses ge=
segneten Jahres den edlen Wein, so hätten Luther und
Goethe die deutsche Sprache beides feurig und lieblich
gemacht. Darum stünden sie mit Recht am Eingang
und Ausgang des Deutschen Wörterbuchs. In Luther
gewann nach einer langen Zeit der Schwäche die deutsche
Sprache das Gefühl ihrer angeborenen Kraft wieder.
Der dreißigjährige Krieg verödete unser Vaterland und
unser geistiges Leben. Noch im Anfang des achtzehnten
Jahrhunderts hing trübes Gewölk über dem alten Baum

unsrer Sprache. Aber „unserm Vaterland ist mehrmals ein Retter erschienen, der seine Geschicke wieder aufwärts lenkte: so erschien Göthe auch der Sprache als ein neues Gestirn, Göthe, der dieser Stadt angehört, dessen Standbild, das seine schönen und eblen Züge bewahrt, ich ohne Bewegung nicht betrachte, der in die Tiefen der menschlichen Seele hinab, zu ihren Höhen hinauf geblickt hat und über den eigenen Lorbeerkranz, der in seiner Hand ruht, hinweg schaut. Der Stab, mit dem er an den Felsen schlug, ließ eine frische Quelle über die dürren Triften strömen; sie begannen wieder zu grünen und die Frühlingsblumen der Dichtung zeigten sich aufs neue. Es ist nicht zu erschöpfen, was er für die Erhebung und Läuterung der Sprache gethan hat, nicht mühsam suchend, sondern dem unmittelbaren Drange folgend; der Geist des deutschen Volkes, der sich am klarsten in der Sprache bewährt, hatte bei ihm seine volle Freiheit wieder gefunden. Was sonst hervorragende Männer, wie Wieland, Herder, Schiller in dieser Beziehung gewirkt haben, erscheint ihm gegenüber von geringem Belang, Lessing stand, was die Behandlung der Sprache betrifft, ihm am nächsten, aber niemand hat ihn bis jetzt erreicht, geschweige übertroffen. Göthe ist also für die letzte Periode, der sein langes Leben eine glückliche Ausdehnung gegeben hat, der Mittelpunkt des deutschen Wörterbuchs".

Diese Ansicht von Goethe's dominierender Stellung auch in der Geschichte der deutschen Sprache bildete sich den Brüdern Grimm wie eine ganz neue unter der

Zurüstung des Wörterbuches. Die Auszüge aus seinen Schriften lagen in den Händen Klee's, der dieser schwierigen Aufgabe in dem Maße gerecht zu werden verstand, daß er nur selten im Stiche ließ. Wofern aber über Goethe mehr Auskunft zu wünschen blieb, stellte Hülfe sich fast immer ein, da der noch heute in geistiger Frische schaffende Rudolf Hildebrand und Salomon Hirzel unvergleichliche Belesenheit in seinen Schriften besaßen. Und doch mußte Wilhelm noch vieles nachtragen und manche Stelle vervollständigen. Wer hätte auch, entschuldigte Jacob, diesen unvergleichlichen Schriftsteller für alle Wörter ausschreiben können! Grimm's Verhältniß zu Goethe, das bis dahin mehr ein unmittelbar persönliches war, wurde jetzt vorwiegend ein historisches. Seine Werke flossen ihnen fortan wie eine reichliche Quelle für ihre Betrachtung der Vergangenheit, nach Sprache und Inhalt. Ihre Abhandlungen aus der Berliner Zeit, die allem Maßstab des Kleinen entrückt zu sein scheinen, dienen hierfür als Bestätigung. In dem herrlichen Aufsatz „über das Verbrennen der Leichen" nicht nur bei den deutschen, sondern auch bei den fremden Völkern nahm Jacob Grimm für den heiteren, der Menschheit würdigen Gedanken, ihre Todten der hellen und reinen Flamme zu überlassen, auch Goethe und Schiller zu Zeugen; und nach zartester und innigster Betrachtung unsres Christenglaubens empfand er erst recht die Wahrheit der Worte des Dichters, mit denen die Braut von Korinth ihre Mutter bittet, ihre „bange kleine Hütte" zu öffnen und ihr mit dem Geliebten einen Scheiterhaufen zu schichten:

> Wenn der Funke sprüht,
> Wenn die Asche glüht,
> Eilen wir den alten Göttern zu —

ein Schlußklang für die Abhandlung, wie er nicht rührender gefunden werden könnte. Die Untersuchung „über den Personenwechsel in der Rede" führte die schlagendsten Belege aus Goethe an und beleuchtete so die wunderbare Vertrautheit des Dichters mit der Seele seines Volkes. Wie z. B. die gefangene Gudrun, die Mägdearbeit verrichtet, von sich selbst klagen muß (Str. 997, 4):

iedoch hât vil selten mîner muoter tohter geschürt die brende,

(d. h. ich) — so erfolgt im Faust auf Gretchens Frage „wer liegt hier?" die ergreifende Antwort „Deiner Mutter Sohn", d. i. er, dein eigener Bruder. Und kaum war der Druck der Untersuchung vollendet, da bedauerte Jacob, daß ihm die Strophe des Hatem= Liedes im Westöstlichen Divan entgangen sei:

> Du beschämst wie Morgenröthe
> Jener Gipfel ernste Wand,
> Und noch einmal fühlet Hatem (d. i. Goethe)
> Frühlingshauch und Sommerbrand.

Es bedarf keiner Häufung der Belege. Dessen kann man gewiß sein: Wären die großen Werke der Brüder Grimm in dieser späteren Zeit geschrieben worden oder auch nur von Grund aus umgestaltet, sie würden noch viel reichlicher aus Goethe's Quelle getränkt sein. All die feinen Beobachtungen, die sich den Brüdern damals aufthaten, sind so in das deutsche Wörterbuch

geborgen, aus deſſen Fächern ſie der lebendigen Goethe=
Erklärung zuzuführen namentlich die Commentare Guſtav
von Loeper's einen glücklichen, die Fülle naturgemäß noch
nicht ausſchöpfenden Anfang gemacht haben. Jacob's
wiederholte Entſchuldigungen, die Werke des Dichters
könnten vielleicht übermäßig für das Wörterbuch aus=
gezogen erſcheinen, entſprangen dem Gefühl der Brüder,
daß Goethe damals noch nicht als die Culturmacht ge=
würdigt war, die er für unſre Nation bedeutet. Sie
gingen über das Bedürfniß ihrer Zeit hinaus und pflanz=
ten für die Zukunft. Sie bahnten im Stillen die Goethe=
Wiſſenſchaft an, die in den Betrieb des Lebens einzu=
führen demjenigen vergönnt und beſtimmt war, der ihnen
am nächſten ſteht.

Man hat wohl von einer Verwandtſchaft geſprochen
zwiſchen Goethe's Sprache und einem „Stil der Brüder
Grimm". Niemand wird ſie läugnen. Wenn ſelbſt
Goethe's Sprache die Einwirkung der Brüder erfahren
hat, wieviel ſichrer muß nicht in ihren Schriften der
Einfluß des Meiſters zu ſpüren ſein. Von wörtlichen Ent=
lehnungen, wie z. B. „einer Pflanze das Herz ausbrechen"
bei Jacob aus dem Clavigo, ſteigt dieſe Verwandtſchaft zu
geiſtig freiem Schaffen im Goethiſchen Sinne auf, und
es ſcheint faſt belanglos, zu unterſuchen, bis zu welchem
Grade bewußter oder unbewußter Aneignung ſie gediehen
iſt. Genug, die Thatſache iſt vorhanden und wird einmal
vollkommen greifbare Form annehmen, wenn bereinſt an
Stelle des heutigen Wörterbuchs ein Neubau ſich erhebt,
zu dem dann auch Grimm's Schriften die Steine liefern

werden. Dieselbe urwüchsige Kraft des Wortes; dieselbe sinnlich wie im Bilde angeschaute Art des Gedanken=
ausdrucks; dieselbe mühelose Beherrschung der Gedanken=
massen von der Höhe eines überragenden Gipfels.

Allein wenn man zum Individuellen hinabsteigt, weicht der sichre Boden. Einen „Stil der Brüder Grimm" im engeren Sinne giebt es nicht. Jacob's Schreibart ist eine andre wie Wilhelm's.

Jacob Grimm schrieb durchaus gesprochene Sprache. Seine Sätze, welche unter den richtigen Accent des Sprechens gestellt in natürlichem Gefälle abfließen, scheinen der Erfassung durch das still lesende Auge oftmals zu widerstreben. Dabei engte sich Jacob weder örtlich noch zeitlich ein. Kraft seiner Belesenheit stand ihm ein ungeheurer Vorrath von Sprachmaterial aus dem ganzen Bereich der historischen Entwicklung zu Gebote. Er entnahm daraus nach freiem Belieben. Seine gesprochene Sprache ward vielfach zu einer reminiscierenden. Für ihn gab es kein Vorbild, dem er nachhing. Er selber kann auch niemals anderen zum Muster dienen. So im höchsten Maße individuell ist sein Stil und seine Sprache. Wer ihn nachahmen wollte, bewiese nur, daß er das Wesen Jacob Grimm's in seinem Kerne nicht begriffen hat.

Anders liegt die Sache bei Wilhelm Grimm. In ihm regt sich von vornherein ein literarisch=schriftstellerisches Moment. Wunderbar, wie früh und richtig Arnim dies herausfühlte. Wilhelm wählte zum Kleide seiner Ge=
danken die herrschende Schriftsprache und war darauf

bedacht, den Dingen Form zu geben. Ein kleiner Zug aus den Jugendbriefen scheint hierfür bedeutungsvoll. In einer Schilderung Savigny's und seiner Gemahlin, aus Paris 1805, verwandte Jacob in seiner unbekümmerten Art fünfmal hintereinander den Ausdruck „sagen". Es ist, als ob er sich von dem Banne des einmal gewählten Wortes nicht los machen könne oder wolle. Dergleichen wird man, als ein Merkzeichen schneller, der Wortauslese voraufeilender Gedankenarbeit, bei den vornehmsten Schriftstellern, und nicht blos im raschen Briefstil finden. Wilhelm aber bezeichnete die ihm auffallende Erscheinung am Rande des Briefes als eine „bloße große Nach=lässigkeit", und sagte damit von seinem Standpuncte aus etwas Richtiges. Er wollte zwar auch die moderne Sprache aus der vergangenen stärken, hütete sich aber wohl, so weit zu gehen wie sein Bruder. Auf diesem Felde wurde der Streit um den Märchenstil ausgetragen. Wilhelm's Verdienst besteht in der maßvollen Anerkennung und gelungenen Verschmelzung beider Ansichten. Was Jacob schrieb, glich edlem Metall, frisch aus dem Stein gebrochen und in eignem Glanze leuchtend. Wil=helm milderte die Schärfe und rundete die Form, er liebte das behagliche Licht kunstvoller Bearbeitung. Seine Schreibart trat nicht neben, sondern in die Ent=wicklungsbahn des deutschen Prosastiles, dessen auf=steigende Linie in Goethe die Höhe erreichte. In diesem Sinne kann unter den Brüdern Grimm nur Wilhelm mit Goethe verglichen werden.

Allmählich begann eine Goethe=Literatur sich vor=

zubereiten. Briefsammlungen und sonstige Erörterungs=
schriften erschienen damals. Keine dieser Publicationen
entging den Brüdern. Riemer's Mittheilungen über
Goethe (1841) waren ihnen persönlich wohl am wider=
wärtigsten. Nicht nur daß er gegen Bettinens Brief=
wechsel und ihre öffentlichen Lobredner seine hämische
Bosheit richtete, auch Grimm's suchte er unter halber
Berufung auf Goethe direct zu treffen. Denn die
Stelle gegen die „Neuern und Neusten", die anstatt
in die Gegenwart tüchtig einzugreifen, rückwärts strebten
und das Kehricht des alten Aberglaubens, der Volks=
sagen, Märchen und Gespenstergeschichten wieder auf=
wühlten, um durch den erregten Staub und Dunst
eine künstliche Dämmerung zu verbreiten — diese
Stelle (1, 193) war deutlich genug auf die Brüder
Grimm berechnet, wie sie selber richtig empfanden.
Ihre instinctive Abneigung gegen Riemer zeigte sich
jetzt leider zu gut begründet. Dies war der Mann, der
im Einzelnen einen verhängnißvollen Einfluß auf Goethe
bei zunehmendem Alter geübt hatte. Dem Riemer maß
Wilhelm auch die Hauptschuld bei, wenn er zu seinem
Schmerze in einigen ihm von Hirzel mitgetheilten Briefen
sehen mußte, daß Goethe „beständig auf die Deutschen
hackt". Solch momentane Verstimmung über Goethe wich
sogleich wieder vor dem Eindruck anderer Briefe, die er
mit dem reinsten Vergnügen las: „Der an Reichardt,
worin er das gute Verhältnis wieder herstellt, macht
ihm Ehre. Wie schön tritt bei ihm die menschliche Milde
hervor, wenn er auch einmal drauf los geschlagen hatte;

Schiller hatte sie nicht". Ein andres Mal gratulierte Wilhelm dem glücklichen Sammler Hirzel zu einer Goethischen Handschrift: „Die Züge eines Verstorbenen machen eine eigenthümliche Wirkung, Meusebach, als er mir ein Buch zeigte, in welches Fischart seinen Namen geschrieben hatte, sagte mit einer gewissen Rührung: Hier hat seine Hand geruht". Und in den unruhvollen Zeiten des Jahres 1859 schrieb er dem Freunde, an dem Glück seiner Familie Theil nehmend: „Sie thun recht, daß Sie die Hochzeit jetzt feiern: wie lebendig hat Göthe diesen Zustand im Götz geschildert". Goethe's Büste schmückte bis zuletzt Wilhelm's Zimmer; sie stand, wie die photographische Aufnahme der an einander stoßenden Arbeitsstuben beider Brüder erkennen läßt, oben auf dem mittelsten Bücherbrett zwischen Grimm'schen Familienbildern, durch die geöffnete Thür von Jacob's Platze aus sichtbar. Jacob hatte in seinem Zimmer Rauch's Statuette; ein Medaillon ist nachmals in den Besitz Friedrich Zarncke's übergegangen.

Dünzer's Buch über die „Göthischen Frauen" (1852) war nicht nach Jacob Grimm's Sinne. Dagegen erfreuten ihn sehr die von Hirzel übersandten (vierzehn) Briefe der Frau Rath an ihre lieben Enkeleins (Schlosser), gedruckt zum 13. Februar 1855, und merkwürdig genug glaubte er jetzt zu empfinden und hätte es von dem Vorredner gern öffentlich ausgesprochen gesehen, daß Goethe's Mutter keine solche Briefe zu schreiben vermöge, wie sie bei Bettine stehen; doch „die schwarze Silhouette thut mir weh, sie sieht darauf gemeiner unedler aus, als auf dem darnach gemachten Bild vor der englischen Ausgabe der Bettine, wo ihre Züge dem Göthe ähnlicher sind". Was Jacob zuletzt geschrieben hätte, wäre eine Recension über Goethe's Briefwechsel mit Carl August (1863) gewesen; er wollte dafür den Briefwechsel Goethe's mit Frau von Stein durchlesen; in seinem Tische fand sich ein frischgefalteter Bogen mit der Ueberschrift jenes Buches als erster Anfang.

Im Jahre 1859 beging ganz Deutschland sein Schillerfest. In der Berliner Akademie sollte Wilhelm die Festrede halten. Aber ein leises Etwas stand noch immer zwischen ihm und Schiller. Er lehnte ab. So schritt Jacob an seine Stelle. Genialer, aufbauender und zugleich freimüthiger ist Schiller an seinem Ehrentage von niemanden gefeiert worden.

Jacob betrachtete Schiller in der ihm zukommenden Gemeinschaft mit Goethe und aus dem Gesichtspunkte, daß beiden Dichtern, wie verschieden sie waren, gelungen sei, sich auf das erfreulichste auszufüllen und zu ergänzen. Für die Beleuchtung der Eigenthümlichkeit beider ging er von dem landschaftlichen Unterschied ihrer Abstammung aus: „Schiller erscheint uns ein empfindsamer, phantasiereicher, freidenkender Schwab, Göthe ein Franke mild, gemessen, heiter, strebsam, der tiefsten Bildung offen", und leitete daraus im allgemeinen ab, daß jener mehr dem sentimentalen, dramatischen Element, dieser hingegen dem naiven und epischen zugewandt war. Einer Ueberschau dessen, was

Schiller im Drama geleistet, mit dem Ergebniß, daß er im Wallenstein, zumal im Lager. und hernach im Tell die höchsten Ziele erreichte und wahre Befriedigung zu Wege bringt, folgte die parallele Würdigung Goethe's: „Dieser mächtige Geist, dessen Ueberlegenheit zu fühlen und anzuerkennen Schillern gar nichts kostete, .. war von Grund aus ein andrer verschiedner. Göthe gab sich lieber der behaglichen Erzählung hin, als daß es ihn auf tragische Anhöhen getrieben hätte und selbst in seinen Dramen, die einem solchen Ausgang entgegen geführt werden, hört man nicht so oft den Boden schüttern und dem Schlusse nahe das Gebälk der Fabel erkrachen, als es der Tragödie gemäß gewesen wäre. Schon im Götz, der ersten aller seiner großen Conceptionen, die los gelassen ist und ungezähmt gleich den Räubern, wohnt viel ein milderes, schöneres Maß, und drei oder vier Umarbeitungen, die der Dichter zu verschiedner Zeit damit vornahm, um das Werk bühnengerecht zu machen, dieser fortgesetzte, jedesmal anziehende Versuch des Umgießens bezeugt es, wie schwer Göthe von den undramatischen Bestandtheilen abließ, deren das Stück voll war, das sich auch nicht auf den Brettern behaupten konnte. Nicht eben anders sind im Egmont.. die Auftritte aneinander gereiht, und Tasso, an Empfindungen des Dichters so reich und in dessen Innerstes Blicke werfend, hat nur schwach wirkende dramatische Handlung, in der Iphigenie ist sie bedeutender und wie mild glänzt der Dichtung Schluß. In der Eugenie hingegen folgen die einzelnen Scenen unverflochten hintereinander und kein anderes

Werk Göthes ist kälter aufgenommen worden, obschon
es die Fülle von wahren Betrachtungen und Empfindungen über die Weltlage enthält, es sollte weiter fortspinnen und der Plan liegt uns vor, die Ausführung
unterblieb; einige kleinere, ältere Stücke, die Mitschuldigen
oder die Geschwister sind dramatischer entwickelt. Ganz
seinem epischen Trieb überließ sich Göthe in Hermann
und Dorothea oder selbst im Reineke, welchem das
gangbare niederdeutsche Gedicht überall Grundlage bot;
unausführbares zu wagen war sonst des Dichters Sache
nicht, nur daß er eine Achilleis begann, die beim ersten
Gesang stehen geblieben ist und von der man sagte,
daß sie keinen Vers enthalte, den Homer hätte können
brauchen, auch eine früher gewollte Nausikaa kam nicht
zum ersten Angriff. — Was soll man von dem großartigsten aller Gedichte Göthes überhaupt sagen, das
zu gewaltig ist, um in irgend einen andern Rahmen
zu gehen? ich meine Fausts ersten Theil, den er selbst
nicht zu vollenden vermochte, wie er begonnen war, und
welchen die fernste Nachwelt anstaunen wird; für ihn
gibt es keine Regel als die selbeigne, in ihm mangeln
auch höhere dramatische Kunst und Vollendung nicht. Es
ist aber auch einzusehen, daß in den Göthischen Romanen,
an die wiederum ihr eigner Maßstab will gelegt sein,
namentlich im Meister und in den Wahlverwandtschaften,
die Erzählung von kunstreich und lebendig, beinahe wie
im Drama waltenden Elementen gestützt und getragen
großen Aufwand und Gelenksamkeit der Verwickelungen
entfaltet, obschon ein epischer Ton vorherrscht, von dessen

Anmuth in Schillers Geisterseher so gut wie gar nichts zu spüren war. — Mit Gretchen, Käthchen, der Mignon und Ottilie läßt sich nichts bei Schiller vergleichen, der hoch die Würde der Frauen sang, wogegen Göthes Egmont, Brackenburg, Meister, Eduard schwächere Naturen sind als Wallenstein und Tell". Das tragische Talent in Schiller schlug Jacob Grimm entschiedner und größer an als in Goethe.

Von unvergänglicher Bedeutung sind Jacob's Worte über den Glauben unsrer großen Dichter. Hier fallen Schläge vernichtender Kraft auf das Haupt derer, welchen die Religion in blindem Eifer, anstatt zu beseligendem Frieden, zu unaufhörlichem Hader und Haß gereicht: „Göthe hat sich an zahllosen Stellen, die hier nicht auszuwählen wären, zumeist im Faust, über die Höhen und Tiefen unseres Daseins mit voller Kühnheit dargegeben, anderemal wo es der Zweck seiner Mittheilungen erbrachte, scheu und behutsam, sein Meister birgt Schätze von Enthüllungen in kräftiger und blässerer Dinte geschrieben, man muß von sich selbst abtrünnig geworden sein, um wie Stolberg solch ein Buch, nach Ausschnitt der Bekenntnisse einer schönen Seele, fanatisch den Flammen zu überliefern. Aus Stellen des dramatischen Dichters läßt sich ja eigentlich kein Beweis gegen ihn selbst schöpfen, weil er in Rolle der verschiedensten Personen redet, deren Gesinnung er uns aufdecken will, in die er sich versenkt hat, und warum sollte einen Dichter nicht auch sonst Lust oder Bedürfnis anwandeln sich in Empfindungen andrer Menschen zu versetzen, die lange noch nicht selbst seine eignen sind, dann aber auch nah an diese streifen?" Und nach näherer Betrachtung Schillers, der „aus Religion" keine beschränkte und beschränkende Form der Religion bekennen wollte, schloß Jacob Grimm: „Aus Männern deren Herz voll Liebe schlug, in denen jede Faser zart und innig empfand, wie könnte gekommen sein, das gottlos wäre? Mir wenigstens scheinen sie frömmer als vermeinte Rechtgläubige, die ungläubig sind an das ihn immer näher zu Gott leitende Edle und Freie im Menschen". Und ebenso wirkungsvoll entkräftete er die wider die Vaterlandsliebe Goethe's und Schiller's ausgestreuten Vorwürfe: „und der Dichter, der uns, nach dem ihn entzückenden Aufenthalt in Italien, 1790 den Faust gab, wäre nicht der allerdeutscheste gewesen?"

Der gehobenen Festesstimmung entsprang damals der Gedanke, nicht nur Schiller, sondern auch Goethe ein Denkmal in Berlin zu errichten, Goethe, dessen Andenken in den ringenden Wirren des Jahres 1849 nur matt und trüb geleuchtet hatte. Jacob Grimm trat mit der Macht seiner Persönlichkeit dafür ein und setzte seinen Namen unter den Aufruf zu Beiträgen für Goethe's Standbild. Er wünschte, daß die Denkmäler beider Dichter zu bleibendem Andenken vervielfacht würden, wie der alten Götter Bilder im ganzen Lande aufgestellt waren: „Schon stehen beide zu Weimar unter demselben Kranz. Mögen auch hier in weißem Marmor oder in glühendem Erz vollendet ihre Säulen auf Plätzen und Straßen erglänzen".

Aber noch ein anderes, größeres Denkmal, mahnte Jacob Grimm, bliebe unsern Dichtern in der Herausgabe ihrer Werke zu schaffen: „Göthe und Schiller haben ihre Gedichte vielfach umgearbeitet, oft weichen die Texte von einander ab wie kaum stärker bei mittelhochdeutschen Gedichten, und nicht überall wird man die neue Lesart der alten vorziehen, es ist aber nothwendig und höchst belehrend beide und alle Texte so viel es gibt zu kennen".

Beide Wünsche sind, wie Jacob Grimm sie ausgesprochen hat, in Erfüllung gegangen. Unter dem Schutze einer deutschen Fürstin entwarfen Männer, in Grimmschem Geiste gebildet, den Plan zu einer würdigen Ausgabe der Werke Goethe's. Eingeleitet von Herman Grimm ging 1887 der erste Band ins Vaterland und in die Welt hinaus. Von Jahr zu Jahre wächst die neue Weimarer That, und ehrt die Arbeit dessen, der in friedsamer Werkstatt an der Ilm sein Amt verrichtet.

Und nun erhebt sich auch zu Berlin, im Herzen des deutschen Reiches, weithin leuchtend Goethe's Standbild. Frei für sich und durch sich wirkend, wie Jacob Grimm es einst als Vorsitzender des ersten Goethe-Comite's in einem Schreiben vom 29. Mai 1861 an Eduard Simson, den Präsidenten des Hauses der Abgeordneten, herrlich begründend gefordert hatte. Gustav von Loeper, der damals schon an der Seite Jacob Grimm's gestanden hatte, hielt nun die Weiherede, als unter dem ersten deutschen Kaiser, im Sommer

1887, die Hülle von dem Denkmal fiel. Jetzt steht es da, so ruhig, so erhaben. Es lenkt unser Sinnen rück= wärts in jene große Zeit, der Goethe seinen Namen gab, in die Fülle des Lebens, die um ihn wogte: Die Brüder Grimm gehörten zu den Seinigen.

Nachwort.

In dem Anhang will ich über das vorliegende Buch nähere Auskunft geben.

Bevor ich dazu übergehe, empfinde ich es als Pflicht und Freude, hier aussprechen zu dürfen, was mir Gutes bei meiner Arbeit zu Theil geworden ist. Der Herr Geheime Rath Grimm gestattete mir die freie Benutzung der reichen Briefschaften und sonstigen Materialien, die in seinen Händen sind. Die Vermittelung des Herrn Professor Suphan wirkte mir die Erlaubniß aus, das in Weimar Befindliche für meine Zwecke gebrauchen zu dürfen. Die Gesinnung, in der ich schrieb, möge ihnen wie ein Versuch der Dankbarkeit erscheinen.

Berlin, im Mai 1892.

Anhang.

Jacob Grimm, 4. Januar 1785—20. September 1863.
Wilhelm Grimm, 24. Februar 1786—16. December 1859.
Ludwig Grimm, 14. März 1790—4. April 1868.

S. 3. Zum ersten Capitel vergleiche man Rudolf von Raumer, Geschichte der germanischen Philologie, S. 288 ff; Hermann Große, Goethe und das deutsche Alterthum (Dramburg 1875); Wilhelm Scherer, Jacob Grimm (1885), besonders im dritten Capitel.

8. „Der Arzeneigelahrtheit Beflissener" — mit dieser Aufschrift sind ungedruckte Familienbriefe an Clemens aus den Jahren 1797 und 1798 vorhanden.

Savigny in Jena" — Adolf Stoll, Friedrich Karl von Savignys Sächsische Studienreise 1799 und 1800 (Cassel 1890) S. 84; Briefwechsel zwischen Jacob und Wilhelm Grimm aus der Jugendzeit, herausgegeben von Herman Grimm und Gustav Hinrichs, S. 22; Enneccerus, Friedrich Carl von Savigny S. 75.

„Achim von Arnim" — er verließ 1798 mit einem seine ungewöhnliche Bedeutung und sittliche Tiefe anerkennenden Schulzeugnisse das Joachimsthalsche Gymnasium in Berlin; laut eines officiellen Studienzeugnisses vom 7. April 1800 hat er „seit Ostern 1798 bis dahin 1800" in Halle studiert, vgl. auch Max Koch, Einleitung in den 146. Band der Deutschen National-Litteratur, S. VIII.

9. „Grimm's Verkehr bei Savigny in Marburg" — Jacob Grimm's Kleinere Schriften 1, 4 ff. 115. 8, 25; Wilhelm Grimm's Kleinere Schriften 1, 10 f. · Anstatt „1808" beßre man „1804". „Wilhelm Goethe zugewandt" — Jacob's Kl. Schriften 1, 166.

10. „aus einem zerstreuenden Leben" — Aus dem Leben von Johann Diederich Gries, S. 40.

11? Die Angaben über Jacob's Aufenthalt in Paris bis zum Schlusse des zweiten Capitels fußen zumeist auf den Jugendbriefen.

12. „Bericht über die italienische Reise" — Jacob's Kleinere Schriften 1, 75.

15. Ein (ungedruckter) Brief an Clemens Brentano nach Göttingen ist datiert vom 28. Mai 1801.

15. 16. „Goethe in Göttingen" — Annalen (Hempel 27, 58) und Weimarer Ausgabe III 8, 19.

„Arnim an Winkelmann" — ungedruckt, aus Varnhagen's Nachlaß auf der Königlichen Bibliothek in Berlin.

16. Arnim wohnte in Göttingen damals Prinzenstraße 11; vgl. Mejer, Kulturgeschichtliche Bilder aus Göttingen, S. 143.

16. 17. „Savigny's, Arnim, Brentano's in Weimar" — Johann Georg Zimmer und die Romantiker, herausgegeben von Heinrich Zimmer, S. 176.

17. „arrangieren" — Zimmer S. 176; vgl. auch Karl Bartsch, Romantiker und germanistische Studien in Heidelberg 1804—1808 (Heidelberg 1881) S. 44 Note 54.

„Arnim an Tieck" — Briefe an Ludwig Tieck, ausgewählt und herausgegeben von Karl von Holtei, 1, 11. Der Brief III bei Holtei S. 14 ist nicht Ende November 1808, sondern Ende „May" geschrieben, da Brentano's Bärenhäuter bereits im Juni-Heft der Einsiedler-Zeitung erschien.

18. Jacob's Stimmung gegen das Wunderhorn kommt in den Jugendbriefen immerfort zum Ausdruck, hier ist Bezug genommen auf S. 68. 167; an Therese von Jakob noch 1840: „das unkritische Wunderhorn" (ungedruckt).

19. „Jacob über Voß" — Jugendbriefe S. 68.

„Jenaische Literatur-Zeitung" — Intelligenzblatt 1809 Sp. 22 und Sp. 147; vgl. Hoffmann von Fallersleben, Weimarisches Jahrbuch (1855) 2, 261. Daß die Brüder Grimm an der Erklärung gegen Voß (Cassel 8. December 1808) betheiligt waren, dafür kann als äußeres Zeichen dienen, daß dieselbe in einer von Wilhelm's „sehr leserlichen" Hand hergestellten Copie, der Arnim nur Datum und Namensunterschrift zufügte, an Görres gegeben wurde, in dessen Briefen (8, 40) sie besonders abgedruckt worden ist. „Altdänische Heldenlieder" — Vorrede S. XXXV.

20. „Arnim an Clemens" — vom 2. März 1809 (ungedruckt); vgl. bei Zimmer den Brief S. 149, welcher vom Jahre 1809 (nicht 1808) ist und demgemäß hinter dem ihm nachfolgenden stehen müßte. Die Ankündigung des 4. Bandes des Wunderhorns im Intelligenzblatt der Jenaischen Literatur-Zeitung 1810 Sp. 166. „Clemens gab nach" — in einem Briefe vom April oder Mai 1809 (ungedruckt).

Zu dem ungedruckten Briefe Brentano's an Grimm's vom 3. Mai 1808 vgl. Zimmer S. 182. 183. — Fridrich Pfaff's Ausführungen über die Titelbilder des Wunderhorns (Festchronik der Universität Heidelberg, 1886 S. 157 ff und Zeitschrift für vergleichende Litteraturgeschichte, 1887 S. 264) stellen sich jetzt zum Theil anders.

21. Hamelmann's Chronik vom Jahre „1595", nach der die Brüder Grimm in den Deutschen Sagen citieren, war mir nicht zugänglich, sondern nur diejenige vom Jahre 1598.

22. 23. Für die beiden Titelbilder der Kinderlieder ist einiges aus Otto Runge's vier Tageszeiten entlehnt; vgl. Zimmer und

die Romantiker S. 182. Die beiden sitzenden Knaben auf dem ersteren Titel („Wacht auf, ihr schönen Vögelein") gehören der Darstellung des „Morgens" an. Der auf dem zweiten Titel= bildchen einherschreitende Knabe entstammt der Rahmendekoration des „Tages"; da ruht des Knaben Fuß auf blühendem Veilchen, dem Symbol der Demuth, und seine Arme halten einen Stengel des die Himmelsbläue andeutenden Rittersporns empor. Statt der krönenden Blätter und Blüthen aber hat Ludwig Grimm, wie es für seinen Zweck nöthig war, die von Kränzen dreifach durchflochtene Bretzel dem nun als Tragestab dienenden Blumen= stengel aufgesetzt.

24. „die bedrohten Geschicke Preußens" — ein Nachklang dieser Gespräche ist das von Arnim damals in das Stammbuch des jungen Goethe geschriebene Gedicht „Der preußische Adler" (Arnim's sämmtliche Werke 22, 8).

25. „Goethe's Stammbuchvers" — Arnim an Brentano den 18. April 1806 (ungedruckt); vgl. Strehlke 1, 42. „Kronen= wächter" — 1, 84. 2, 390. 403.

26. „Ueber das Wesen der Poesie" — dies Stück wird anderswo veröffentlicht werden.

„Veriphantor (Joh. Gorgias)" — das in Tröstcinsamkeit mitgetheilte Stück umfaßt im Frontalbo die Seiten 106—122; Eduard Ippel's sich mir nie versagender Gefälligkeit verdanke ich die leichte Auffindung des Originals in der Königlichen Bibliothek.

27. Ueber Arnim's Versuche, Runge zur Theilnahme zu bewegen, vgl. Hinterlassene Schriften von Philipp Otto Runge, Maler (Herausgegebeu von dessen ältestem Bruder, Hamburg 1840. 1841) 2, 361. 1, 186.

28. „Jost Ammann" — Jodoci Ammanni, civis Noribergensis, Charta Lusoria, MDLXXXVIII, gedruckt zu Nürn= berg; unter dem Bilde folgende Verse (Dij):

> Dir hab ich Edler Sache nun
> Vil Jar gedient, Was ist mein lohn?
> Armut, Kranckheit, und Todes pein,
> Geb ich den trewen Dienern mein.

29. „Goethe's Dank für Tröstcinsamkeit" — Briefe Goethe's

an Sophie von La Roche und Bettina Brentano, herausgegeben von Loeper, S. 171; Zimmer S. 172; Joseph von Görres Gesammelte Schriften 8, 77. „an Knebel" — 25. November 1808 (Guhrauer 1, 388).

80. „Riemer's Notiz" — Robert Keil, Aus den Tagebüchern Riemers, des vertrauten Freundes von Goethe, in der Deutschen Revue 1886. XI 1, 67; vgl. Weimarer Ausgabe III 8, 298.

81. „Wilhelm bei der Jagemann" — Jugendbriefe S. 76. „Holtei" — Vierzig Jahre IV (1828).

82. 83. Wilhelm's beide Recensionen in seinen Kleineren Schriften 1, 61—170.

„zweiter Theil des Faust" — Wilhelm an Arnim 2. März 1809 (ungedruckt).

„Runge, Steffens' Freund" — Hinterlassene Schriften von Runge 1, 146 ff. 2, 386 ff.; Jugendbriefe S. 82.

83. „Reichardt" — Wilhelm's Kl. Schriften 1, 17; die Darstellung des Aufenthalts in Halle beruht großen Theils auf den Jugendbriefen; vgl. Steffens, Was ich erlebte 6, 116 f.

84. „Meister" — Jugendbriefe S. 188. 175; „Strigner" — ebenda S. 92. 93 und Hempel 28, 818; „Wahlverwandtschaften" — ebenda S. 184. 187.

86. „Aufführung des Götz" — Jugendbriefe S. 185.

„Goethe's Vortrag der schottischen Ballade" — Stephan Schütze, die Abendgesellschaften der Hofräthin Schopenhauer in Weimar 1806—1830, in Weimars Album zur vierten Säcularfeier der Buchdruckerkunst am 24. Juni 1840, S. 183 ff. Vgl. Düntzer, Goethe's erste Beziehungen zu Johanna Schopenhauer, in Westermanns Monatsheften 25, 258 ff.

87. „Arnim an Goethe" — ungedruckt, aus Varnhagen's Nachlaß.

88. „tolle Ankündigung" — Wilhelm's Kl. Schriften 1, 178; vgl. Jugendbriefe S. 193. Der ursprünglich in der Ankündigung enthaltene Hinweis auf die Angliederung der Altdänischen Heldenlieder an das Wunderhorn ist noch rechtzeitig unterdrückt worden.

89. „Arnim an Goethe" — ungedruckt, aus Varnhagen's

Nachlaß. Für die Darstellung des Aufenthalts in Weimar kommen im allgemeinen die Jugendbriefe (S. 196 ff) und ein (ungedruckter) Brief Wilhelm's an Arnim vom Januar 1810 in Betracht.

43. „Goethe's Schema über das Nibelungenlied" — bei Hempel 29, 426. 27, 452. Zur Beurtheilung des Schemas vergleiche man Wilhelm's Kl. Schriften 1, 98. 97. 78. 69. 64.

44. „1802 zu Jena" — Goethe an Schiller 4. Mai 1802.

45. „Jacob Grimm's Besprechung" — Kleinere Schriften 4, 128. „Riemer über Arendt" — in den Mittheilungen 1, 412. „An Nyerup, an Rask" — Briefwechsel der Gebrüder Grimm mit nordischen Gelehrten, herausgegeben von Ernst Schmidt, S. 20. 90. 92; an Görres 8, 273.

46. „Oehlenschläger in Weimar" — Riemer's Mittheilungen 1, 415; Oehlenschläger's Lebens-Erinnerungen 2, 56 ff. Goethe über ihn in den Annalen (bei Hempel 27, 155). Wilhelm's Besprechungen in den Kl. Schriften 1, 245 ff; vgl. noch an Görres 8, 218. Mit Oehlenschläger wurden die Brüder im Jahre 1817 persönlich bekannt; vgl. Meine Lebens-Erinnerungen. Ein Nachlaß von Adam Oehlenschläger (Leipzig 1850) 8, 118 ff. Er erschien in Cassel, fand beide Brüder auf der Bibliothek und ging hernach mit Wilhelm spazieren. Sie sprachen vom Mittelalter und der Gegenwart, „und die ganze Situation in dem schönen Winterwald mitten in einer unbekannten Gegend an der Seite des Mährchenfreundes Grimm, schien mir selbst ein schönes Mährchen". Oehlenschläger weilte noch ein paar Abende bei den Brüdern.

47. „Lecture des Simplicissimus" — Deutsche Revue XII 1, 286 und Weimarer Ausgabe III 8, 253 ff.

48. „Charakteristik Wilhelm's" — Deutsche Revue XI 1, 67. Mit der Stelle aus den Wahlverwandtschaften (2, 1) vergleiche man Jacob's Rede auf Wilhelm in den Kl. Schriften 1, 165.

„Hanne Steffens" — in einem Briefe aus dem Anfang des Januar 1810 (ungedruckt).

49. „an Johanna Fahlmer" — Weim. Ausg. IV 2, 74; von Loeper, Gedichte 1, 304.

50. Ein bisher ungedruckter Brief Bettinens an Goethe

über Ludwig Grimm künftig in einem Artikel über Bettine in der Deutschen Rundschau. Der authentische Wortlaut des Bettina-Briefes zuerst bekannt gegeben in Herman Grimm's auch sonst von mir benutztem Aufsatz über seinen Onkel Ludwig in Ersch und Gruber's allgemeiner Encyklopädie; darnach von Loeper, Briefe Goethe's an Sophie von La Roche ꝛc. S. 182. Außerdem kommt allgemein Goethe's Briefwechsel mit einem Kinde in Betracht.

51. „Heinrich Meyer" — Weim. Ausgabe III 4, 76. Die Einsicht der dem Goethehause angehörigen Kunst- und Schriftwerke danke ich der Güte des Herrn Geh. Raths Ruland.

52. „Clemens über das Bettinabild" — an Görres 8, 81; Jugendbriefe S. 156; Savigny an Jacob 12. April 1810 (ungedruckt). Was Bettina in ihrem Briefwechsel sagt, das Portrait sei ohne Zeichnung gleich auf die Platte gearbeitet worden, ist demnach nicht genau.

58. „Falk's medicinische Abhandlung" — vgl. Weim. Ausgabe III 4, 80 (22. November). „nach Stephan Schütze's Erinnerung" — Abendgesellschaften S. 202. 208.

54. „Wilhelm Taubert" — Opus 27 Nr. 5, Berlin bei Schlesinger. Schütze ist dort nicht als Dichter angegeben, obschon sonst in den Kinderliederheften immer die Dichternamen beigeschrieben sind. — Es ist Schade, daß Stephan Schütze's Lebens-Erinnerungen vor der Zeit der hier behandelten Verhältnisse abbrechen.

„durch Suabediffen" — Private und amtliche Beziehungen der Brüder Grimm zu Hessen, eine Sammlung von E. Stengel, 2, 199.

56. F. J. Frommann, Das Frommannsche Haus und seine Freunde (3. Aufl. 1889) S. 109. Der in diesem Buche S. 165 erwähnte Besuch in Kassel ist mir aus ungedruckten Tagebuch-Aufzeichnungen (vom 25. Juni 1820) und Briefstellen Wilhelm's wohl bekannt. Wilhelm's Worte machen jedoch durchaus den Eindruck, als handle es sich um die erste Bekanntschaft mit Frommann's. Daher erachte ich das Sätzchen des Buches „von denen Wilhelm uns schon bekannt war" (S. 165) als durch den voraufstehenden Brief Riemers hervorgerufen. Ferner heißt es in Wilhelm's Tagebuch: „Den 4. März 1828 kam der junge

Frommann von Frankfurt". Vgl. Eduard Ippel's Briefwechsel zwischen Jacob und Wilhelm Grimm, Dahlmann und Gervinus 1, 156 und Anmerkung dazu.

„an Knebel" — Dünzer, Zur deutschen Litteratur und Geschichte 2, 118; die Abweichungen meines Textes auf Grund des von Bernhard Suphan verglichenen Originals.

57. „Wilhelm Grimm und Herder" — Vierteljahrschrift für Litteraturgeschichte (1890) 3, 578 ff.

58. Henriette Schuberts Balladen, deren einzelne noch Büsching's Wöchentliche Nachrichten brachten, erschienen 1817 unter dem nicht genauen Titel „Schottische Lieder und Balladen von Walter Scott"; Wilhelm Grimm's Anzeige in seinen Kl. Schriften 2, 208.

59. „Die von Grimm gehegte Hoffnung" — Wilhelm's Kl. Schriften 1, 71.

61. „Rückkehr am 4. Januar" — nach Wilhelm's Tagebuchnotizen.

62. „der Bär brummt" — Wilhelm's Kl. Schriften 1, 512. „Weihnachten, Weihnachten" — aus mündlicher Quelle; daß Goethe an diesem Wort Gefallen fand und es damals um die Weihnachtszeit aussprach, beweist, wie gut er das Wunderhorn gelesen hatte; denn daher (3, 237) hat es seine umformende Erinnerung entlehnt.

63. Jacob's erstes Schreiben an Goethe scheint nicht erhalten. „Goethe an Voigt" — Goethe in amtlichen Verhältnissen S. 278, bei Jahn S. 290.

64. Ungedruckter Brief Goethe's in 4°; die dreizeilige Unterschrift eigenhändig.

65. „Empfangsbescheinigung" — nicht erhalten. „Nach Wilhelm's Aussage" — Briefwechsel mit nordischen Gelehrten S. 19; vgl. Jacob's Meistergesang S. 125.

66. „Arnim über Jacob's Meistergesang" — Reminiscenzen. Goethes Mutter; nebst Briefen und Aufzeichnungen zur Charakteristik anderer merkwürdiger Männer und Frauen. Herausgegeben von Dr. Dorow (Leipzig 1842) S. 118, und an Görres 8, 197.

67. Die Briefe der Brüder Grimm an Goethe sind (bis

auf einen) veröffentlicht im Goethe-Jahrbuch (1888) IX 20 ff. und von Ludwig Geiger und Bernhard Suphan mit Anmerkungen begleitet worden. Die Originale haben mir nochmals vorgelegen.

„Berlin 1801." — das Original hat irrthümlich: „Berlin 1808."

68. „bei Mad. Schopenhauer" — Weim. Ausgabe III 3, 204.

69. Die Ueberschriften der schwedischen Originallieder sowohl in Kosegarten's Blumen S. V, als im Anhang von Grimm's Altdänischen Heldenliedern S. 518. 586. Vgl. Briefwechsel mit nordischen Gelehrten S. 18.

70. „Wilhelm an Johannes Schulze" — ungedruckt, aus Varnhagen's Nachlaß.

72. „an Arnim" — 20. Mai 1811 (ungedruckt).

76, Z. 6 von unten fehlt „Zeit" im Original, und S. 77, Z. 8 von oben habe ich „Gallerie" für das offenbar verschriebene „Bibliothek" des Originals gesetzt.

78. Von (ungedruckten) Briefen des Freiherrn Hans von Hammerstein kommen in Betracht: 8. Februar, 10. März, 30. März, 28. Juli 1811.

„Olavius" — Wilhelm's Kl. Schriften 2, 16; Görres 8, 216; Müller's Asalehre S. 24 Note und S. 92.

79. „Sandsigeren" — Briefwechsel mit nordischen Gelehrten S. 45 ff.

Unter Melanchthon's Bilde ist durch ein zufälliges Versehen Heidelberg anstatt Bretten als Geburtsort angegeben, was Arnim für Ludwig Grimm berichtigte.

80. Ungedruckter Brief Goethe's in 4°; nur die Unterschrift „Goethe" eigenhändig. Das Concept dieses Briefes auch in den Quartalsheften vorhanden; danach dictirte Goethe auch hier „Arndtsche" seinem Secretär Riemer.

81. „Nyerup" — Dansk Litteratur-Tidende 1811. Nr. 15. „Achim von Arnim" — Zimmer und die Romantiker S. 152.

82. „Der Anonymus" — war Gräter, vgl. „Wilhelm Grimm und Herder" S. 575.

„Görres gegenüber" — 8, 377 vom 12. December 1812; vgl. 8, 222.

Anhang. 255

84. „Fauſt und Wahlverwandtſchaften" — Jacob's Kleinere Schriften 4, 72.

84—88. „Jacob und Wilhelm an Arnim" — vom 1. November 1811 (ungedruckt), vgl. Görres 8, 269.

88. „an Görres" — 8, 862.

89. Wilhelm's Beſprechung des Horn'ſchen Buches in ſeinen Kl. Schriften 1, 266 ff.

94. „Wilhelm's Urlaub" — Beziehungen zu Heſſen 2, 7 und Jugendbriefe S. 468.

95. „Nun ſie wieder frei geworden" — Jugendbriefe S. 848, womit man vergleiche die Goethe-Briefe aus Fritz Schloſſer's Nachlaß, herausgegeben von Freſe, S. 62. „Sulpiz Tagebuchnotizen" — Sulpiz Boiſſerée 1, 274.

96. „Miniſter vom Stein" — Briefe der Brüder Jacob und Wilhelm Grimm an Georg Friedrich Benecke aus den Jahren 1808—1829, herausgegeben von Wilhelm Müller, S. 82.

„Jacob 12. September in Frankfurt" — Jugendbriefe S. 470 und Beziehungen zu Heſſen 2, 18. 19. Das Datum, unter dem Grimm's Anweſenheit bei Sulpiz Boiſſerée (1, 275) bemerkt iſt, nämlich der 7. September, erweiſt ſich als Irrthum; alſo nicht erſt vom 15. September an, wie in Creizenach's Goethe und Marianne von Willemer (2. Aufl. S. 50²) ſchon bemerkt wird, iſt eine Reihe von Tageszahlen bei Boiſſerée unrichtig geſtellt.

Für die Schilderung der Rheinfahrt ſind im allgemeinen die Jugendbriefe, ferner die Freundesbriefe von Wilhelm und Jacob Grimm (herausgegeben von Reifferſcheid) S. 35 ff. und ein (ungedruckter) Bericht Wilhelm's an Arnim vom 31. October 1815 maßgebend.

97. „Johann von Eyck" — Kunſt und Alterthum I 1, 172 (bei Hempel 26, 381).

99. „zu Görres" — 8, 479; der vorausgehende Brief Wilhelm's an Görres, worin die Rheinreiſe beſchrieben war, iſt verloren gegangen.

99. „die verkappte Selbſtanzeige Wilhelm's" — Zeitſchrift für deutſche Philologie (1892) 24, 563. „Voſſens Ueberſetzung" — Jacob's Kl. Schriften 4, 423.

100. „Jacob über Hammer" — an Görres 8, 229.

102. „Geburtstagsfeier" — Creizenach's Goethe und Marianne von Willemer S. 48.

103. „Wilhelm's Besuch in Weimar 1816" — Beziehungen zu Hessen 1, 151. 31 und an Görres 8, 504; dazu tritt ein (ungedruckter) Brief Wilhelm's an Arnim vom 4. Juli 1816.

104. „Wie Riemer und Johanna Schopenhauer ihm erzählten" — vgl. Goethe-Jahrbuch 1892 Bd. XIII S. 139 und 143. Als eine Stimme aus jener Zeit theile ich mit, was der preußische Oberst von Below, Militairgouverneur des Hessischen Prinzen, auf Wilhelm Grimm's Brief an Suabedissen zurückschrieb (ungedruckt): „Ihre treue Schilderung von Göthes ruhiger und gefaßter Stimmung, kurz nach einem so großen Verluste, hat unsere Damen ein wenig gegen ihn aufgebracht; ich habe die Sache sehr natürlich gefunden, und kann mir denken, daß es ihm, im Innersten seines Herzens recht wohl seyn, und daß er sich ordentlich leicht fühlen muß, seitdem ihm diese schwere Bürde abgenommen."

105. „in Kunst und Alterthum" — 1816. 1, 139 (bei Hempel 26, 319). „wie in den Annalen (Hempel 27, 441) und zu Zelter (26. October 1831)".

106. „zum Divan" — Weim. Ausgabe I 7, 285.

107. „Adam Müller's Schriften" — Jugendbriefe S. 176; über die religiöse Duldsamkeit der Brüder Grimm vergleiche man die Beziehungen zu Hessen 1, 190. 94.

108, Z. 5 von unten fehlt „bei" im Original.

117. „es war einmal ein Kind" — Jacob's Kl. Schriften 8, 302. „Machandelboom" — Zimmer und die Romantiker S. 271 und Hinterlassene Schriften von Runge 2, 361; von Loeper's Briefe Goethe's an Sophie von La Roche S. 87. „Aslaug" — Wilhelm's Kl. Schriften 1, 186.

118. „der Frau von Stein" — Goethe's Briefe an Frau von Stein (2. Auflage) 2, 470.

„diese Stelle aus Wahrheit und Dichtung" — Weimarer Ausgabe 28, 228.

119. „Stirbt der Fuchs" — vgl. noch Jacob Grimm's Deutsche Mythologie (4. Aufl.) 2, 711. „Divan-Stelle" —

Weimarer Ausgabe 7, 36. „Besprechung einer englischen Zeitschrift" — bei Hempel 29, 775.

120. „Irische Elfenmärchen" — mit Bezug auf Jacob's Bemerkungen über Erlkönig (Wilhelm's Kl. Schriften 1, 444) vergleiche man Wendeler's Briefwechsel des Freiherrn Karl Hartwig Gregor von Meusebach mit Jacob und Wilhelm Grimm, und zwar S. 34, eine Stelle, welche Meusebach an den Rand seines (jetzt auf der Berliner Königlichen Bibliothek unter der Signatur Yc 3909 befindlichen) Exemplars des Erduin Koch'schen Grundrisses geschrieben hat. — Als ein eigenartiger Zufall sei erwähnt, daß am Schlusse der Irischen Elfenmärchen Goethe's Vorrede für den (gleichfalls bei Fleischer in Leipzig erschienenen) jungen Feldjäger als Empfehlung dieses Buches abgedruckt ist; bei Hempel 29, 200.

122. „Eckart" — Erich Schmidt im Goethe-Jahrbuch (1888) IX 234. „Siebenschläfer" — Hempel 9, 150; Weim. Ausg. 6, 267; Sulpiz Boisserée 1, 280. „Geroldseck" — Wilhelm's Kl. Schriften 2, 219; die Deutsche Heldensage Nr. 161. Zu den in dem Briefe berührten Sagen vgl. man die Deutsche Mythologie (4. Aufl.) 2, 794. 795. 797. 798.

123. „1817 in Kunst und Alterthum" — I 2, 106 (bei Hempel 26, 244).

124. „Zeune" — Jacob's Kleinere Schriften 4, 423; Sulpiz Boisserée 2, 145.

125. „Brief an Arnim" — vom 2. December 1812 (ungedruckt).

126. „die trifteste aller Erscheinungen" — Hempel 26, 321. 825. „Schlegel's Recension" — Sämmtliche Werke (herausgegeben von Böcking) 12, 383. „Boisserée's Irrthum" — Sulpiz Boisserée 2, 72.

127. Ungedruckter Brief Wilhelm's an Goethe, aus dem Goethe- und Schiller-Archiv zu Weimar.

129 ff. Ungedruckte Briefe Savigny's; der erste vom 8. November 1814.

132. „wie Wilhelm Grimm bezeugt" — Beziehungen zu Hessen 1, 31.

135. Die erste Fassung des von dem Secretär Ferdinand

Schreiber auf halbbrüchigem Concept niedergeschriebenen Briefes vom 28. August 1816 lautet:

Ew. Wohlgeboren

gehaltreiches Schreiben ward mir nach Tennstädt gesendet, einem thüringischen Badeort, wo ich mich, nach aufgegebener Hofnung einer weiteren Reise, seit vier Wochen aufhalte. Die Bücher sind in Weimar zurück geblieben.

Meine Absicht war nach meiner Rückker die Wercke, sogleich, nach Anleitung Ihres Briefes, zu betrachten und mit Ihnen überein zu kommen was vielleicht zu Förderung ihrer löblichen Zwecke deshalb öffentlich zu sagen seyn möchte.

Nun aber findet sich eine Veranlaßung früher zu schreiben und mich mit Ihnen ohne Aufenthalt in näheren Bezug zu setzen. Beykommendes Heft, welches vorerst geheim zu halten bitte, giebt hierüber näheren Aufschluß. So weit aussehend und beynahe unausführbar der Vorschlag scheinen möchte[1]; so kann und darf er doch nicht ohne Wirckung bleiben.

Möchten Sie mir daher[2], über das Ganze sowohl, als besonders über den vierzehnten Punct, Ihre Gedancken eröffnen[3] und dasjenige was von eigener Thätigkeit in Gefolg des an mich erlassenen Schreibens noch nach zu bringen nöthig seyn möchte vielleicht wäre die Hauptabsicht entschiedener auszusprechen Ihre Vorarbeit nicht zu verschweigen und Ihre Zwecke zu bezeichnen möchten Sie unbewunden erklären was Sie zu einem Beytritt aufgefordert zu leisten gedächten und was Sie dagegen für Förderniß thätige Theilnahme ja Unterstützung erwarteten so könnte ich der ich mit den Personen die sich für die Sache sehr lebhaft interessiren in genauer Verbindung stehe der Angelegenheit selbst und denjenigen die sich früher aus uneigennützigen innerm Triebe mit solchen Gegenständen beschäftigt

---

[1] Eigenhändig von Goethe hergestellt anstatt der ursprünglichen Fassung: „und von unmöglicher Ausführung der Vorschlag sein möchte".

[2] „daher" eigenhändig zugefügt.

[3] Goethe hat hinter „eröffnen" ein Punct gesetzt und den Rest der Conceptseite, die bis zu den Worten „noch nach" reicht, durchstrichen. Das Folgende hat er offenbar nicht mehr durchgesehen.

dienstlich und förderlich seyn welches mir um so erfreulicher wäre als ich selbst in diesen heimischen Gauen nur als umstehender Wandler mich von jeher umgetrieben habe ohne mich irgend wo an zu siedeln.

Mögen Sie mir sodann eröffnen welche Mitarbeiter in diesen Vaterländischen Weinberg Sie auf den Grab kennen schätzen, daß Sie solche sich selbst und dem ganzen beygesellen möchten so wird auch dieses zu schnellerer Beförderung des guten das man beabsichtigt gereichen. Wollen Sie mir ferner das Vertrauen schencken auch desjenigen zu gedencken was Sie an den Zeitgenossen nicht billigen so verspreche alle Verschwiegenheit und zugleich Benutzung zum Vortheil der Sache der ich mich nicht auf den Grad widmen kann um auf eigenen Wegen genügende Einsicht zu erlangen.

Abgegangen Tennstedt
b. 29ten Aug. 1816.[1]

137. „6. September" — Strehlke 2, 298 nach dem nicht mehr controlierbaren Auszug eines jetzt verschwundenen Briefes. Jacob's Name war jedenfalls nicht genannt, sondern ohne Zweifel (wie Goethe immer schrieb) „Hr. Bibliothekar Grimm", was bei der Herstellung des Auszuges, wie es am nächsten lag, auf Jacob gedeutet worden ist.

144. Die aus dem Briefe Hammerstein's eingelegte Stelle ist einem noch vorhandenen (ungedruckten) Schreiben vom 7. Januar 1816 entnommen, mit einigen Aenderungen, deren Absicht leicht erkennbar ist. Hammerstein schrieb z. B.: „zu den Aposteln Ihres heiligen Glaubens an die Wiederherstellung der verlornen alten Geschichten". In der von Wilhelm durch einen Gedankenstrich angedeuteten Lücke (oben S. 145) stand: „theilen Sie uns die ersten Grundsätze der Critik solcher Gegenstände mit, und stellen sich an die Spitze eines Bundes der Art". S. 145 Z. 1 habe ich „und" anstatt Wilhelm's Verschreibung „nur" aus Hammerstein's Original gebessert.

146. „Plan zu einem deutschen Sammler" — Görres 8, 265.

---

[1]) Der zweizeilige Abgangsvermerk eigenhändig von Goethe.

„Circularbrief" — Jacob's Kl. Schriften 7, 593 „Wilhelm an Hammerstein" — Jugendbriefe S. 425.

153. „Reinwald" — Jugendbriefe an vielen Stellen; Jacob's Kl. Schriften 5, 104. 8, 40; Schillers Briefwechsel mit seiner Schwester Christophine und seinem Schwager Reinwald (Leipzig 1875) im Vorwort. „an Georg Benecke" — 7. October 1810, S. 18 der Briefe; Jugendbriefe S. 424. „Pfarrer Bang" — Beziehungen zu Hessen 1, 28. 39. „gegen alle Gesellschafterei" — an Benecke S. 98.

154. „ähnlicher Plan Herder's" — Sämmtliche Schriften, herausgegeben von Bernhard Suphan 16, 600.

157. „Bang und Suabedissen" — Beziehungen zu Hessen 1, 81. 85. 157. 2, 194.

157. Savigny's Briefe vom 23. November 1816 und 4. April 1818 (ungedruckt). „Stiftung der Gesellschaft" — Näheres im ersten Bande ihres Archivs 1820.

158. „Goethe an Büchler" — Perz' Leben Stein's V 418 und Strehlke 1, 93. „Grimm's Briefe an Perz" — Wissenschaftliche Beilage der Leipziger Zeitung 1882 Nr. 91—93 und Zeitschrift für deutsche Philologie 16, 281.

161. „hundert griechische Lieder" — Briefwechsel zwischen Goethe und Therese von Jakob, im Goethe-Jahrbuch XII (1891) S. 42, auf welchen auch weiterhin Bezug genommen wird. „als Hospitalmate" — Franz Ludwig August Maria Freiherr von Haxthausen. Ein photographischer Versuch von Freundeshand. Als Manuscript gedruckt. Hannover 1868, S. 12. „in Heidelberg" — Sulpiz Boisserée I 288.

162. „zu einer Ausgabe die Vorrede" — Briefe von Jakob Grimm an Hendrik Willem Tydeman, herausgegeben von Reifferscheid (Heilbronn 1883) S. 61. „in Kunst und Alterthum" — IV 1, 54. 168 (bei Hempel 29, 562); vgl. Goethes Unterhaltungen mit dem Kanzler Friedrich v. Müller, herausgegeben von C. A. H. Burckhart, S. 52. „brieflich wie öffentlich" — Freundesbriefe S. 92, Jacob's Kl. Schriften 4, 199.

163. „Schlagt ihn todt" — Miklosich, über Goethe's Klaggesang von der edlen Frauen des Asan Aga (Wien 1883) S. 62,

eine Schrift, auf welche auch weiterhin noch Bezug genommen wird.

164. „ausbündige Sammlung" — Jacob's Kl. Schriften 4, 427. 487; vgl. 4, 401.

165. „Wilhelm erzählte" — Freundesbriefe S. 44. 46. Clemens Brentano's Brief vom 4. September 1816 (ungedruckt). „Neunzehn serbische Lieder" — Jacob's Kl. Schriften 4, 455.

165. „der Carlowitzer Papst" — Brief Jacob Grimm's an Lachmann vom 27. December 1828 (ungedruckt).

166. „Wuk in Cassel" — Jacob's Kl. Schriften 6, 849 und Beziehungen zu Hessen 1, 228. „für die Göttingischen Anzeigen" — Kl. Schriften 4, 197. 202. 203. „dem größten Deutschen" — Goethe-Jahrbuch XII 65.

167. Es sei bemerkt, daß dieser Brief Jacob Grimm's mit deutschen Buchstaben geschrieben ist; der andre Brief Jacob's (oben S. 178) hat zwar lateinische Schrift, aber die Hauptwörter mit großen Anfangsbuchstaben.

169. „Goethe an Wuk" — Strehlke 1, 317. „Sendung vom 10. November" — nach Goethe's Tagebuche. „in Kunst und Alterthum" — V 1, 84 (bei Hempel 29, 586).

Ungedruckter Brief Goethe's an Jacob Grimm in 4°, die zweizeilige Unterschrift eigenhändig. Aus dem Concept der Quartalshefte sei bemerkt, daß oben S. 170 hinter „abdrucken ließ" die Worte gestrichen sind: „Herr Wolf [d. i. Wuk] hat mir auch einiges dergleichen zugesagt und eine buchstäbliche Uebertragung versprochen"; ferner „Ihrer edlen Bemühungen" eigenhändig im Concept anstatt „Ihrer eigentlichen Bemühungen".

170. Die Hefte IV 8 und V 1 (oben S. 188) mit Goethe's (nicht eigenhändiger) Widmung sind noch vorhanden.

173. „Beide empfahl Grimm" — Kl. Schriften 4, 218.

175. „unmetrische Uebertragung" — Freundesbriefe S. 92. „in seine Zeitschrift" — V 2, 24. „die Erbauung Scutaris" — ebenso noch citiert Kl. Schriften 4, 222; Rechtsalterthümer⁴ S. 695; Mythologie⁴ 2, 957. Freundesbriefe S. 98 Z. 4 ist „in einer Nacht" Schreibfehler für „an einem Tage".

176. Ungedruckter Brief Goethe's an Jacob Grimm in 4°, die zweizeilige Unterschrift eigenhändig. „in dem mir über-

sehbaren Umfang" — so nach dem Concept von mir hergestellt; der Schreiber ließ in der Reinschrift „in" aus und änderte dann „dem" in „den". Dem von Goethe gewollten Sinne entspricht allein die Fassung des Concepts.

177. „geistreich angeschloßene Uebertragung" — vgl. Goethe's Unterhaltungen mit dem Kanzler von Müller S. 108. „Anzeige der drei Wukischen Bände" — im Literarischen Conversationsblatt Nr. 122 vom 26. Mai 1824 und folgende Nummer.

178. „direct an Jacob Grimm" — die mir vorliegende ungedruckte Correspondenz zwischen Jacob Grimm und Therese von Jakob wird passenden Ortes von mir veröffentlicht werden; im Folgenden ist sie öfters benutzt worden. „Namensvetterschaft" — Freundesbriefe S. 110.

179. „Reihenfolge" — Miklosich, über Goethe's Klaggesang S. 62.

Zur Vergleichung mit Grimm's Uebertragung stehe hier die wörtliche Version auf Blatt 22 (aus dem Goethe-Archiv):

    Mädchen, niedlich kleines Veilchen!
    lieben möcht' ich dich. aber du bist klein.
    Lieb mich, Lieber, ich werd wohl groß werden.
    Klein ist die Beere der Perle
    und man trägt sie an dem Herren Halse
    Klein ist der Vogel, die Wachtel
            (= ein kleiner Vogel ist b. W.
    Aber sie töbtet (ermüdet) Roß und Reiter.
            (auf der Jagd

181. „in den Göttingischen Anzeigen" — Kleinere Schriften 4, 419. „in Kunst und Alterthum" — bei Hempel 29, 590; vgl. 586. 148.

184. „nach Paris" — Jugendbriefe S. 469. „ein Stammbuchblatt" — Stammbuchblätter aus Goethe's Nachlaß von Walther Vulpius, in der Deutschen Rundschau 1890 S. 589.

186. „Goethe abgesprochen" — Paul Weizsäcker, Kleine Schriften zur Kunst von Heinrich Meyer (Heilbronn 1886) Vorrede S. CLI; und für die Recension der Bildnisse Göttinger Professoren ebenda S. CLIV.

187. „wußten sie im Voraus" — Jacob Grimm an Arnim den 10. Februar 1824 (ungedruckt): „ich habe (Goethe ein serbi-

sches Lied) für Kunst und A. übersetzt, was er ins neuste Heft aufnehmen will. In dieses soll auch ein Artikel über Luis radierte Blätter zu stehen kommen."

189. „Jacob über Ludwig's Portraits" — an Benecke S. 161.

190. Briefwechsel des Großherzogs Carl August mit Goethe 2, 250 Nr. 552 [1824].

191. Ungedruckter Brief Ludwig's an Bettina, aus Varnhagen's Nachlaß.

193. Wilhelm's Göttinger Rede über Geschichte und Poesie, in den Kl. Schriften 1, 497. „dritte Theil von Dichtung und Wahrheit" — an Arnim 21. Juni 1814. „italienische Reise" — an Suabediffen (Beziehungen zu Hessen 1, 157) und an Arnim (ungedruckt), beide Briefe vom 10. November 1816.

194. „der neueste Band 1822" — Beziehungen zu Hessen 1, 214. „über Cöln und Bonn" (K. u. A. I 1, 26) — an Görres 8, 501.

195. „gegen die neueren Maler" — Beziehungen zu Hessen 1, 168 und an Arnim 3. Juli 1817 (ungedruckt). „das abschließende dritte Heft" — an Arnim 6. Juni 1818 (ungedruckt).

196. „Grimm's Mitglieder der Berlinischen Gesellschaft" — Beziehungen zu Hessen 1, 159; Jacob's Kl. Schriften 8, 34. 36; Scherer S. 161. „an Eberhard von Groote" — Reifferscheid, Erinnerung an Eberhard von Groote, in der Monatsschrift für rheinisch-westfälische Geschichtsforschung (1875) 1, 146.

197. „gegen Jean Paul" — Jacob's Kl. Schriften 1, 407. Dagegen schrieb Jean Paul im fünften Postscript zu den deutschen Doppelwörtern (bei Hempel 54, 67). Vgl. Vierzig Jahre von Karl von Holtei Bd. 4 (1828). „gegen Zeune" — Jacob's Kl. Schriften 4, 377. 380; Wilhelm's Kl. Schriften 1, 514. „Ruckstuhl" — Kunst und Alterthum I 3, 42 (bei Hempel 29, 247).

198. „Jacob an Lachmann" — 24. October 1820 (ungedruckt). „des Geredes .. satt" — Beziehungen zu Hessen 1, 56. Wilhelm's Erwähnung von Kunst und Alterthum in den Kleineren Schriften 2, 266.

199. „Schubarth" — vgl. die von Hermann Hettner mitgetheilten Briefe Goethe's an K. E. Schubarth, in der Deutschen

Rundschau 1875 S. 28 ff. Ich citiere nach der zweiten Auflage von Schubarth's Buche „Zur Beurtheilung Goethe's mit Beziehung auf verwandte Litteratur und Kunst" (Breslau 1820), und zwar kommen hier in Betracht die Stellen 2, 111. 144. 393. 426 und sonst. „Jacob's Anfrage bei Lachmann" — 22. Februar 1820 (ungedruckt); vgl. Beziehungen zu Hessen 1, 76 und die folgende Bemerkung zu S. 200.

200. Jacob Grimm an Friedrich Heinrich von der Hagen, 18. November 1819, im Anzeiger für Deutsches Alterthum (1885) 11, 96. Die betreffende Stelle in von der Hagen's Buche (Breslau 1819) steht auf S. 144.

„Goethe's gegenwärtige Gesinnung" — Beziehungen zu Hessen 1, 78.

201. „Wanderjahre" — Beziehungen zu Hessen 1, 78 und an Arnim 1821 (ungedruckt). „meinte Wilhelm 1823" — Beziehungen zu Hessen 1, 227.

202. Wilhelm's Anzeige der Färöischen Lieder in den Kl. Schriften 2, 388.

208. „ungeschicktes Wesen und falsche Parteimänner" — Scherer S. 77.

209. „zu Eckermann" — 8. October 1828. „Schlegel in Cassel" — Briefwechsel des Freiherrn Karl Hartwig Gregor von Meusebach mit Jacob und Wilhelm Grimm, herausgegeben von Camillus Wendeler (Heilbronn 1880) S. 69.

210. „Meusebach kannte Goethe persönlich" — Hallische Allgemeine Litteratur-Zeitung vom Jahre 1835, Sp. 314. „auf Zeune" — Briefwechsel Meusebach's mit Grimm's S. 224. „Selbstbiographien" — jetzt vor den Kleineren Schriften der Brüder.

212. „den Freundinnen in Westphalen" — Freundesbriefe S. 184. „zu Lachmann" — Briefwechsel Meusebach's mit Grimm's S. 368. „seinem Bruder Ferdinand" — vom 10. April 1832 (ungedruckt).

213. „Rehberg" — vgl. auch Scherer im Goethe-Jahrbuch (1886) VII 299. „Göttingische Anzeige" — 1835, 182. 183 Stück. Den 19. November, S. 1809 ff.

214. „an Pertz" — 27. November 1835 (oben S. 260 zu 158). „Glover" — Jacob's Kleinere Schriften 4, 178. „Schon

Anhang.

1811" — Wilhelm's Kleinere Schriften 2, 496; an Görres 8, 164. 184. 200. 280.

215. „zwischen Jacob und Meusebach" — im Briefwechsel S. 145 ff, womit zu verbinden ist Jacob's Widmung seines Reinhart an Lachmann und Brief an Hupfeld in den Beziehungen zu Hessen 2, 266 ff. „In der Vorrede" — S. CLXXX. „Wilhelm in seinen Vorlesungen" — Kl. Schriften 2, 555.

216. Die oben aus den Goethe-Citaten der Deutschen Mythologie ausgewählten Stellen findet man in der 4. Auflage 2, 627. 3, 226. 2, 948. 3, 57 (zu 1, 122).

217. 218. Die oben aus der Deutschen Grammatik ausgewählten Stellen findet man 4, 851. 1, 695. 4, 420 („skandinavische Reise" — Kl. Schriften 1, 78. „in der Deutschen Mythologie" — 2, 954, womit man vergleiche Wilhelm's Kl. Schriften 4, 404). 1, 696 und Schillerrede. 4, 66 und 68. 4, 269; 272; 3, 322. 4, 146. 4, 311. 4, 428. 4, 498. 4, 422.

220. „wie sie erzählt" — Goethe's Briefwechsel mit einem Kinde (3. Auflage von Herman Grimm) S. 542 ff. Daß Bettinens Besuch bei Goethe thatsächlich 1824 Statt gefunden hat, beweist die oben S. 221 mitgetheilte Stelle aus dem ungedruckten Briefe Wilhelm Grimm's vom 20. December 1824. Der ungenannte Freund, an den der Brief gerichtet ist, kann nach dem ganzen weiteren Inhalt nur der Pfarrer Bang sein, dessen übrigen Grimm-Nachlaß Stengel in den Beziehungen zu Hessen publiciert hat; vgl. an Suabedissen in den Beziehungen zu Hessen 1, 283. 284. 279. Steht aber Bettinens Besuch bei Goethe 1824 fest — eine Thatsache, die bisher für Bettinens Lebensdarstellungen nicht verwerthet zu sein scheint (vgl. Meusebach's Briefwechsel S. 404) — so fallen die Entstellungen, unter denen bis jetzt Bettinens Verhältniß zu dem greisen Goethe gelitten hat. Noch jüngst hat Lily von Kretschman in einem Aufsatz über Weimars Gesellschaft und das Chaos (Westermann's Monatshefte 1891, S. 260) einiges davon berührt; sie hat darin Recht, daß sie den Verdacht, unter „Friederike" berge sich Bettina, abgewehrt hat.

„aus der bereits fertigen Handschrift" — Freundesbriefe S. 140, vom 29. October 1834.

222. „meinte Wilhelm" — an Bettina 22. September 1834

(ungedruckt). „Jacob an Savigny" — 14. December 1834 (ungedruckt), einer der wenigen bisher zugänglichen Briefe Grimm's an Savigny, der aus leicht erkennbarem Grunde in Bettinens Händen verblieben ist.

223. „Hugo" — undatierter Brief Jacob Grimm's an Bettine (ungedruckt). „Lücke" — Briefwechsel Friedrich Lücke's mit den Brüdern Jacob und Wilhelm Grimm, herausgegeben von F. Sander (Hannover-Linden 1891) S. 8. „Jacob's Anzeige" — Kl. Schriften 6, 419.

225. „drei oder vier Monate" — Jacob an Bettine 10. Juni 1885 (ungedruckt). Bettina brachte beides, Brief und Anzeige, dem Herrn von Meusebach (Briefwechsel S. 206). „Meusebach's Recension" — an dem oben S. 264 zu 210 angegebenen Orte.

Betreffs der Sonette sei hier noch auf Loeper's Vorrede zu den Briefen Goethe's an Sophie und Bettina S. XXXVIII verwiesen; die von Loeper herangezogene Aeußerung Wilhelm Grimm's aus den Freundesbriefen (S. 141), mehrere Briefe habe Goethe in Gedichte übersetzt, kann nichts beweisen, weil Grimm hier nicht früher eingesehene Originale, sondern Bettinens Druckmanuscript, also den Briefwechsel mit einem Kinde selbst im Sinne hat.

226. Meusebach's Recension S. 410; Goethe's Briefwechsel mit einem Kinde S. 292. „Goethe 1801 in Cassel" — Annalen (Hempel 27, 68) und Weimarer Ausgabe III 3, 32.

227 Z. 6 v. o. verbessre „aus" in „oder".

230. „Correspondenz zwischen Grimm's und Salomon Hirzel" — Anzeiger für Deutsches Alterthum XVI (1890) und XVII (1891); wozu man auch vergleiche „Zur Kenntniß Jacob Grimm's. Von M. Bernays" in der Beilage zur Münchener Allgemeinen Zeitung 1891. Nr. 55—57. Aus Grimm's Correspondenz mit Hirzel und Jacob's Vorrede zum Wörterbuch sind im Folgenden die thatsächlichen Angaben entnommen. „Wilhelm's Bericht in Frankfurt" — Kl. Schriften 1, 508.

282. „über das Verbrennen der Leichen" — Jacob's Kl. Schriften 2, 213. „Braut von Korinth" — der Zauber der Sprache gerade in diesem Gedichte wird schon in den Jugendbriefen S. 86 gerühmt.

233. „Personenwechsel" — Jacob's Kl. Schriften 3, 236. „bedauerte Jacob" — zu Hirzel, Anzeiger XVI, und zu Weigand, Beziehungen zu Hessen 1, 341.

234. „Jacob's wiederholte Entschuldigung" — außer der Vorrede zum Wörterbuche Bd. 1 S. XXXVII vergleiche man Jacob Grimm an Adelbert Keller 25. Mai 1858, Anzeiger für Deutsches Alterthum (1888) XIV S. 107.

„Einer Pflanze das Herz ausbrechen" — Ludwig Blume, Chronik des Wiener Goethe=Vereins 1890 S. 4; bei Jacob Grimm in den Lateinischen Gedichten des X. und XI. Jahrhunderts (1838) S. VII, bei Goethe im Clavigo IV. Act.

235. „wie Arnim heraushfühlte" — Dorow, Reminiscenzen S. 113.

236. „aus den Jugendbriefen" — S. 17.

237. „der Brief an Reichardt" — vom 5. Februar 1801, vgl. Weimarer Ausgabe III 8, 5.

289. „Was Jacob zuletzt geschrieben hätte" — Herman Grimm in Jacob's Kl. Schriften 1, 187. „Jacob's Rede auf Schiller" — Kl. Schriften 1, 374.

248. „Jacob's Aufruf zu Beiträgen für Goethe's Standbild" — Kl. Schriften 7, 606. 608; nach den hier von Eduard Ippel gegebenen Nachweisen kann man sich über die innere Geschichte der damaligen Denkmalsangelegenheit informieren. Ein von Herman Grimm der Königlichen Bibliothek zu Berlin überwiesener Sammelband (T d 592) enthält die auf Jacob Grimm's Vorsitz im ersten Goethe=Comité bezüglichen Actenstücke; darin auch der Brief an Eduard Simson.

Register.*

Achilleis 241.
Altdänische Heldenlieder 26. 36. 37. 58. 70 ff.
Altdeutsche Malerei 4. 6. 11. 22. 42. 97. 98. 118. 126.
Altdeutsche Wälder 66. 118. 124 bis 127.
Arendt 42. 44.
Armer Heinrich 98. 112. 124.
Arnim 8—41. 104. 105. 247.

Bettina 31. 49—52. 220 ff. 265.

Campagne nach Frankreich 194.
Cellini 18.
Christiane (Goethe's Gemahlin) 48. 104. 256.
Clemens Brentano 8. 15.

Dichtung und Wahrheit 85 ff. 198 ff.
Divan 100. 198.

Edda 42. 44. 74. 98. 99. 111.
Egmont 240.
Eugenie 240.

Farbenlehre 33. 125.
Färöische Lieder 202 ff.
Faust 33. 84. 241. 242.
Frommann 56. 252.

Glover 214.
Goethe-Ausgabe 244.
Goethe-Briefe und Sendungen an Grimm's 64. 80. 135 (258). 169. 170. 176.
Goethe-Denkmal 248.
Götz 86. 240.
Grammatik 216 ff. 219.
Grimm-Briefe und Sendungen an Goethe 67. 78. 108. 127. 133. 146. 167. 178. 184. 188.

Hammerstein (Briefe) 77 ff. 144. 259.
Herder 3 ff. 57.
Hermann und Dorothea 241.
Hildebrandslied 108.

Iphigenie 240.
Italienische Reise 198.

Knebel 56. 57.
Kunst und Alterthum 170 ff. 185 ff. 194 ff.

Lachmann 199. 200.

Märchen 93. 98. 109. 116 bis 121. 257.
Meistergesang (Jacob Grimm's) 38. 65. 66.

---

*) Dies Register enthält nur dasjenige, was in nicht zu weitem Umkreise das eigentliche Verhältniß zwischen Goethe und den Brüdern Grimm umgiebt.

Meusebach 210. 225.
Mitschuldigen 241.
Müller (Adam) 105.
Mythologie 215 f.

Neugriechische Volkspoesie 160 ff.
Nibelungen 30. 42. 43. 44. 199.

Oehlenschläger 82. 46. 251.

Propyläen 11.
Prosaübersetzungen 99. 106. 124.

Rameau's Neffe 12.
Reichardt 31. 38. 287.
Reinhart Fuchs 214 ff. 241.
Rehberg 218.
Riemer 41. 48. 55. 81. 287.
Romane (alte) 46.
Runge 27. 83. 248.

Sagen 20. 26. 98. 110. 121 bis 124.
Savigny 8—10. 129. 157.
Schiller 10. 13. 209. 238. 289.
Schlegel (Wilhelm und Friedrich) 11. 28. 106. 126—127. 137. 199. 209.
Schopenhauer (Johanna) 41. 52. 104.
Schubert (Henriette) 86. 58.
Schubarth (K. E.) 199 ff.

Schütze (Stephan) 54.
Serbische Volkspoesie 163 ff.
Simplicissimus 42. 47.
Sprachreiniger 196 ff.
Steffens 82. 48.
Stein (Freiherr vom) 96. 129 ff.
Stil der Brüder Grimm 234.
Strixner 84. 71.

Tasso 240.
Therese von Jakob (Talvj) 167 ff.
Trösteinsamkeit 28—29.

Wahlverwandtschaften 34. 58. 84. 91. 241.
Weimarer Handschriften 58. 61. 65. 66.
Wieland 55.
Winkelmann 18. 70. 71.
Wilhelm Meister 10. 84. 201. 241.
Wörterbuch 229 ff.
Wuk Stephanowitsch 164 ff.
Wunderhorn 16—28.

Zeichnungen und Radierungen (Ludwig Grimm's) 22 und Anm. 27. 49. 76. 79. 80. 95. 96. 184 ff. 187. 191.
Zeichnungen (Wilhelm Grimm's) 20. 61.
Zeune 112. 124. 197. 199. 210.

www.ingramcontent.com/pod-product-compliance
Lightning Source LLC
Chambersburg PA
CBHW031547300426
44111CB00006BA/209